金 岳 霖

世界哲學家叢書

胡 軍 著

1993

東大圖書公司印行

國立中央圖書館出版品預行編目資料

金岳霖／胡軍著.--初版.--臺北市：
東大出版；三民總經銷，民81
　　面；　　公分--(世界哲學家叢書)
參考書目：面
含索引
ISBN 957-19-1431-2（精裝）
ISBN 957-19-1432-0（平裝）

1.金岳霖─學識─哲學

128　　　　　　　　　　　　81006105

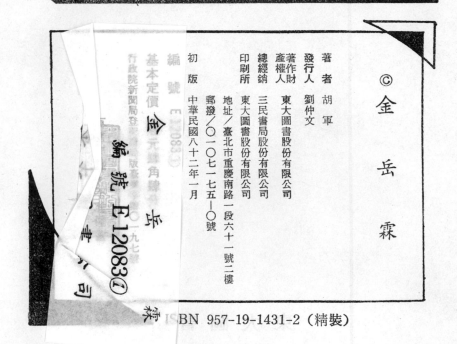

© 金　岳　霖

著　　者　胡　軍
發 行 人　劉仲文
產著作財權人　東大圖書股份有限公司
總 經 銷　三民書局股份有限公司
印 刷 所　東大圖書股份有限公司
　　　　　地址／臺北市重慶南路一段六十一號二樓
　　　　　郵撥／○一○七一七五─○號
初　　版　中華民國八十二年一月

編　號　E 12083①

基本定價　叁元捌角壹分

行政院新聞局登記證局版臺業字第○一九七號

ISBN 957-19-1431-2（精裝）

的是，此刻在政治上整個中國仍然處於「一分為二」的艱苦狀態，加上馬列教條的種種限制，我們不可能邀請大陸學者參與撰寫工作。不過到目前為止，我們已經獲得八十位以上海內外的學者精英全力支持，包括臺灣、香港、新加坡、澳洲、美國、西德與加拿大七個地區；難得的是，更包括了日本與大韓民國好多位名流學者加入叢書作者的陣容，增加不少叢書的國際光彩。韓國的國際退溪學會也在定期月刊《退溪學界消息》鄭重推薦叢書兩次，我們藉此機會表示謝意。

原則上，本叢書應該包括古今中外所有著名的哲學思想家，但是除了財源問題之外也有人才不足的實際困難。就西方哲學來說，一大半作者的專長與興趣都集中在現代哲學部門，反映著我們在近代哲學的專門人才不太充足。再就東方哲學而言，印度哲學部門很難找到適當的專家與作者；至於貫穿整個亞洲思想文化的佛教部門，在中、韓兩國的佛教思想家方面雖有十位左右的作者參加，日本佛教與印度佛教方面卻仍近乎空白。人才與作者最多的是在儒家思想家這個部門，包括中、韓、日三國的儒學發展在內，最能令人滿意。總之，我們尋找叢書作者所遭遇到的這些困難，對於我們有一學術研究的重要啟示（或不如說是警號）：我們在印度思想、日本佛教以及西方哲學方面至今仍無高度的研究成果，我們必須早日設法彌補這些方面的人才缺失，以便提高我們的學術水平。相比之下，鄰邦日本一百多年來已造就了東西方哲學幾乎每一部門的專家學者，足資借鏡，有待我們迎頭趕上。

以儒、道、佛三家為主的中國哲學，可以說是傳統中國思想與文化的本有根基，有待我們經過一番批判的繼承與創造的發

「世界哲學家叢書」總序

　　本叢書的出版計劃原先出於三民書局董事長劉振強先生多年來的構想，曾先向政通提出，並希望我們兩人共同負責主編工作。一九八四年二月底，偉勳應邀訪問香港中文大學哲學系，三月中旬順道來臺，即與政通拜訪劉先生，在三民書局二樓辦公室商談有關叢書出版的初步計劃。我們十分贊同劉先生的構想，認為此套叢書（預計百冊以上）如能順利完成，當是學術文化出版事業的一大創舉與突破，也就當場答應劉先生的誠懇邀請，共同擔任叢書主編。兩人私下也為叢書的計劃討論多次，擬定了「撰稿細則」，以求各書可循的統一規格，尤其在內容上特別要求各書必須包括(1)原哲學思想家的生平；(2)時代背景與社會環境；(3)思想傳承與改造；(4)思想特徵及其獨創性；(5)歷史地位；(6)對後世的影響（包括歷代對他的評價），以及(7)思想的現代意義。

　　作為叢書主編，我們都了解到，以目前極有限的財源、人力與時間，要去完成多達三、四百冊的大規模而齊全的叢書，根本是不可能的事。光就人力一點來說，少數教授學者由於個人的某些困難（如筆債太多之類），不克參加；因此我們曾對較有餘力的簽約作者，暗示過繼續邀請他們多撰一兩本書的可能性。遺憾

展，重新提高它在世界哲學應有的地位。爲了解決此一時代課
題，我們實有必要重新比較中國哲學與（包括西方與日、韓、印
等東方國家在內的）外國哲學的優劣長短，從中設法開闢一條合
乎未來中國所需求的哲學理路。我們衷心盼望，本叢書將有助於
讀者對此時代課題的深切關注與反思，且有助於中外哲學之間更
進一步的交流與會通。

　　最後，我們應該強調，中國目前雖仍處於「一分爲二」的政
治局面，但是海峽兩岸的每一知識份子都應具有「文化中國」的
共識共認，爲了祖國傳統思想與文化的繼往開來承擔一份責任，
這也是我們主編「世界哲學家叢書」的一大旨趣。

傅偉勳　韋政通

一九八六年五月四日

自　序

　　一九八五年秋，我開始在北京大學哲學系攻讀碩士學位。第二學年準備學位論文時，我原擬做關於禪宗的思維方式或熊十力思想方面的論文。但我導師湯一介教授認為我具有一定的邏輯學方面的基礎知識和基本訓練，並有較強的哲學思辯能力和分析能力，因此，他建議我做關於金岳霖哲學思想的論文。我採納了湯先生的建議，於是決定先研究金岳霖的《論道》一書。此書系統地闡述了金岳霖的本體論哲學。

　　金岳霖哲學思想的特點在於用語精確、論證細密、分析透徹、思想深刻精湛且富有創造性。他的著作有很強的技術性。研讀他的著作，使我對他的哲學思辯能力和邏輯分析能力產生了無限的欽佩之情。他使我懂得了怎樣來運用哲學的分析方法及怎樣來論證一個哲學問題。

　　我之欽佩金岳霖的分析方法，從我自身來說，一個原因恐怕在於我本人也喜歡哲學分析的精神。我並不完全贊同分析哲學，但其分析的方法，在一定範圍內，是完全符合科學精神的。另一個原因在於我反對從一既定的思想框架出發來研究哲學史。當然，研究哲學史，不可能不從一定的思想觀點出發。但在研究中，我們卻必須使這種思想傾向淡化，否則不可能對歷史上的哲

學思想做同情的瞭解。基於這種認識，我採用了分析的方法來剖析金岳霖的本體論哲學體系及其構造體系的原則。

取得碩士學位之後，我繼續在北京大學哲學系攻讀博士學位。我導師湯一介教授建議我的博士學位論文以金岳霖的另一本哲學名著《知識論》為內容。

金岳霖的《知識論》一書是中國哲學界第一部系統的知識理論著作，它是接着西方哲學傳統講的。一般的說來，中國傳統哲學並不關注知識問題的研究。然而和在西方社會一樣，知識在中國社會，尤其是在中國現代社會，發揮着愈益巨大的作用。因此中國哲學應重視對知識論的研究。從這方面說，研究金岳霖的知識理論有一定的理論的和現實的意義。但應該注意的是，金岳霖的《知識論》一書大體上是總結了西方哲學三十年代左右關於知識理論研究的成果。從現代知識理論的角度看，其中有些觀點已經陳舊。這樣，我們現在研究《知識論》一書的思想，就不能停留在其原有的水平上，而應把它放在知識理論現代發展趨勢的坐標上來考察。根據這一想法，我對金岳霖《知識論》的研究就不滿足於停留在客觀分析的層面上。

哲學史的研究在某種意義上說就是對哲學本身的研究。因此，哲學史的科學研究應擺脫只是轉述或復述他人思想這種剪子加漿糊的研究模式，而應與歷史上的哲學家進行現實的對話。我導師湯一介先生也曾多次向我強調了這一點。因此，在研究《知識論》一書的過程中，我努力嘗試着把金岳霖討論的哲學問題看成是我自己的問題。同時，我也深深地相信，任何一個哲學問題都不可能給予終極性的答案。對每一哲學問題，我們都可以從不同的角度或層面進行深入的探討。基於這種考慮，我在做博士學

位論文時，採取了與金岳霖進行對話的形式。當然，我不滿足於僅僅以一個哲學史研究者的身分與金岳霖進行對話，而是努力着以一個哲學家的身分與之對話，對他的某些理論提出了不同的甚至截然相反的看法。當然，我的努力未見得有成效。同樣，我的某些看法也未必就是正確的。然而應看到，這種對話的形式畢竟有利於哲學探討的深入展開。

這種深入探討、研究的過程，從某種意義上說，也就是研究者本人哲學修養不斷提高的過程。在做博士學位論文時，我感覺到自己的哲學修養有所提高。果真如此，那麼，這一方面應歸功於我導師湯一介先生的教誨，另一方面也應歸功於金岳霖先生，因為正是在研讀他的哲學著作中，我學到了不少有益的東西。

現在，擺在讀者面前的《金岳霖》一書主要是由我的學位論文組成的。這幾篇學位論文，從選題到撰寫，都是在我導師湯一介教授的嚴格指導下進行的。湯先生嚴謹的治學態度和方法給了我深深的影響。先生的諄諄教誨之恩，實非弟子言語所能表達。在論文撰寫過程中，我也曾得到了張岱年、朱伯崑、樓宇烈、申正等教授的幫助與指導。在此一併致謝。

需要指出的是，金岳霖的哲學體系完成於四十年代。一九四九年之後，他放棄了以前的哲學思想。而且基本上說來，他也不再以一位哲學家的身分出現。綜觀其一生，可以說金岳霖是個哲學家，是個學者，而其後半生則主要關注於社會政治活動。《金岳霖》一書研究的是作為哲學家的金岳霖及其哲學思想。

最後要感謝傅偉勳和韋政通兩位先生，承蒙他們的雅意，邀請我撰寫《金岳霖》一書，並將此書納入東大圖書出版公司的「世界哲學家叢書」之中。此書的出版問世也得益於東大圖書出

版公司及各位編輯的辛勤勞作，在此特向他們表示深深的謝意。

胡　軍
一九九二年十一月三十日
於哈爾濱師範大學

金 岳 霖 目次

導　言

中國現代哲學的發展，受到了西方哲學很大的影響。在本世紀的二〇年代、三〇年代，西方哲學的各大主要流派都已紛紛地被介紹到中國來了。此時的中國哲學界以翻譯和介紹西方哲學爲主。到了三〇年代末、四〇年代初，中國哲學逐漸走上了一條成熟的道路，其標誌就是一些哲學家融會貫通了中國哲學和西方哲學而創建了自己的哲學思想體系。應該說，這些哲學思想體系的建立對促進中國哲學的進一步發展作出了一定的貢獻。在這些體系中，金岳霖的哲學體系最嚴密、最富獨創性，它代表了中國現代哲學發展的高峰。他的這一體系是由《邏輯》(1937年)、《論道》(1941年) 和《知識論》(1948年) 三部著作構成的。

金岳霖，字龍蓀 (1895 年—1984 年)，出生在湖南長沙市。父親金聘之是清朝末年的一個官吏，原籍浙江省諸暨縣，後來在長沙任湖南省鐵路總辦。金岳霖在兄弟中最小，排行第七。

金岳霖早年在長沙雅禮學校、明德學校學習，1911年轉到北京清華學校，1914年畢業。同年赴美國賓夕法尼亞大學學政治，1917年得學士學位。後又進哥倫比亞大學繼續深造，1918年得碩士學位，1920年得政治學博士學位。1921年後遊學英、德、法、意等國。在英國的劍橋大學作過較長時期的研究。1925年底回國。

金岳霖先生是我國當代著名的哲學家、邏輯學家。他畢生致

力於我國的哲學、邏輯學的教學和研究，曾歷任清華大學、北京大學哲學系主任、教授、文學院院長、中國科學院哲學社會科學部學部委員、哲學研究所副所長、中國邏輯學會會長和名譽會長等職。

金岳霖最初是專攻政治思想史的。他的博士學位論文就是討論 T. H. Green 的政治思想。Green 不僅是一位政治思想家，也是一位哲學家，其哲學傾向於新黑格爾主義。因為研究 Green 的政治思想，金岳霖開始接觸哲學，由此引發了他對哲學的濃厚興趣，他甚至自稱是「哲學動物」。他說：「世界上似乎有很多的哲學動物，我自己也是一個，就是把它們放在監牢裏做苦工，他們腦子裏，仍然是滿腦子的哲學問題」❶。由於受 Green 的影響，他的哲學思想也傾向於新黑格爾主義。

1922年在英國進修期間，他的興趣轉向哲學及邏輯。當時他受到了英國經驗主義哲學很大的影響。其中休謨 (David Hume)、羅素 (Bertrand Russell) 的哲學對他的哲學思想的形成、發展起了決定性的作用。在回憶這一情形時，他說：「民國十一年在倫敦唸書，有兩部書對於我的影響特別的大；一部是羅素底 *Principles of Mathematics*，一部是休謨底 *Treatise*」❷。由於羅素哲學思想的影響，金岳霖「在思想上慢慢地與 Green 分家」，即離開了新黑格爾主義思想，而從此以後「著重分析」，認為「哲理之為哲理不一定要靠大題目，就是日常生活中所用的概念也可以有很精深的分析，而此精深的分析就是哲學」❸。這

❶　金岳霖<唯物哲學與科學>《晨報副刊》，57期，1926年6月。
❷　金岳霖：《論道》，頁3，商務印書館，北京，1985年8月。
❸　同上。

是金岳霖哲學思想發展歷程上的一個重要的轉折。「分析就是哲學」的思想是對黑格爾以來的思辯哲學的一個反動，它是分析哲學的最重要的特徵之一。

在注重分析方面，除羅素外，摩爾 (G. E. Moore) 給金岳霖的影響也是很大的。摩爾和羅素共同開創了哲學上「分析的時代」，對分析哲學的形成和發展作出了決定性的貢獻。但他們兩人在方法上卻有很大的差異。摩爾早期形成其思想訓練的是語言學和古典學，而羅素的訓練則主要是數學方面的。摩爾的思想更像一位精細的、對日常語言有非凡能力之語言學家的思想，而羅素的思想則更類似於一位數學家的思想。摩爾求助於常識的世界觀，著重日常語言的分析，而羅素則主要訴諸於邏輯數學，著重形式語言的分析。從金岳霖的《論道》、《知識論》等著作中，我們可以看到摩爾和羅素對他的影響。然而從思想的細膩和文風上說，金岳霖似乎更與摩爾相似，所以他素有「中國的摩爾」之雅稱。金岳霖跟摩爾一樣，膽跟心一樣的細，每說一句話，總要填滿了缺陷，補足了罅縫，不留絲毫可指摘的地方，說著一句，又縮回了半截，用了一個字，倒解釋了一大套，兜著數不清的圈子，極少直截痛快地一口氣講下去。你找不出一句廢話來，偏又覺得繁瑣。他們似乎不僅把理由告訴我們，並且要把理解力也灌輸給我們。摩爾和早期的羅素都是新實在論者，因受其影響，金岳霖也常把自己的哲學稱爲實在主義的哲學。

在金岳霖哲學思想的形成過程中，休謨哲學的作用是不可低估的。他的很多哲學問題都是直接從批判休謨哲學出發的，如他的本體論哲學就是主要用來解決休謨的歸納問題、因果問題。他的知識論所論及的許多重要問題也都與休謨哲學有很深的理論淵

源關係。在談到休謨哲學的影響時，金岳霖說道：

> 「休謨底 *Treatise* 給我以洋洋大觀的味道，尤其是他討
> 論因果的那幾章。起先我總覺得他了不起，以後才發現他
> 底毛病非常之多。雖然如此，他以流暢的文字討論許多他
> 自己所無法解決的問題，一方面表示他底出發點太窄，工
> 具太不夠用，任何類似的哲學都不能自圓其說，另一方
> 面，也表示他雖然在一種思想底工具上自奉過於儉約的情
> 況下，仍然能夠提許多的重大問題，作一種深刻的討論，
> 天才之高，又使我不能不敬服。」❹

除受休謨、羅素、摩爾等人的影響外，金岳霖還程度不等地
受到了柏拉圖、亞里士多德、康德、劉易斯 (C. I. Lews)、維
特根斯坦等人的哲學思想的影響。

對於中國傳統哲學，金岳霖自謙地說道：「中國思想我也沒
有研究過」，只是「生於中國，長於中國，於不知不覺之中，也
許得到了一點兒中國思想底意味與順於此意味的情感」❺。但從
他於 1943 年所寫的〈中國哲學〉一文可以看出，他對中國傳統
哲學有著很深刻的瞭解。在《論道》一書中，他運用了大量的中
國傳統哲學概念來表達自己的哲學思想，這是他努力融會西方哲
學與中國哲學來改造和重建中國哲學的可貴嘗試。

紹述融會，貴在創新。人云亦云、拾人牙慧是決計造就不出
眞正的哲學家的。學習西方哲學是爲了借鑒，繼承中國傳統哲學

---

❹　同上，頁4。
❺　同上，頁16。

是爲了創新。正是在此基礎上，於三〇年代末、四〇年代，金岳霖創建了自己的哲學體系。《邏輯》、《論道》和《知識論》是他的哲學體系的三部代表作。此外在 1948 年底之前，他還撰寫了約三十來篇文章。這些文章的內容大致說來都集中體現在上述的三部著作中。

金岳霖把哲學劃分爲邏輯學、本體論、知識論、美學、倫理學等部門❻。但他自己的哲學體系則由三個部分，卽邏輯學、本體論和知識論組成的。《邏輯》一書是他的邏輯學理論的集中體現，《論道》代表他的本體論，而《知識論》則系統地表述了他關於知識的理論。金岳霖這一哲學體系的構成顯然是受到了西方哲學的影響。這是無疑的，因爲把哲學分成邏輯學、本體論、知識論等幾大類本來就是西方哲學家們的看法。問題是金岳霖的這一體系爲何僅由這三部分組成而不包括他認爲應屬於哲學的倫理學、美學等部門呢？我認爲，所以如此者，是和金岳霖對於中國哲學的特點之看法有密切的關係。

在〈中國哲學〉一文中，他指出：「中國哲學的特點之一，是那種可以稱爲邏輯和認識論的意識不發達」，認爲在先秦尙「有一批思想家開始主張分別共相與殊相」，然而這一關於共相與殊相的討論卻「過早地夭折了」，所以中國哲學的「邏輯、認識論的意識不發達，幾乎一直到現在」。而西方則不然。

> 「歐洲人長期用慣的那些思維模式是希臘人的。希臘文化是十足的理智文化。這種文化的理智特色表現爲發展各種觀念，把這些觀念冷漠無情地搬到種種崇高偉大的事情上

❻　參見金岳霖《知識論》，頁 6、頁16。

去，或者搬到荒誕不經的事情上去。歸謬法本身就是一種理智手段。這條原理推動了邏輯的早期發展，一方面給早期的科學提供了工具，另一方面使希臘哲學得到了那種使後世思想家羨慕不已的驚人明確。如果說這種邏輯、認識論意識的發達，是科學在歐洲出現的一部分原因，那麼這種意識不發達也就該是科學在中國不出現的一部分原因。」❼

所以要改造中國傳統哲學，要促進科學在中國的蓬勃發展和長足進步，就必須要打破在中國延續了二千年之久的這種邏輯、認識論意識不發達的狀況。而邏輯、認識論的中心問題就是共相與殊相的關係問題。金岳霖的由邏輯學、本體論和知識論構成的哲學體系就是爲了完成這一歷史使命。《邏輯》是我國第一部比較詳細、比較系統地討論邏輯理論的著作，它第一次在我國引進了數理邏輯，我國早期的數理邏輯學家幾乎都直接地受到了此書的影響。《知識論》是迄今爲止中國哲學界中關於知識論的第一部系統嚴密的專著。《論道》一書也應該說是中國哲學界中首先系統地論證共相與殊相關係理論的著作。從這個意義上，我們可以說，金岳霖是打破中國哲學中邏輯、認識論意識不發達這種狀態的第一人。因此他的《邏輯》、《論道》和《知識論》這三部著作在中國哲學發展的歷史上是有開創性意義的。

從寫作和發表的時間而論，《邏輯》一書在前，它發表於1935 年。《論道》一書約完成於 1938 年，1940 年發表。《知

---

❼　金岳霖〈中國哲學〉，《哲學研究》，1985年第 9 期。

識論》完成於抗日戰爭期間（約在1940—1945年間），我們現在所見的《知識論》一書是重寫稿，1983年11月由商務印書館出版。但從思想發展的邏輯順序而論，金岳霖認爲，他是用「《論道》那樣的唯心主義的世界觀和《知識論》那樣的唯心主義的認識論來寫《邏輯》這本書的」❽。（參見金岳霖〈對舊著「邏輯」一書的自我批評〉，載於《邏輯》，三聯書店，北京，1961年）

《邏輯》一書主要介紹和引進西方的邏輯思想，其中第四部分主要是金岳霖自己關於邏輯學的理論。但總括講，此書還是以介紹西學爲主。《論道》和《知識論》雖受到了西方哲學的很大影響，但主要是金岳霖自己的理論創造。

《知識論》是金岳霖的一部重要之哲學著作。他說：「《知識論》是一本多災多難的書」，「是我花費精力最多、時間最長的一本書」❾。《知識論》主要論述共相和殊相的分別和聯繫的問題。它指出：「知識論的對象是知識，是普遍的知識底理。理是普遍的，而知識現象就其發生於某時某地說是特殊的，問題是在特殊中去普遍」❿。知識論的對象是「知識底理」，而所謂「知識底理」卽是「共相底關聯」⓫。因此，知識論的主要任務就是要在殊相中去求「知識底理」或「共相底關聯」。那麼什麼是共相或共相的關聯呢？《知識論》對此雖有所論列，但對之並未作充分而系統的闡述，因爲它的主要任務是從認識論的角度探討如

❽　參見金岳霖〈對舊著「邏輯」一書的自我批評〉，載《邏輯》，三聯書店，北京，1961年。

❾　金岳霖〈「知識論」作者的話〉，載《知識論》。

❿　金岳霖：《知識論》，頁20，商務印書館，北京，1983年。

⓫　同上，頁90。

何在殊相中求「知識底理」或「共相底關聯」；而且它所涉及的共相也僅限於「有觀的」共相，卽整部《知識論》是以假設共相或「無觀的」共相爲其前提的。「無觀的現實本來是有共相的」⑫，因此我們要眞正理解《知識論》，就必須首先懂得什麼是「無觀的」共相。《論道》一書就是從本體論的層面系統地論述「無觀的」共相。由此可見，《論道》一書中的思想體系是金岳霖哲學體系的基礎。要瞭解《知識論》就先得知道《論道》一書的基本思想。

　　《論道》一書表達的是金岳霖的本體論。金岳霖認爲，本體論是全部哲學的基礎。他指出，哲學要以「通」爲目標。具體而言之，哲學是一個大類，其中有美學、倫理學、玄學（本體論或形而上學）、知識論、邏輯學等，所謂「通」就是要求各個部分之間的一致，而這種一致的基礎就是玄學或本體論。所以，他極力主張本體論和知識論的一致說。他以羅素哲學爲例來說明這一思想。他認爲羅素在知識論上越來越主觀，而在實在論上則越來越物觀。羅素承認：「他對外物之有底推論一直到現在是失敗了，可是同時他又似乎沒有放棄推論到外物（外物之有）底企圖。他大概也感覺到他底知識論和實在論不調和，他底實在論中的主要的『物』在他底知識論中推論不出來」⑬。羅素的不成功之處卽在於他的本體論和知識論的「不調和」。其所以然者是他始終未建立起系統的玄學或本體論哲學。而玄學或本體論卻又是「統攝全部哲學的」⑭。而羅素未建立起像樣的本體論哲學又是因爲他

---

⑫　同上，頁258。

⑬　同上，頁98。

⑭　同上。

富有科學精神執意追求眞而不求通之所致。從對羅素思想的得和失的分析中，金岳霖得出結論，認爲哲學要以通爲目標。這一目標要求本體論和知識論的一致，而一致的基礎是本體論。金岳霖自己的哲學體系就是按照這一思想建立起來的。這就是說，在他的體系中，本體論、知識論和邏輯學是一致的或通的，而他的本體論又是他的全部哲學的基礎。

第 一 篇
本 體 論

　　《論道》一書主要是用來解決休謨的因果問題或歸納問題的。休謨的問題始終是金岳霖想要解決的主要哲學問題之一。他把歸納問題或因果問題看成是秩序問題，他說:「如果我們假設這世界本來是有秩序的，歸納不至於發生問題。」但問題是「我們怎樣可以假設這世界是有秩序的？我們怎樣可以擔保明天底世界不至於把以往的世界以及所有已經發現的自然律完全推翻呢？」他又把休謨的因果問題看成是「理與勢底不調和」，金岳霖認爲「理有固然，勢無必至」。「理」是共相的關聯，「勢」是殊相的生滅。共相的關聯是共相與共相之間的聯繫，殊相的生滅指殊相是特殊的，總處在生生滅滅的過程之中；共相是能和可能結合的產物，而殊相則是共相在特殊時空中的位置化；共相是普遍的、有條理的，是任何特殊的東西無所逃的；而殊相的生滅卻是不確定。休謨的錯誤在於他只看到了勢無必至，而沒有看到理有固然。共相是「能」和「可能」結合的產物:「可能」是容納「能」的形式或框架，「能」則是「純粹」;「可能」是死的、靜的，「能」是動的、活的。「能」進入某一「可能」，此「可能」就現實地成爲共相。以上是《論道》一書的理論結構。

第一章 式與能

第一節 居式由能莫不為道

本體論哲學的主旨在研究作為存在的存在自身，它區別現象和真實的存在，它要在形形色色、林林總總的現象中去尋找永恒的真實之存在，以便為現象世界的存在找出理由或根據。《論道》一書認為，這樣的本體有兩類，一為「式」，一為「能」，它們是最基本的分析成分。「式」、「能」之有是不依賴任何別的東西，相反，任何別的東西的形成和存在都離不開它們。任何個別事物都是由「式」、「能」綜合而成，所以個別的事物不是單一的本體，不是最基本的成分。

什麼是「能」呢？金岳霖認為，「能」是不具備任何性質或沒有任何規定性的「純材料」或「純料」。他指出，任何一特殊的事物不僅僅只是一大堆的共相、殊相堆集而成的：共相、殊相表現在具體的個別事物中為性質、為關係，因此，對於任何一特殊的個體，只要我們用抽象的方法「無量地抽象下去」，把它具有的共相、殊相或性質、關係抽掉，最後總有抽不盡者在。這抽不盡者既不是共相，也不是殊相。「這根本非任何相底成分」就叫做「能」❶。金岳霖最初給這「非任何相底成分」取名為 "stuff"，

---

❶ 金岳霖：《論道》，頁15。

後又改名爲「質」。"stuff" 和 「質」都是指構成萬事萬物的質料或材料。可見，能有質料或材料之義。

「能」雖有質料或材料之義，但它又不同於物理學意義上構成萬事萬物的最基本單位，如原子、電子之類的物理材料，「『能』根本就不是量子、原子、電子那類的東西」❷。量子、電子等的形成都必須要以能作爲它們的材料，就此而言，這裏的「能」就是本體論哲學意義上的物質或物質元素，所以「小東西如電子有『能』，大東西如世界也有『能』」❸。但是，能雖是形成萬事萬物的材料，它本身卻不是萬事萬物，所以，金岳霖說：「萬事萬物各有其能，而能不是萬事萬物。它是萬事萬物之所同的材料，而不是萬事萬物之所同是的東西」❹。其所以如此者，是因爲僅有「能」還不足以構成萬事萬物，「能」必須與「式」或「可能」結合才能形成萬事萬物，如電子、量子之類。

從「能」自身不足以構成萬事萬物，不能作爲萬事萬物形成或存在的唯一的、最終的根據而言，「能」不同於歷史上的唯物主義哲學的物質或物質元素。我們知道，唯物主義者認爲物質或者是不可分的，如原子論者，或者具有廣延性，如笛卡爾、斯賓諾莎。物質或者具有不可分性，或者具有廣延性，或者既具有不可分性又具有廣延性，總之，它們都有一個共同的特性，即存在或在時空中存在。照金岳霖看來，這種有不可分性、廣延性或時空性的物質正如電子、量子一樣不是「能」，而是「能」和「可能」

---

❷ 同上，頁143。

❸ 同上，頁15。

❹ 同上。

結合的產物。 能沒有個體事物所具有的在時空中存在與否 的 問
題，但它卻是實在的。作為現象世界的最基本根據的能必須不具
備任何性質。它既不具備任何性質，所以它也就沒有廣延性、不
可分性，也沒有時空性。如果它具備了任何性質，則它就不能成
為萬事萬物的本體。這是把邏輯冷漠無情地搬到本體論哲學上來
的必然結果。

　　金岳霖認為，「能」類似於亞里士多德的質料。 亞里士多德
的質料因，在某種程度上是物質或物質元素。如亞氏認為，要造
一棟房子先得有磚瓦木料等等，它們就是房屋的質料因。僅就作
為形成萬事萬物的材料而言，「能」與質料是相同的。 但兩者之
間又有很大的區別。這表現在：(1)磚瓦木料等質料因，在金岳
霖看來不只是「能」，而是「能」和「可能」結合的產物；(2)亞
氏的質料因是相對的，一個具體的事物，對它上一層的事物說，
它是質料，對它下一層的事物而言，它就成了形式。然而，金岳
霖認為，「能」就是純料， 它不具備任何性質， 所以「能」是絕
對的。由此可見，亞里士多德的質料因實未達到抽象的極點，而
「能」在金岳霖的本體論哲學體系中卻達到了抽象的最高程度。
但是，由於「能」不具備任何性質或規定性，所以「能不是思考
底對象，也不是想像底對象」，「能不能以言語直接地傳達」、「正
文裏關於能的許多話都是不得已而說的話」❺。這就給能蒙上了
一層神秘的色彩。

　　「能」既為純料，那麼它又是如何形成具有質的區別的萬事
萬物的呢？金岳霖認為，萬事萬物的質是由「式」或「可能」規

---

❺　金岳霖：《論道》，頁15。

定的。他說：能「本身無所謂性質。如果我們要說它有『性質』，我們只能以它所出入的可能爲『性質』❻。」

什麼是「式」或「可能」呢？金岳霖認爲，式是「析取地、無所不包的可能」❼。「可能」是容納「能」的框架。「所謂可能是可以有而不必有『能』的『架子』或『樣式』」❽。「能」之有雖不依賴「可能」，但它必定要落在「可能」之中。「可能」是邏輯方面的可以，無矛盾即是可以。只要架子或樣式沒有矛盾，它就是「可能」，它就可以容納「能」。「可能」雖可以有「能」，而事實上卻「不必有」能。所謂「不必有」是說，事實上，它可以有「能」，也可以沒有「能」。如果「可能」事實上已有「能」套入其中，那麼它就不僅是「可能」，而且也是「實的共相」；如果「可能」事實上沒有「能」進入其中，那麼它就是「空的概念」，如「鬼」、「超人」、「龍」等。這些空的概念雖事實上沒有「能」，但這並不妨礙它們仍爲「可能」，因爲在理論上或邏輯上它們依然可以容納「能」。總之，可能的「一部分是普通所謂空的概念，另一部分是普通所謂實的共相」❾。由上可見，這裏的「可能」就是類概念。需要注意的是，這種類概念並不是我們通常所理解的作爲主觀思維形式的概念。

「可能」不在時空之中，但它卻是實在的，是非心非物的。「可能」在理論上可以有無量之多。把這無量的可能析取地排列起來就成一無窮的系列，這就是「式」。所以，式是「無所不包」

---

❻　同上。

❼　同上，頁22。

❽　同上，頁21。

❾　同上。

的可能。只要是「可能」就都在式之中，　式外無「可能」，所以式是無外的、是唯一的。　這是說「式」窮盡了一切的可能。而「窮盡可能的就是必然」⑩。　此種必然是理論的必然，不是事實的必然。金岳霖認爲，「事實無必然」⑪。由於可能是概念，則式就是概念之間的必然的關聯。金岳霖的這一思想顯然是受到了休謨的影響。休謨把關係分爲兩大類，一爲觀念之間的關係，一爲經驗事實之間的關係。他認爲觀念之間的關係是必然的，而經驗事實之間無必然聯繫。

　　「式」旣窮盡了所有的可能，所以「這裏的『式』就是邏輯底源泉」⑫。或者說，「式」就是邏輯。金岳霖認爲，邏輯是「研究必然的學問」⑬。

　　「式」是必然、是邏輯，就此而言，金岳霖的式不同於亞里士多德的形式。在亞里士多德的哲學體系中，　形式有不同的含義。　大致說來它有如下幾種含義：（1）由於亞里士多德把動力因、目的因歸結爲形式因，　所以形式因同時就是動力因、目的因；（2）形式因又指物體的形式狀態，如磚瓦木料按一定的形式（一層或兩層、圓形或方形）結合起來成爲房屋等。這裏的形式和質料又具有相對性；（3）形式的最主要的含義是指事物的本質，卽決定一事物之所以爲該事物的本質規定性。亞里士多德認爲，事物的本質是用公式作出的定義來表達的。這樣，形式就有

---

⑩　　金岳霖：＜釋必然＞，《清華學報》，8卷2期，1933年6月。

⑪　　金岳霖：《論道》，頁4。

⑫　　同上，頁24。

⑬　　同上，頁92。

定義的含義。金岳霖所謂的式不是動力因，因為「式常靜」⑭。但式具有某種目的的因素，因為金岳霖認為，個體事物發展的極致就是太極，而「太極為綜合的絕對的目標」⑮，「太極非式而近乎式」⑯，所以「式」類似於目的。金岳霖繼承了亞里士多德形式因的第三個含義，但他又進一步把它抽象提高為邏輯或必然。在亞里士多德的體系中，形式和質料有相對性，而金岳霖的式為純形式，能為純材料，這是絕對的。由上面的比較中，我們可以看到，金岳霖的式和亞里士多德的形式的最主要之區別是前者為邏輯，後者不是邏輯。金岳霖完全把式邏輯化了。

　　由於「式」就是邏輯，於是邏輯就有了本體論的地位。這樣，「任何世界，卽與現實世界完全不同的世界，只要我們能夠想像與思議的，都不能不遵守邏輯」⑰。金岳霖對於式或邏輯的這一看法的合理部分在於他認為邏輯不只是思維的規律，也是客觀世界必然要遵守的客觀規律。這一看法是對傳統邏輯學定義的否定，是符合現代邏輯科學發展趨勢的。傳統邏輯學認為，邏輯學是研究思維形式及其規律的科學。這種邏輯思想在哲學上造成之有害的後果就是認為一切具有普遍性、必然性的東西都是人的心靈所固有的。這種思想如此地根深蒂固以致一代大哲康德都極力主張一切知識形式都是人的理性先天具有的，是人的理性去為自然立法。但上述的邏輯思想是錯誤的，因為它混淆了邏輯學和心理學，把心理的東西攙進了邏輯之中。邏輯之所以有效，就在於

⑭　同上，頁37。
⑮　同上，頁211。
⑯　同上，頁214。
⑰　同上，頁3。

它不僅是思維律，而且也是客觀事物的規律。邏輯的有效性、準確性並不源於人的理性的一廂情願，而源於它的客觀性。可見，金岳霖關於「式」或邏輯的看法是正確的，至今仍有價值。但當他把「式」或邏輯規定爲是萬事萬物所以存在的本體或根據時，就必然會產生這樣一個問題，卽這樣的本體存在的根據是什麼？對此問題，金岳霖的回答是，「關於邏輯的知識是先天的」。顯然這種回答失之武斷，有「獨斷論」之嫌，或它只不過是一種「成見」。

「式」、「能」旣是形成個體事物的兩個最基本的分析成分，那麼，它們又是怎樣形成個體事物的呢？「式」或可能是靜的，但「能」卻是動的，它老有出入。金岳霖說：能「是很好的名字，因爲它可以間接地表示 x （指能，引者注）是活的動的，不是死的靜的」[18]。「能」是動的，所以它老有出入。所謂出入就是它跑出一可能的範圍之外，又可以跑進另一「可能」的範圍之內。如「能」跑進「人」這一可能之中，於是就有人類形成。「現在無恐龍」表示能已跑出「恐龍」這一可能範圍之外。「無鬼」表示能根本就沒有跑進「鬼」這一可能之中。

「能」雖有能動性，但在與「可能」結合之前，它只是潛能。金岳霖說：「『能』本身是potentiality—substantiality—activity」[19]。 潛能不是現實的活動，可能無能也只是空的架子。要使兩者現實，就必須使它們結合起來。那麼，怎麼使它們結合呢？ 金岳霖是反對外因論的，是反對設立「第一推動者」

---

[18] 金岳霖：《論道》，頁 20-21。

[19] 金岳霖：〈勢至原則〉，《哲學評論》，8 卷 1 期，1943年 5 月。

的，這就意謂着能和可能的結合只能是自身的結合。如此，在理論上就產生了一個這兩者如何開始結合的問題。因爲，「能」旣爲潛能，則它就不能現實地跑進或跑出死的靜的可能。要出入可能，它首先必須使自身由潛能變成現實，而它要成爲現實又離不開「可能」。其實，這同樣的問題在亞里士多德的哲學體系中也存在着。但亞氏未能很好地解決這個問題。如他認爲質料獲得形式才能實現，從這個意義上說，質料或形式自身都不是現實的，只有兩者的結合纔能使它們成爲現實的。但他又認爲，質料是潛能，形式纔是現實的，質料是以異於自身的形式爲動力、爲目的。這就割裂了質料和形式、潛能和現實的關係，他承認了「純質料」和「純形式」的存在。其實，從質料獲得形式纔現實說，未獲得質料的形式也是潛在的，旣是潛在的，它就不能現實地吸引或推動質料向之而趨；從割裂質料和形式的關係而言，形式要吸引或推動質料也是很難想像的。所以，金岳霖說：「『形不能無質，質不能無形』，似乎是常常遇着的思想，可是，我個人總感覺不到這思想底必然，尤其是『理不能無氣』，『形不能無質』底那一方面[20]。」

　　金岳霖關於「式」與「能」的關係的理論避免了亞氏體系中的上述毛病。在他看來，「能」之有不依賴可能，「可能」之有也不依賴「能」，但它們又是緊密相連、不可分離的。他說：「我這裏的『式』與『能』，在我個人，的確是不能分離的，而它們之不能分離，在我看來，的確是必然的」[21]。他對「式」和「能」

---

[20]　同上，頁25。

[21]　同上。

的規定已先驗地決定了能必然地在式之中，因爲「式」窮盡了「可能」，「可能」就是容納「能」的框架。所以，在他看來，結論自然就是：「無『無能』的式，無『無式』的能」❷。「能」既必然地在式之中，則「『無能的式』，與『無式的能』都是矛盾，矛盾就是不可能」❸。「能」與「式」之不可分既是必然的，所以「能」勢必會從潛能向現實轉化，可能也一定會現實。因此，現實世界及其中的個體事物的形成也就是必然的了。

　　「能」與「式」之不可分既是必然的，則「能」必然在「式」之中，而「式」中也必然有「能」。「式」與「能」的綜合即是道。金岳霖說：「道是式一能❷。」又說：「道是二者之『合』，不單獨地是『式』，也不單獨地是『能』❷。」所以說「居式由能莫不爲道」❷。「式」是析取地無所不包的可能。在這裏，式有兩個含義：(1)「式」是可能。既是析取，則取其中任一可能均可稱之爲式；(2)式窮盡了所有的可能，所以式又不同於某一可能。這樣，道就有了如下幾個含義：(1)任何一個事物都是由「能」與「可能」組成的，那麼每一事物之中都有道，或者說它就是道；(2)「式」窮盡了所有的「可能」，可能在數量上是無限的，而所有的「能」又都在「式」之中，所以，道又指無始無終、無邊無際的無限之宇宙。(3)由於「式」就是邏輯，「可能」有「能」就成了共相，共相與共相之間有關聯，所以每一事物既

---

❷　同上，頁24。

❸　同上，頁25。

❷　同上，頁19。

❷　同上，頁38。

❷　同上，頁40。

得遵守邏輯， 又得遵守共相的關聯。「共相底關聯成一整個的圖案，這整個的圖案是道，各共相也是道」❷。於是， 道又有了規律、秩序的含義。所以，金岳霖說:「個體底變動均居式而由能」❷。

現在我們再回過頭來看看「無『無能』的式，無『無式』的能。」這個命題。金岳霖認爲這個命題是必然的。但從上述對式的兩個含義的分析中，我們可以看到，「無『無式』的能」是必然的，而「無『無能』的式」則不是必然的。因爲，式所以爲式必須兼備這兩個含義。 就式的第一個含義說， 任何一可能的現實是可能的。就式的第二個含義說，所有的可能都現實是不可能的，如金岳霖自己就承認了有老不現實的可能，如「無量」、「空線」、「時面」等等。老不現實的「可能」雖在「太極」現實，但「太極所現實的不過是式中一部分的『可能』而已」❷。所謂「現實」是指「可能之有『能』」❸。老不現實的可能是指這些可能之中始終未有能。除了老不現實的可能之外， 尚有其它的可能，它們在以前曾現實，而現在成虛，或者它們在以前未現實，而現在現實。上述的這些可能（包括老不現實的可能）既都在式之中，則「無『無能』的式」就不是必然的。

就事物之生或滅由能之出入可能而定， 則能就是積極主動的，它起着決定作用。因此，可以說，「能」是潛能，卽任何可能的現實都要以「能」爲潛能、爲動力;「能」是實質，這不是說

❷　同上，頁221。
❷　同上，頁166。
❷　同上，頁215。
❸　同上，頁42。

「能」本身是實質，而是說任何實質的東西之所以是實質的，其根據在「能」。因爲無「能」，它們就現實不了。既現實不了，它們當然也就不具備任何實質。

但「能」是純料，它本身不具備任何性質。所以，一事物之生或滅雖決定於能之出入於「可能」，但一事物的性質及與它物的關係卻不來自於「能」。能「本身無所謂性質」，它「只能以它所出入的可能爲性質」❸ 。這就是說， 事物的性質及事物之間的關係是「可能」給與的或規定的。「可能」有質的規定性和量的規定性。如「能」跑入「人」這一「可能」之中，便有「人」形成，人之質的規定性是由「人」這一可能給與的。「人」這一可能有了「能」，它就成了共相。「『可能』成了共相，就表示以那一『可能』爲類，那一類有具體的東西以爲表現」❸ 。「有人」這一命題就表示有張三、李四、王五等具體的人以爲表現。事物的這種量的規定性也是由「可能」規定的 。 在未現實之前，「可能」的量的規定性是潛在的。一旦現實，這種量的規定性就顯露出來了。而世界上所以存在著無限種類的事物，就是因爲有著無量的可能。

由上面的分析可知，從構成個體事物的特徵說，「可能」是在先的，個別事物是在後的；從構成個別事物的材料說，「能」是在先的，個別事物是在後的。「式」、「能」是最基本的成分，而個別事物是由「式」、「能」綜合而成，是複合的。個體的事物是相對的， 它們總處在生生滅滅的川流之中，一經衰滅消亡，它們

---

❸　同上，頁15。

❸　同上，頁42。

就永不存在。個體事物的消亡只是「能」之出於某一「可能」，而「能」和「可能」卻不隨之也消亡。以抽煙為例，一枝煙吸完後，它的一部分變成煙飛走了，一部分變成灰留在煙灰缸內，這枝煙就不存在了。照金岳霖看來，在這裏變的不是「煙」類或「煙」的概念，也不是形成這枝煙的「能」本身。我們說這枝煙不存在了，只是說「能」已走出了「這枝煙」並且走進「別的煙」或別的東西裏去了。如「能」走出所有的「煙」，也不意謂著「煙」類或「煙」概念的消失。它們是不會消失的，如沒有「能」在其中，它們只不過不是共相罷了，但它們仍是「可能」。可見，「式」、「能」是絕對的，是無生滅、新舊、加減的，是永恒的。

現實世界及其中的個體事物的形成在於「能」的出入於「可能」。「能」之出入於「可能」，在理論上應具備兩個先決條件，卽：(1)「能」是能動的，關於此，上面已有陳述；(2)「能」有數量上的限制。我們現在就來分析這第二個條件。

嚴格地說，「能」旣毫無性質，則它就不應有數量的規定性。但是，「式」旣窮盡了所有的「可能」，而「可能」在理論上又有無量之多，如「能」也有無量之多，那麼就有很大的可能會形成這樣一個局面，卽無量之多的「能」同時套進了所有的「可能」。果眞如此，金岳霖的本體論哲學就得宣告失敗。那麼，怎樣來防止這種情況出現呢？他提出了兩個辦法：一是，「能」在數量上不應有無量之多，而應該有所限制。關於此，金岳霖沒有明確的說明，但是在《論道》一書中，他實際上多次地提到了「能」的量的規定性問題。如他說：

「有些可能雖現實或曾經現實，而有些可能尚未現實，或
從來沒有現實，或曾經現實而現在已經成虛。其所以如此
者因為『能』既無生滅……等等，它老是那麼『多』；既老
是那麼多，其入也不能不有出，其出也不能不有入；出入
之間，總有現實與未現實的可能。」㉝

又說：「如果所有現實的可能都老是現實的，而『能』又老
是那麼多，則『能』不能出。既不能出，則亦無謂入。」「如果
未現實的可能都老是不現實，而『能』又老是那麼多，則已現實的
可能是所有的可能，而未現實的可能根本就不是可能㉞。「能」
既只有那麼「多」，則「能」是有數量上的規定性的。「能」的這
種量的規定性是能有出入的必要條件，也是把「可能」分成「不
可以不現實的可能」、「老是現實的可能」、「老不現實的可能」的
必要條件。「不可以不現實的可能」是必然要現實的，不現實就
是矛盾，所以它總有「能」在其中。「老是現實的可能」是無時
不現實的「可能」，所以也總有「能」在其中。「老不現實的可
能」是無時現實的「可能」，如「無量」，它既未現實，則它沒有
「能」在其中，雖沒有「能」，但它仍是「可能」。上述的幾類可
能是金岳霖本體論哲學結構的幾大支柱。如「能」是無量的，那
麼這幾類可能得以成立的必要條件就不存在。

另外一個辦法是金岳霖所提出的現實原則。現實原則指現實
並行不悖、現實並行不費這兩大原則。它們的作用就是要防止以

㉝　同上，頁46。
㉞　同上，頁47。

下這幾種情形的發生: (1) 所有的「能」都留在一「可能」之內，這樣，「能」就無出入，其餘的可能就不會現實。「能」本來可以套進許許多多的「可能」之中，而現在只停留在一「可能」之內，所以費「能」; (2)所有的「能」都分別地套進所有的「可能」，套進之後，毫無更改。這樣，整個的現實世界就無變動可言，變就是不可能的。「式」既窮盡了「可能」，當然變也在其中。所以，這種情形是矛盾的，而且沒有一「可能」有充分現實的機會; (3) 所有的「能」都套進一「可能」之中，套進之後又整個地跑出來，套進另一「可能」之中。這樣，就無同時現實的可能。這種情形既費「能」，又費各「可能」充分現實的機會。由於式、「可能」是靜的、消極的，「可能」之現實與否完全取決於「能」之如何出入於「可能」，所以，所謂的現實原則，究其實質，就是「能」之出入的原則。這些原則要為「能」的出入安排一秩序以達到不悖、不費之目的。遵循現實並行不悖、現實並行不費的原則，就由「能」的出入導出了具體、個體等概念，並進而由此形成了有規律、有秩序的現實世界。

第二節 式與能的難題

從上面的分析中，我們可以看到，金岳霖關於「式」、「能」的思想包含著內在的理論困難。它們表現在以下幾個方面:

首先，「式」既是析取地無所不包的「可能」，那麼「式」就窮盡了所有的「可能」，它就是包羅萬象的、是無限的。這就意謂著在「式」之外不應再存在任何別的東西，不論是同類的還是異類的。倘若有別的東西存在，那麼「式」就不是無限的、唯一

的。但問題是除「式」之外，金岳霖又肯定了「能」的存在。「能」不是「式」，這是清楚明白的。然而，可能的現實與否卻又取決於能之出入於「可能」。「式」窮盡了「可能」，就不應再假設能之存在。但如無「能」，而「式」、「可能」是靜的，則金岳霖的本體論哲學便構造不起來。然如肯定「能」之有，那麼「式」就不是窮盡可能的必然。「式」如不是窮盡「可能」之必然，則「式」就必然不具有本體論的地位，於是，金岳霖的本體論哲學同樣也構造不起來。

其次，「能」是毫無性質的純料，所以「能」不是知識的對象，也不是感覺的對象，甚至我們都不能以語言直接地去表達它。現在的問題是，我們假設這樣一個沒有任何性質的本體之存在有何根據？再退一步說，「能」既毫無性質，它又怎麼是能動的、老有出入的？「能」既有出入，則它就不是毫無性質，因為它至少就有了能動性。在亞里士多德看來，毫無性質的質料是消極被動的。在十八世紀的機械唯物主義者的思想中，物質只具有廣延性即占空間而不具備其它任何特性，所以物質也是消極被動的。因為物質不具備任何特性或只具有廣延性，所以它是消極被動的。這樣的看法是符合邏輯的。金岳霖所謂的「能」既然是純料，不具備任何的特性，它也不應是能動的。說它是能動的、老有出入的，到底有什麼根據呢？

我們先來考察一下金岳霖確立「能」的思想的過程。他最初用英文 “stuff” 一詞來表示「能」，後又用「質」字來表示，最後才決定用「能」字。「能」是中國哲學的概念。為什麼要捨棄 “stuff” 和「質」這兩個概念而採用「能」這一概念呢？ “stuff” 和質是西方哲學的概念。在西方哲學中，從亞里士多德到近代的

機械唯物主義者都認爲 "stuff" 和質是消極被動的。在《論道》
一書中，「式」、「可能」是消極的、靜的，如質料也是消極的、
靜的，則金岳霖的本體論哲學體系就構造不起來。可見，正是構
造體系的需要迫使金岳霖採用了「能」這一概念，因爲「能有『氣』
底好處，沒有『質』底壞處」㉟。氣的好處在於它是「活的動
的」，質的壞處在於它是「死的靜的」。體系的構造需要能有能動
性。但是，「能」之爲「能」在《論道》一書中又必須以與純形
式的「式」或「可能」相對的純料出現。這顯然是矛盾的。另外
一個矛盾是，「能」既爲毫無規定性的純料，它也不應有數量的
規定性，可是我們已經看到金岳霖在《論道》一書中又常常提到
「能」的量的規定性問題。

最後，現實原則在金岳霖的本體論哲學中起著關鍵性的中介
作用，它是溝通可能世界和現實世界的橋樑或通道。由「可能」
向共相、個體的過渡完全得力於現實原則。現實原則是「能」的
出入的原則，而「能」的出入要以不悖、不費爲目標。要達到不
悖的目標，就必須「讓同一的『能』同時套進許多相容的『可
能』，異時套進許多不相容的『可能』」㊱。其結果便是多數「可
能」具有同一的「能」，這就是具體。具體雖能達並行不悖的目
標，但仍不足以達並行不費的目的。所以，具體必須進一步「分
解化、多數化」㊲，分解的結果便形成個體。這時，「可能」已個
體化，個體化的「可能」就是共相。共相在具體時空中的現實便
是殊相。有了個體、共相、殊相，可能世界就過渡到了現實世

㉟　同上，頁20-21。

㊱　同上，頁69。

㊲　同上，頁71。

界。可見，沒有現實原則，現實就不能具體化、個體化。現實不
能具體化、個體化，金岳霖的共相論，進而可以說他的整個的
關於現實世界的理論也就失去了理論的支撐點。現實原則如此重
要，但它的根據何在呢？《論道》第一章論述「道」、「式」、
「能」，第二章討論「可能」如何現實。從這兩章並不能邏輯地、
必然地推出現實原則。但是，金岳霖卻於第三章開首就提出這樣
的原則，對此原則之根據卻語焉不詳，只是認為現實並行不悖是
先驗原則，而現實並行不費則連先驗原則都不是。這就是說，現
實原則並「沒有純理論上的理由」❸作它的根據。既沒有邏輯上、
理論上的根據，那麼現實原則又以什麼為基礎呢？

　　上述的理論困難在《論道》一書中是偶然出現的，還是有其
更深層的原因。筆者認為這些困難的出現有其深層的原因。這原
因與金岳霖構造其本體論哲學體系所採用的方法有必然的內在聯
繫。他用以構造體系的基本原則有兩個，一是邏輯原則，一是經
驗原則。確立「式」、「能」這兩類本體就是分別地根據於這兩條
原則。「式」的根據是邏輯原則，「式」本身就是邏輯。而「能」
卻根據於經驗原則。對於「式」必須用邏輯思維去把握；對於
能我們卻只能「在寬義的經驗中（有推論有想像的經驗）抓住它
❸」。或者「也許是要所謂直覺才能夠得到」❹。對於「式」我
們用邏輯命題去表示；對於「能」，我們卻只能作本然陳述❹。

---

❸　同上，頁67。
❸　同上，頁19。
❹　同上，頁21。
❹　所謂本然陳述是針對於名言世界而說的。金岳霖認為邏輯命題表示
　　的是必然的理，自然律表示的是固然的理。這兩者都屬於名言世界
　　的範圍。在必然的理、固然的理之外，還存在一種本然的理，此理
　　即由本然陳述來表示。本然陳述直接地表示任何事實最後的實質共
　　同點。它不是由分析，也不是由綜合而得到的，卻是由總結經驗而
　　來的。所以，對於邏輯命題、自然律不能表示的經驗事實，它卻能
　　表示。

邏輯原則只承認「式」，而把握不住「能」；經驗原則能夠把握住
「能」，卻不承認「式」。所以，必須兼採邏輯原則、經驗原則，
方能使「式」、「能」得以並肩而立，共同成為現實世界的本體。
從邏輯原則出發，「能」只能是毫無性質的純料。但站在本然陳
述的立場，我們卻可以擺脫邏輯原則的束縛，而較「自由」地談
論能。由「在經驗中感覺到的雲蒸雨施，滄海桑田，及其他種種
等等」就能使「我們很容易想到天下既無不變的事體，就有那老
在出入的『能』」❷。顯然，金岳霖在用感覺經驗來證明能是動
的、是有出入的。

　　從邏輯原則和經驗原則出發，就自然而然地引出了兩類不同
的命題，即先天命題和先驗命題。對於此，金岳霖有清楚的論
述。他說：「有一部分的知識明對於將來無論有經驗與否總是正
確的，這一部分是本文所謂先天的知識。只有關於邏輯的知識是
先天的❸。」先天的知識由經驗而來，但卻不依賴於經驗，其正
確性不依靠經驗。關於先驗命題，他說：

　　　　「有一部分普遍知識對於已往為真，對於將來，只要有經
　　　　驗，總有相應於它的經驗，所以不會不真；這一部分就
　　　　是這裏的先驗的知識，即令將來的世界不是現在這樣的世
　　　　界，只要有經驗，這一部分的知識總是正確的。」❹

　　先驗知識亦由經驗而來，它的正確性要依賴於經驗。整部

---

❷　同上，頁37。
❸　同上，頁58。
❹　同上。

《論道》主要地就是由先天命題和先驗命題這兩類命題構成的。「『式』不能無『能』,『能』不能無『式』」、「不可以不現實的『可能』」等都是以先天命題或邏輯命題爲根據的。而能有出入、現實並行不悖則是先驗命題。可見, 先驗命題就是能、能有出入、現實原則的根據或理由。

金岳霖構造其哲學體系的方法突破了傳統哲學體系的構造方法。在西方哲學史上, 從柏拉圖到黑格爾之間的大部分哲學家用以構造體系的方法都是從自明的東西出發, 根據嚴格的邏輯規則進行演繹推導, 從而建立起一套概念的體系。這種方法, 從根本上說, 就是數學或幾何學的方法在哲學領域內的運用。這種方法的片面性在於它只是根據具有自明性的東西進行邏輯推導, 而不是根據已觀察到的事物而進行歸納推演。它的另一缺點是, 推導過程及推導結果的正確性得到了驗證, 但是整個推導過程得以進行的出發點自身的正確性是得不到證明的, 否則便會陷入循環論證。這種方法的缺點在哲學領域內表現得尤爲突出。當然, 這種方法追求可靠、準確的知識對於近代科學、哲學的發展起了很大的推動作用。但片面地尋求和運用這種方法便會在演繹和歸納、思想和情感、直覺和觀察之間劃下一道不可逾越的鴻溝。這種方法對於哲學自身的影響就是本體論哲學片面追求超越性, 它不但要超越經驗世界, 而且要超越哲學家本人。片面追求超越性的結果便是本體論哲學自身的式微。然而, 金岳霖「是贊成玄學的人」❹, 認爲本體論哲學應和哲學家本人合而爲一。所以, 研究

---

❹　金岳霖:〈唯物哲學與科學〉,《晨報》副刊, 57 期, 1926 年 6 月。

本體論哲學，不能片面地「求理智的瞭解」，也必須要「求情感的滿足」❹ 。他認爲本體論哲學應該是邏輯與經驗並重，超越性與內在性綜合。金岳霖的本體論哲學應該被看作是對傳統的本體論哲學的一種改造。

金岳霖構造體系的這一方法是與他的《知識論》一書的基本觀點一脈相承的。他的知識理論「旣不主張經驗主義，也不主張理性主義」，而是「經驗與理性並重」❹ 。他認爲在知識論範圍之內，事中有理，理中有事，知識論就是要在事中求理。可以說《論道》是金岳霖《知識論》方法的具體運用。但是，由於邏輯原則和經驗原則的交互使用，常使《論道》一書中的思想頗多前後不一致之處。而且這種方法實際上也並未能眞正解決前面所提到的種種矛盾。然而，金岳霖在構造體系方法上的嘗試是難能可貴的，這一方向也是應該加以肯定的。

金岳霖的哲學觀及其方法在理論上淵源於英國的新實在論。新實在論者一方面承認共相的獨立實在性，另一方面又肯定了經驗事實的實在性。正如莫爾頓・懷特在其《分析的時代》一書中所說的那樣，二十世紀的實在論有兩個特別的因素，「一種表現爲，太陽和星星這些物理對象不依賴心靈而存在這樣一種符合常識的信念；另一種表現爲柏拉圖式的理念或共相這些東西也獨立存在這樣一種極不符合常識的信念」❹ 。但新實在論者很少有人依據上述的信念來構造系統的本體論哲學，因爲他們中的大多數

---

❹ 金岳霖：《論道》，頁16。

❹ 金岳霖：《知識論》，頁18。

❹ 莫爾頓・懷特：《分析的時代》，頁18，中譯本，商務印書館，北京，1986年。

是反形而上學的。羅素算是比較注重本體論哲學的，但是他也始終未曾建立起過像樣的本體論哲學。可以說，金岳霖是首先運用這樣的思想及方法來構造系統的本體論哲學的。當然，金岳霖雖受到了新實在論的哲學觀之影響，但他的哲學卻不能簡單地歸於新實在論。

我們在下面將看到，金岳霖這一「式」—「能」的本體論哲學體系及邏輯原則、經驗原則並重的方法主要是爲了解決休謨的哲學問題。

第二章 共相與殊相

第一節 共相是個體化的可能

　　共相和殊相的關係問題是《論道》一書所要討論的主要問題之一。共相和殊相的關係問題也就是一般和個別的關係問題。這一問題是哲學討論的主要問題之一。古希臘時期的哲學家就對之進行過激烈的爭論。蘇格拉底首先明確地提出了這個問題。他認為一般和個別並不是截然對立的，他的「精神助產術」就是要從各個具體、特殊的事物中，經由歸納而求得一般或定義的方法。但他又進一步認為，各種關於美德的定義是先天地包藏在人們的心靈之中。所以，他最終還是認為一般脫離個別、先於個別而存在。由於蘇格拉底規定哲學的任務就是要尋求定義或概念，於是一般和個別的關係問題第一次成為了哲學的主要問題之一。這個問題導致了柏拉圖的理念論和亞里士多德的邏輯。

　　柏拉圖認為，一般先於個別、脫離個別而獨立地、客觀地存在著。一般是永恒的、不變的，所以是眞實的。而個別的東西是模倣或分有「一般」而有的，它們是變動不居、儵然而逝的，所以是不眞實的。這就是他的著名的共相論。他在哲學史上第一次系統地提出並討論了一般和個別或共相和殊相的關係問題，這是他的一個貢獻。但從整體上講，他的共相論是錯誤的，因為他割

裂了一般和個別的關係。亞里士多德反對柏拉圖的共相論，主張一般存在於個別之中。但他最終還是承認有一個脫離個別、先於個別、決定個別的「純形式」、「第一推動者」或「神」。

中世紀的唯名論和唯實論討論的中心問題仍是一般和個別或共相和殊相的關係問題。由於經院哲學家缺乏希臘人所具有的豐富的科學經驗和科學知識，所以他們往往偏限在從純邏輯的思考中來討論這個問題。這種學術氣氛導致了繁瑣細碎的無益的討論，並不能解決任何問題。

近代哲學的中心問題仍是一般和個別的關係問題。不過對這一問題的討論不只偏限於形而上學或本體論的領域，更多的卻是在認識論的範圍內進行的，它表現為經驗論和唯理論之爭。唯理論者認為，具有普遍性、必然性的一般原則是人的心靈先天具有的，而經驗論者則認為一般的東西來自具體的日常的經驗事實。

本世紀初新實在論誕生。新實在論者也認為，共相是先於個別、獨立於個別而存在的。但與柏拉圖和中世紀的實在論者不同，它帶有很濃厚的經驗論色彩，承認感覺經驗在某種程度上的可靠性。新實在論在英國的著名代表羅素在其《哲學問題》一書中專闢兩章討論共相問題。他基本上沿襲了柏拉圖的共相論，認為共相是永恒的，或者說它們具有實在性，因此，共相世界也可以說就是實在的世界。所謂實在的世界就是時空兩超的世界。他又指出，存在的世界是共相世界的「淡淡的影子」。但羅素把柏拉圖的共相論和洛克、貝克萊、休謨的經驗論結合了起來，對柏拉圖的共相論作了「一些必要的修正」。這些修正大致包括以下諸點：(1) 承認感覺經驗是知識的一個來源，但不是唯一的來源。(2) 以「共相」(universal) 代替「理念」(idea)。(3) 證

明「關係」共相的必然存在，認爲「性質」共相的存在得不到嚴
格的證明。於是，他把「性質」這類實體分析成「相似性」，進
而以「關係」共相代替了「性質」共相。(4)認爲共相既不在空
間之中，也不在時間之中，它既非物質的，也非精神的，然而，
它卻是某種東西。羅素上述的共相理論對於金岳霖的共相論產生
了很大的影響。

在《論道》一書中，殊相和個體這兩個概念是有區別的。因
爲個體不僅有共相、殊相，而且還有不是任何相的成分卽能在其
中。但爲了討論的方便，我們暫且從俗，卽不論它們之間的區
別，把它們都看作是指稱特殊的個體。

在共相和殊相的關係上，金岳霖主張一般存在於個別之中，
共相表現於殊相之中。《論道》一書的第一章討論「式」、「可
能」和「能」。第二章討論「可能」的現實。第三章討論現實如
何個體化。至此，「個體」的概念開始出現。也就在這第三章之
中，金岳霖提出了他關於共相的定義。他說:「共相是個體化的
可能」❶。「個體化的可能」就是現實了的可能或有能進入其中
的可能，所以，共相一定是現實的可能，未現實的可能或未有能
進入其中的可能決不是共相。金岳霖的這一思想無疑是針對柏拉
圖、羅素等人的那種絲毫沒有現實性的共相論而發的。同時，它
也在某種程度上揭示了亞里士多德的那種不含任何資料的「純形
式」的虛假性，而堅決主張共相一定是現實了的可能。

然而，共相不只是現實了的可能，而且它還必定是個體化了
的可能。這就是說，現實了的可能必須分解成數量衆多的個體，

---

❶　金岳霖:《論道》，頁73。

這樣的可能方是共相。因為，所謂「共」就是一部分個體之所
共，如不與個體相呼應、相對待，則就無所謂共。那麼，共相與
個體事物的這種互相對待的關係是怎樣一種關係呢？金岳霖說：

> 「共相當然實在，不過它沒有個體那樣的存在而已。一方
> 面它是超時空與它本身底個體的，另一方面它既實在，所
> 以它是不能脫離時空與它本身底個體的。這兩方面的情形
> 沒有衝突。」❷

可見，共相與個體處在一種並存對應的關係之中。共相是相對於
個體事物的，而個體事物也是相對於共相的。它們之間的關係是
無共不個，無個亦不共。他說：

> 「在世界上沒有個體的鬼，『鬼』不是共相；七十年前沒
> 有一個一個的飛機，『飛機』在那時候僅是可能，不是共
> 相，現在既有個體的飛機，『飛機』不僅是可能，而且是
> 共相。」❸

但共相與個體之間又有很大的差異。共相是實在即超時空，個體
是存在即在時空之中。如果所有的個體都不存在，則與之相對應
的共相也不成其為共相，而只是一可能而已。但是，共相範圍之
內的任何一個體的消亡並不影響共相之為共相。共相與個體的這

---

❷　同上，頁74。
❸　同上，頁 73-74。

種對待關係，實質上，就是類和個體的關係。因爲，金岳霖所說的共相就是類概念，當然不是指空類。他認爲，「能」之進入於某一「可能」，這「可能」就成了共相，於是就有某種或某類動物或植物出現。他說：「『可能』成了共相，就表示以那一『可能』爲類，那一類有具體的東西以爲表現」❹。個體的類無疑是與個體相對應的。共相既是個體的類，則共相顯然也應與個體相對應。

如果把金岳霖的共相理論與馮友蘭的共相理論作一比較，我們就能非常清楚地看到金岳霖共相論的獨到之處。馮友蘭認爲，他的《新理學》主要是講共相與殊相之間的關係的。《新理學》把整個的宇宙劃分爲二：一是形而上的理世界；一是形而下的器世界。它把前者稱之爲「眞際」，後者稱之爲「實際」。馮友蘭認爲，「眞際」就是共相界。「眞際」包含「實際」，卽「眞際」的範圍要大於「實際」。「實際」包含具體的實際事物。但他認爲，有「實際」不必就有具體的實際存在的事物。「實際」中某一類東西之所以成爲某一類東西，是因爲它依照某一類東西之理而形成的。「實際」中的某一類東西就是「眞際」中某一理或共相的例證。共相與殊相或個體雖有相應的關係，但共相卻不僅先於殊相或個體的存在，而且決定後者的存在。馮友蘭的「眞際」類似於金岳霖的可能界，他的「實際」則類似於金岳霖的共相界。但金岳霖認爲，共相必須是現實的「可能」，而未現實的「可能」則根本就不是共相。所以，按照金岳霖的共相理論，不僅馮友蘭的「眞際」不是共相界，而且就是他所謂的「實際」也不一定是

---

❹　金岳霖：《論道》，頁42。

共相界。因爲他所說的「眞際」不具有現實性，所以它顯然不是金岳霖所理解的共相。至於「實際」，馮友蘭認爲，可以有「實際」，但不必就有某一件現實存在的事物。所以，他所謂的「實際」並不一定就是共相。

總之，馮友蘭認爲，必須先有飛機之理，然後才有一個一個的飛機；金岳霖則認爲，沒有一個一個的飛機，飛機之理僅是「可能」，決不是共相。只有存在著個體的飛機，飛機之理才是共相。可見，他們兩人的共相理論是截然相反的。一個認爲共先於個，有共不一定有個；一個則認爲無個不共，無共也不個，兩者唇齒相依，共存共亡。一個堅持理在事先，一個主張理在事中。如果我們可以把馮友蘭的共相理論稱之爲抽象的共相論，那麼，金岳霖的共相理論則顯然可以稱之爲具體的共相論。從歷史上看，前者的共相理論實質上只不過是柏拉圖和新實在論的共相理論在中國的翻版，並無多少新意。而金岳霖的共相理論雖也上承柏拉圖、新實在論的共相理論，但克服了他們脫離個別只講一般的理論片面性，比較正確地解決了共相與殊相的關係。

第二節　共相邏輯地先於殊相、個體

在「一般在個別之中」還是「一般在個別之外」這個問題上，金岳霖的共相論糾正了柏拉圖和新實在論者的共相理論的片面性，提出了「共相是個體化的可能」這一命題，堅持了「一般在個別之中」這一正確的思想。但由於《論道》一書認爲共相是由「能」和「可能」的結合而形成的，而從「可能」、「能」到共相、殊相的形成就必然存在著一個邏輯的推導過程，從對這個邏輯推

導過程的分析中，我們可以看到，在《論道》中，共相表現於個別之中這一命題仍蘊涵著兩個極需進一步分析的問題。其中的一個問題就是，存在於個體或殊相中的一般或共相與個體相比，究竟何者在先，究竟誰決定誰，是一般或共相先於個別、決定個別，還是個別先於一般、決定一般。另一個問題則是，在「一般在個別之中」這一命題中的「個別」可以有兩個不同的含義，即它既可以指稱「個別」這一概念，又可以指稱經驗中或特殊時空中的個別。那麼，金岳霖在《論道》一書中所使用的「個體」是兼有這兩個含義，還是只具有其中之一義？對於這兩個問題，金岳霖是怎樣解決的呢？

　　我們現在先來看看金岳霖對「個體」這一概念的理解。綜觀《論道》一書，我們可以看到，金岳霖的「個體」這一概念有兩個不同的含義，即一是指不在時空中的個體或個體的概念，一是指在時空中的個體或經驗中的個體。為了便於區分，我們可以把前者稱之為「個體」，後者稱之為「特殊的個體」。我們在前面曾經分析過的命題「共相是個體化的可能」中的「個體」是不同於具體的、特殊的個體的，而是指的「個體」這一概念。關於這一點，金岳霖本人有極為明確的說明。他指出：

　　　「這裏『個體』兩字，是所謂個體的『個體』，而不是這一個與那一個的『個體』。以『這』與『那』去表示的『個體』是具體的，不能下定義的，占特殊時空的『這個』與『那個』，所以它們不是此處所說的個體。此處所說的個體不是這個與那個底本身，而是它們之所以為個體的個體。」❺

問題非常清楚。金岳霖明確地在此表示「個體」有兩個不同的含義。金岳霖對「個體」既有這兩種不同的理解，那麼我們就得來分別討論共相與它們各自的關係。

我們先來討論共相和個體之間的關係。金岳霖雖然認為共相存在於個體之中，無共不個，無個亦不共。但我們分析《論道》一書的體系結構就不難看出，從根本上說，他最終還是認為共相是邏輯地先於個體的。我們在前面已經指出，「可能」、「能」是萬事萬物的本體，從「能」和「可能」的結合到萬事萬物的形成有一邏輯推導過程。這過程大致可以分析如下：

能、可能 ⟶ 現實（共相） ⟶ 具體 ⟶ 個體 ⟶ 特殊化的個體。

在這一過程中，「能」和「可能」為第一階段。「可能」有「能」就是現實，而現實就是共相，這是第二階段。第三階段為具體。所謂具體是指若干可能具有同一的「能」，它是個體出現之前的渾然同一的狀態。分割剖析具體就得到了數量眾多的個體，這是第四階段。個體在具體時空中的定位即為特殊個體，此為第五階段。這五個推導的階段分別隸屬於三個不同的結構層次：(1)「能」和「可能」屬於可能界；(2)共相、具體和個體屬於現實界；(3)特殊化的個體則構成特殊化的個體界。可能界顯然要大於並包含著現實界，因為現實的就是可能的，而可能的卻不一定是現實的。現實界就是共相界，它是具體的，是有個體的。可能界和現實界均是超越時空的。從上述的邏輯推導過程中，我們可以清楚地看到，可能的現實是具體化的先決條件，因

❺　金岳霖：《論道》，頁72。

爲所謂具體是「多數『可能』之有同一的『能』」❻。多數「可能」有同一的「能」是以可能之有「能」爲先決條件的，所以現實先於具體，而具體又是個體的先決條件。如金岳霖說:「個體化底先決條件是具體化，那就是說要有具體才能有個體，無體不能『個』，而個體底個就是具體所供給的體❼。」

總之，可能的現實先於具體化，而具體化又先於個體化。當然，這裏所說的在先不是時間上的在先，因爲現實不在時空中，因此這裏的所謂在先沒有時間在先的問題發生。既然不是時間上的在先，那麼這裏的在先只能是邏輯上的在先。可能的現實就是共相，既然可能的現實邏輯地先於具體、個體，所以，結論自然是，共相是邏輯地先於個體的。而且共相也是決定個體的，因爲個體是具體的個體化，而具體則是現實的具體化。

進一步，如我們對「可能」這一概念進行深入的分析，也可以看出「可能」這一概念本身就隱含著共相邏輯地先於個體的思想。他應用「可能」這一概念試圖來說明共相的形成，說明共相與個體的關係。共相是如何形成的，在歷史上一直是一個引起激烈爭論並至今懸而未決的問題。很多哲學家認爲共相是永恒的，以此來迴避這個問題。金岳霖則指出，共相是「可能」和「能」的結合的產物，所以共相不是第一性的，不是先天而有的。「可能」和「能」的分離就是共相的成虛，所以共相不是永恒的。共相成虛，但並不歸於消亡，因爲從理論上或邏輯上講它仍是「可能」。共相是現實的「可能」，所以它是「實的共相」。未有「能」

---

❻　金岳霖:《論道》，頁69。
❼　同上，頁71。

的「可能」僅是「可能」，所以稱之為「空的類稱」或「空的概念」。因此，「可能不一定是共相」❽，共相與「可能」的區別僅僅在於現實與否。 現實與否又取決於「能」之是否出入於「可能」。但是，「能」是毫無規定性的純料， 它只能以其所依附的「可能」來確定其自身的性質。從上面的分析過程，我們可以得出如下的結論：

即「可能」與共相雖然有現實與否的區別，但二者在性質上並無絲毫差異。可能有能，它具有的性質就從潛在的變成現實的了；共相成虛，它所具有的性質就從現實的變成潛在的了。

由此可見，共相是現實了的「可能」，而「可能」是潛在的共相。「可能」既是潛在的共相， 而且它又具有本體的地位，它當然也就是先於個體的了。

共相與個體的關係已如上述。我們現在就來討論共相與特殊個體的關係。在上面我們已經指出，特殊的個體要以個體為其根據。個體要成為特殊的個體就必須要引進時空概念。《論道》一書把時空劃分為絕對時空和相對時空。相對時空是指個體化的時空， 亦即是能夠經驗的時空。金岳霖認為， 相對時空的秩序決定於絕對時空的秩序。個體在相對時空中的定位就是個體的時空位置化， 時空位置化後的個體就是特殊的個體。既然時一空位置化了的個體就是特殊化的個體，所以個體是邏輯地先於特殊化了的個體的。既然共相是邏輯地先於個體， 理所當然地， 它也就是先於特殊的個體的。金岳霖在談到共相和殊相關係的時候，就明確地指明了這一點。 他說：「殊相是個體化的可能底各個體

---

❽ 同上，頁21。

❾。」這裏的「個體化的可能」是指共相,「各個體」指的是時
一空位置化的特殊個體。所以,殊相只不過是共相在特殊時空中
的現實。可見,共相是邏輯地先於殊相的。在談到共相的關聯和
它在時空中的特殊現實時,金岳霖更爲明確地說明了共相是邏輯
地先於殊相的思想。他說:

> 「這裏的因果旣是共相底關聯,當然也是可能底關聯,其
> 所以要說共相而不說可能底道理,無非是要表示這關聯在
> 事實上總是已經現實。在事實上已經現實不必就是在某時
> 某地某個體與個體之間特殊地現實。前者是普遍的,後者
> 是特殊的。」❿

反過來說,「在某時某地某個體與個體之間特殊地現實」的東西,
必須是「在事實上已經現實」的。這也就是說,「事實的現實」
先於「特殊地現實」,而不是相反。這裏的在先也是指邏輯上
的在先。總之,共相或共相的關聯在邏輯上先於特殊個體或殊
相。

　　共相存在於個體之中,但共相並不必存在於某個特殊的個體
之中。設以 φ 爲共相, x_1, x_2, x_3, ……x_n……是 φ 共相下的特
殊個體。金岳霖認爲,作爲共相:

> 「φ 不能脫離所有的 x_1, x_2, x_3,……x_n……而成爲共相,

---

❾　金岳霖:《論道》,頁73。
❿　同上,頁152。着重號爲引者所加。

因為如果所有的x_1，x_2，x_3，……x_n……都不存在，則 φ 不過是一可能而已。」⓫

但是，任何特殊個體之不存在並不影響共相之為共相。所以說共相不存在於、不依賴於任何一特殊的個體。共相雖不存在於、不依賴於任何一特殊的個體，然而它卻表現於所有的特殊的個體之中。如「白」是共相，它之所以成為共相，是因為有「這個白的東西」、「那個白的東西」等等來表現「白」這一共相。但是，「白」這一共相並不依存於「這個白的東西」或「那個白的東西」……之中，因為它是所有白的東西所共有的或所共同表現的，所以說它不是「各個體之所分別地表現的情形」。為「各個體之所分別表現的」是殊相的白，如這匹白馬之白，或那塊白玉之白。而殊相的白是存在特殊的個體之中的。某一特殊的個體歸於消亡，與之相應的殊相也就隨之消逝，永遠不復存在。

共相不僅是邏輯地先於個體，先於特殊的個體，而且它也是邏輯地後於個體和特殊的個體的，因為可能界要大於現實界，當然也是大於個體界的，因為共相是現實的「可能」，「能」走出共相，共相就不成其為共相，但它仍是「可能」，而「可能」為潛在的共相。「可能」無生滅、新舊、加減，所以潛在的共相也無生滅、新舊、加減。如若干萬年前存在著一個一個的恐龍，則在那時「恐龍」就是共相。而現在恐龍消失，既沒有個體的恐龍，則「恐龍」就不是共相。所以，「恐龍」現在僅是一個空類，它雖不是共相，但它仍是「可能」。在理論上、邏輯上，它仍有可

⓫　同上，頁74。

能再度成爲共相。可見，共相或潛在的共相是邏輯地後於個體，後於特殊個體的。

再者，就實在的共相說，它也是既邏輯地先於特殊個體，又邏輯地後於特殊個體的，因爲特殊個體總處在生生滅滅的時間川流之中。所謂特殊就是現於一時一地，而不重現於另一時另一地，所以特殊的個體總是一去不復返的。所有的特殊個體都不存在，共相當然也就相應地隨之成虛。但是，任何一特殊個體的不存在，並不影響共相之爲共相。然而對於歸於消失了的特殊個體說，共相卻是邏輯地後於它的。

通過對《論道》一書中的本體論哲學體系的剖析，我們不難看出，儘管金岳霖提出了「共相是個體化的可能」這一正確的命題，但是從根本上說，他最終還是傾向於認爲共相是邏輯地先於個體、決定個體，共相是邏輯地後於個體。這是他的本體論哲學體系內部的一個矛盾。

第三節　金岳霖共相論的評價

《論道》一書細緻縝密地分析了共相和個體的關係問題。可以毫不誇張地說，它是對自柏拉圖以來的各種共相理論的綜合，其中包含著許多極其深刻並富有價值的思想。這些思想突出地表現在以下幾個方面：

第一，他試圖正確地解決一般與個別、共相和殊相的關係問題，提出了「共相是個體化的可能」這一正確的命題，承認了共相存在於個體之中，這就在一定程度上反對了柏拉圖認爲個體事物分有理念，羅素認爲現實世界是共相世界的淡淡的影子之說

法。在他看來，不與個體相對的純粹的共相不是現實的，而只是空洞的概念，所以它們不是共相，而只是「可能」；要使「可能」變成共相，必須有作為萬事萬物材料的「能」才能使可能從潛在過渡到現實，使可能從空的類稱演變為實在的共相；「能」和「可能」結合而成共相，進而形成一切個體事物。在《論道》一書中，共相世界和個體世界之間並不存在著一條不可逾越的鴻溝。共相既有超越性，又有現實性。

第二，他在一定程度上解決了柏拉圖共相論的致命錯誤，即共相是永恒的、不變不動的，而個體事物則是變動不居、瞬息萬變的這二者之間的矛盾。柏拉圖認為共相是先於個體事物的，它是現實世界的根源。現實世界是充滿著運動的，而共相是不變不動的。但是，不變不動的共相又怎麼能產生運動變化的現實世界呢？亞里士多德首先敏銳地注意到並激烈地批評了柏拉圖共相論中的這一錯誤。於是，他提出了「質料因」來試圖克服這一錯誤。他認為理念或形式自身不足以形成具體的現實事物，只有形式和質料的結合纔產生萬物。但在亞里士多德的體系中，質料是消極被動的，形式才是積極主動的，因此質料必須以形式為其動力因、目的式。既然質料必須與形式結合纔能形成萬物，則在未結合之前，質料與形式都是潛在的。形式既是潛在的，它就不能作為一種現實的動力來吸引質料與之結合。同時，質料也不可能向之而趨，因為質料是消極被動的。誠然，亞里士多德認為存在著「純形式」，把它看作是現實的，是「不動的推動者」，但這一思想是與他的理論的出發點相悖的，而且它也割裂了形式與質料的聯繫。所以，亞里士多德亦並未能真正解決柏拉圖的問題：其原因在於他對「質料」性質的規定性上的失誤，以及他未能處理

好質料與形式之間的關係。

　　金岳霖解決柏拉圖問題的方法頗類似於亞里士多德，因為他也提出了與「質料」相似的「能」這一概念。但是，「能」與質料有兩點不同：（1）能是能動的，它就是自身活動的原因。金岳霖說：「『能』沒有開始出入的時候，也不能有歐洲式的上帝開始去推動它。……『能』本身就是推動力，不過它老在那裏推動而已，而這也當然是說它老有出入。」（2）「能」與「可能」或「式」處在必然的聯繫之中：「能」是純料，「式」是純形式，但二者不能分開而有。如《論道》指出：「式或能無終始」⓬。又說：「『式』與『能』無所謂孰先孰後」⓭。「可能」的數量在理論上說是無量的。窮盡了所有「可能」的「可能」就是「式」，因此凡是「可能」都在「式」之中；而「可能」是容納「能」的框架，所以「能」必然地也在「式」之中。由於強調了「式」與「能」的不可分離性，這就否定了有所謂獨立存在的純形式或純材料。既然「式」與「能」不能分離，所以現實必然會有。「可能」有「能」就成了共相。從潛在的可能變成實在的共相，「能」起著決定性的作用。現實變成具體，具體變成個體，個體再進一步時空位置化都是能的活動使然。可見，正是「能」才使不動不變的「可能」或共相過渡到運動變化的個體，從而使可能界、共相界和個體界協調起來、溝通起來。

　　第三，金岳霖區分了個體的兩個不同含義，這有助於深化共相和個體關係的討論。共相存在於個體之中，而表現於特殊個體

⓬　金岳霖：《論道》，頁30。

⓭　同上，頁31。

之中。共相不隨任何特殊個體的消亡而消亡，但所有的特殊個體
都不存在，共相也就不成為共相。這種分析應該說是正確的。它
提醒我們，通常所說的「一般存在於個別之中」這一命題，可以
分析成「一般存在於個體界或個體類」和「一般表現於特殊的個
體」這樣兩個命題，而共相與個體、與特殊的個體有著兩類不同
的關係。

第四，柏拉圖在歷史上第一次系統地提出了他的共相理論，
但他所說的共相主要是性質共相或實體共相，而且他對共相間的
關係也並未作充分的討論。羅素在其《哲學問題》一書中對柏拉
圖的共相理論作了某些修正，其中之一就是他證明了「關係」共
相的必然存在，而認為「性質」共相的存在得不到嚴格的證明。
於是，他把「性質」這類實體分析成為「相似性」，並進而完全
以「關係」共相代替了「性質」共相。

金岳霖既不像柏拉圖那樣，只承認性質共相，也不如羅素似
的只承認關係共相之有、而完全否認性質共相的存在，而是主張
既有性質共相，也有關係共相。他說：「分別地表現於個體的共
相是現實的性質」[14]。又說：「聯合地表示於一個以上的個體的
共相是現實的關係」[15]。從這種關係共相理論出發，他又進一步
系統地論述了共相與共相之間的關係，他把這種關係稱之為：共
相的關聯。共相的關聯具有以邏輯組織起來的秩序，即共相關聯
或共相世界是遵守邏輯的。上述的種種思想表明金岳霖的共相論
確實存在著超出前人的方面。

---

[14]　同上，頁75。
[15]　同上，頁76。

第五，我們在此尤應著重指出的是金岳霖共相理論的另一顯著的特點，卽他第一次系統地用「可能界」的思想來說明共相界，來建構他的本體論哲學。金岳霖的「可能界」就是指 "possible world"（可能世界）。「式」就是可能世界，因爲「式」是窮盡了所有「可能」的「可能」。「可能世界」的理論現在在西方是一個熱門的話題。德國哲學家萊布尼茨最早提出了這一概念。他認爲現實世界不是上帝創造的唯一的世界，它只是上帝所創造的無限個可能世界之一。可能世界有無窮之多，上帝選擇了其中最完美的那個可能世界使其現實，這就是現實世界。但是，萊布尼茨的這些思想一直未受到應有的重視。直到本世紀五〇年代末，美國哲學家、邏輯學家克里普克（S. Kripke）和辛提卡（Hintikka）在發展模態邏輯語義學時，重新啓用了萊布尼茨的「可能世界」的概念來建立模態邏輯語義學理論，使模態邏輯理論臻於完備，從而把邏輯與哲學的研究推向了一個新的階段。

金岳霖關於可能或式的思想顯然是受到了萊布尼茨哲學思想的影響。在《論道》一書中，他系統地論述關於「可能」的思想，並以「可能」這一概念來建構他的共相理論，說明共相的形成。雖然他並未從「可能」這一概念引出一個完整的、系統的模態邏輯語義學理論，但他早在三〇年代末，就先於其他的哲學家而首先注意到並啓用了「可能」這一概念，以之爲中心概念組織起了一個完備的本體論哲學體系，爲他的「共相理論」奠定了理論基礎。以「可能」這一概念來說明共相是一個富有創造性的理論嘗試。這是中國第一位哲學家在這個領域所做的極有價值的哲學創造，其意義不應低估。但金岳霖在以這樣的思想建構他的共相理論的同時，也爲自己設置了一個他本人似乎不可克服、至少

在他的本體論哲學體系內是不可克服的理論困難。關於這一點，
我們將在下文馬上提及。

　　毋庸諱言，金岳霖的共相理論也存在著相當嚴重的缺陷。這
些缺陷表現在以下兩個方面：第一，他認爲共相是個體化的可
能，但他的哲學體系又同時迫使他不得不最終還是承認共相是邏
輯地先於個體的。這是他共相理論上的一個矛盾。關於這一矛
盾，我們在第二節已有分析，此處不贅。第二，柏拉圖、羅素等
人堅持認爲共相是永恒的。正因爲共相是永恒的，它才能說是絕
對的。羅素認爲共相是永恒的、絕對的，所以它必然不在時空之
中。共相既不在時空之中，所以它也就沒有生滅的問題發生，因
爲有生滅，它就不是永恒的了。共相在金岳霖的本體論哲學中是
否爲永恒，他對之無明確的論述，這是一個很複雜的問題。但我
們從他對現實的可能（共相）的分類中可以看出，有些共相是永
恒的，有些則不是永恒的。如「不可以不現實的可能」是必然要
現實的，它不現實就是矛盾；它既必然要現實，無疑它就是共
相，而且是永恒的。「老是現實的可能」是無時無刻不現實的，
所以它們也是永恒，如「時間」、「空間」等等；但有的可能（共
相）就不是老是現實的。因爲所有的「可能」都老是現實的，整
個世界就必然不會有變動，而這是不可能的。所以，總有些「可
能」或者是曾經現實而現在成虛，或者是以前未現實而現在現實
了。這些共相就不是永恒的了。如「恐龍」以前曾是共相，現在
卻僅是「可能」了。「可能」雖可以說是潛在的共相，但潛在的
終究不是現實的，因爲共相必須是現實的，必須是個體化了的可
能。這樣，金岳霖就在實質上承認了有些共相不是永恒的了。既
不是永恒的，它就必然在時空之中。但是，《論道》一書又認爲

共相是絕對的、普遍的，是超時空的。這是相互矛盾的。

　　金岳霖共相論中的這些理論困難在《論道》一書中絕不是偶然出現的，而是有其理論上、方法上的內在的根源：

　　根源之一在於他的本體論哲學體系本身及其建構方法。他用「可能」和「能」的結合來說明共相的形成，以可能界來爲其共相論奠定本體論的基礎，這在理論上、方法上確實是一個創新。然而，問題在於從「可能」、「能」到共相的形成、再到個體事物的形成，這樣一個推導過程本身就必然地蘊涵著共相是邏輯地先於個體的思想。而且，「可能」本身就是潛在的共相。所有這些思想都是與他本人關於「共相是個體化的可能」這一定義相悖的。如果他要堅持自己的本體論哲學，那麼他的共相論中的這些矛盾就是不可克服的。可見，這些矛盾是邏輯地內在於他自己的體系之中的。

　　根源之二在於金岳霖終究還未擺脫柏拉圖、羅素等人的共相理論的影響，即認爲共相是邏輯地先於個體。然而，我們應該看到，這種影響對於一個真正的形而上學體系的構造者來說似乎是很難擺脫的。這是因爲：首先，任何一個形而上學或本體論哲學體系的起點必須是最普遍、最概括、最基本的東西，不然它就不足以作爲世界萬物的本體。這就排除了把具體的、特殊的個體作爲起點的可能性，而且它也隱含著割裂一般和個別、共相和殊相關係的傾向性。其次，共相真正起源於何處，至今仍是一個未有定論的問題，這一問題很有可能永遠也解決不了。培根曾經樂觀地認爲，一般的東西可以從感覺經驗中得到；但是，休謨哲學卻對之潑了一盆冷水。他告訴我們，培根的這一期望過於樂觀，它缺乏真正的基礎，因爲一般或共相或公理決不能從具體、有限的

經驗事實中獲得。無疑的，休謨哲學有其片面性；然而，它卻提醒我們，僅僅侷限於經驗領域是決然得不到人們所期望的那種一般的東西。在這一點上，休謨是正確的。但是，一般的東西也決不是人的理性先天固有的。

那麼，共相究竟源於何處呢？這似乎是一個無法解決的問題。在問題未解決之前，人們只能「相信」或「假設」它們的存在，否則哲學就說不通。其所以說「相信」或「假設」它們之有，是因為它不存在於邏輯論證過程之中或這個過程的結果之中，而是存在於這個過程之前。而邏輯學卻又反對作循環論證。這樣，我們既以甲證乙，以乙證丙，就決不能再以丙證甲。共相或一般既處在邏輯論證之外，則它們大都是永遠或暫時不能得到證明或反證的思想。但刨根問底的本性卻時時在驅使人們執著入迷地追尋它們。這正如羅素所說的那樣，共相世界「是永遠不變的、嚴正的、確切的，對於數學家、邏輯學家、形而上學體系的建立者和所有愛好完美勝於愛好生命的人們，它是可喜可悅的」❻。這就是歷史上的人們探討共相論所不可避免的理論困境，明知達不到，偏又心嚮往之：達不到，是因為共相是絕對的、完美的、永恒的；偏又心嚮往之，是因為一般或共相是人們生活在這個瞬息萬變的世界中的精神庇護所，是使個體生命獲得安全感和永恒之價值的憑依。作為一個邏輯學家、作為一個形而上學體系的建構者、作為一個執著地追求真理的探索者，金岳霖也處在這同樣的理論困境之中。他雖竭力去試圖解決共相與個體的關係，然而

---

❻　羅素：《哲學問題》，頁 70，中譯本，商務印書館，北京，1959年。

最終他還是未能跳出柏拉圖、羅素等人的共相是邏輯地先於個體的理論框架。凡是討論共相論的人們似乎都曾經以這樣或那樣的方式陷入了這樣的理論困境之中，不獨金岳霖爲然。

第三章　理與勢

第一節　理有固然、勢無必至

「理有固然、勢無必至」的問題就是一般和個別或共相和殊相的關係問題。但與第二章所作的靜態的討論不同，對理、勢的討論是從動態卽從個體變動中的共相關聯和殊相的生滅的關係層面來進行的。金岳霖認為，個體的變動中存在著理與勢這兩個方面的問題，所以他說：「個體底變動，理有固然，勢無必至」❶。個體變動中的理與勢的關係問題，是《論道》一書的中心問題之一。金岳霖就是用「個體底變動，理有固然，勢無必至」這一命題來解決休謨的因果問題的。這一命題包括三個互相聯繫著的層次或方面，卽個體的變動和個體變動中的理與勢。下面，我們就從這三個方面來展開討論。

金岳霖認為「無不變的個體」、「無不動的個體」。「能」是構成萬事萬物的材料，所以萬事萬物總有「能」。「能」就是個體運動變化的原因。但「能」的活動與個體的活動有很大的區別。

首先，「能」的活動比任何個體活動的範圍都要大、要廣，它的活動範圍要大於某一時間的整個現實活動的範圍，而任何個

---

❶　金岳霖：《論道》，頁201。

體的活動只存在於某一時間的現實範圍之內，超出此範圍就不存
在任何個體及其活動。這道理是很顯然的，因爲「能」是就可能
世界立言，而任何個體之存在是就某特定時空中的現實世界而說
的。無疑，可能界的範圍要大於現實世界。

其次，「能」的活動不是個體的活動或一種現實的活動，因
爲「能」的活動在未轉化爲個體的活動前，它只是一種潛在的活
動。說「能」是能動，是說「能」的活動是純活動或純主動的活
動，是無因的活動，卽「能」活動的原因是它自身，它沒有自身
之外的動力因去推動它活動。與此不同，任何個體的活動都是現
實的活動，它們的活動是由「能」推動的。

最後，「能」的活動是絕對的有，而任何個體的活動不是絕
對的有。這是因爲「能」是「純材料」，它之有不靠任何別的東
西，所以它是絕對的，因此，它的活動也是絕對的。而任何個體
的活動卻依賴能，各有其來蹤去影，卽有自身的生成衰亡的過
程。而且，任何個體之有都要依靠其它個體之有。

總之，「能」雖是整個現實世界及其任何個體事物運動變化
的總原因、總條件，但「能」的活動與個體事物的活動有很大的
區別。

「能」的活動在可能界只是一種潛在的能動性，而任何個
體的活動是特殊化的個體界中的現實活動。那麼「能」這種潛在
的能動性又是怎麼過渡到現實的個體的活動呢？《論道》一書指
出，「能」是借助與「可能」的結合而過渡到個體的活動的。「可
能」有「能」，「可能」就是現實（共相），現實（共相）必定要
具體化、個體化。個體同樣也必然要演變爲特殊的個體或在時空
中的個體。這個推演過程告訴我們，任何一個個體旣各自表現共

相，也各自具有殊相。共相、殊相在個體中就表現為個體事物的
性質或關係。一個體所具有的共相、殊相變了，就是該個體的
變。金岳霖說：「一個體改變它底共相，我們叫做大變」❷。如
一塊雞血石在某一時期是紅的，經過太陽曬的結果，它變成了紫
色。紅與紫在這裏都是「可能」。由紅變紫，是說「能」跑出
「紅」這一「可能」之後，又接著跑進了「紫」這一「可能」之
中去了。「能」跑出一「可能」之後接著跑進另一「可能」的情
形，金岳霖稱之為「『可能』底輪轉現實」❸。共相在時空中的
特殊現實叫做殊相，個體改變它所有的殊相，叫做「小變」。大
變、小變都是指事物性質的改變。它們之間的關聯是「一個體改
變它所現實的共相，一定同時也是改變它底殊相，但一個體改變
它底殊相不必就是該個體改變它底共相」❹。

　　在說明個體事物變動的時候，金岳霖引進了時間、空間的概
念。他認為，任何個體的動都離不開時間和空間，都是時間位
置、空間位置的改變。他把時空分為絕對時空和相對時空。絕
對時空是相對時空的根據。一個體改變了它的絕對時空的位置叫
「絕對的動」，一個體改變了它的相對時空的位置叫「相對的動」。
他又進一步用時空的性質來證明個體運動的必然性。時間、空間
是一致的，時間川流不息，隨著某一特殊時間的流逝，那麼與
之相應的某一特殊的空間也必然要隨之流逝。如果空間位置不隨
之而作相應的變化，那麼時間也就停止，但這是不可能的。這

❷　金岳霖：《論道》，頁141。
❸　同上，頁52。
❹　同上，頁141。

就證明「本然世界動而且表示它不會不動」❺。本然世界既動，那麼在本然世界中的一切個體也必定隨之而動。在這裏，絕對時空是共相，相對時空是殊相，金岳霖正是通過共相和殊相這兩個方面，來論證作爲潛在的能動性的「能」怎樣來使個體事物運動變化的。

從上面的分析中，我們可以看到，個體的變動中有共相、有殊相。在金岳霖看來，表現於個體的共相是多方面的。以馬纓樹爲例，它「表現物理方面的共相、化學方面的共相、生物方面的共相、常識中顏色方面的共相、形式方面底共相……等等」❻。共相與共相之間的關係叫作「共相的關聯」。表現於個體的每一方面的共相又各有其自身的共相關聯：如物理方面的共相有物理學方面的共相關聯；化學方面的共相有化學研究方面的共相關聯等等。共相關聯方面的不同是因爲它們彼此之間所關聯的共相不同，但每一方面的共相關聯不能獨立於其它任何方面的共相關聯。這種情形，用金岳霖的話說就是「共相底關聯是繞圈子的」❼。

「共相的關聯」不但有方面的不同，還有層次的分別。如說因果關係有先後，這是說因在它的果之前，果在它的因之後。但這不是說，凡是因的個體都在是果的個體之前。設甲是乙的因，丙是丁的因，則甲在乙之前，乙在甲之後；丙丁同樣。但我們不能因爲因在果之前，果在因之後，遂以爲丙在乙之前，或乙在丙之後。這是因爲因果關係與具有因果關係的特殊事物之間的關係

❺　同上，頁148-149。
❻　同上，頁104。
❼　同上，頁106。

是不同層次的關係。此外，金岳霖又認爲，共相範圍有大小：有非常之共的共相，如時空兩超的共相，如道、現實；有範圍要小得多的共相，如人、桌子等。

總之，共相有等級、共相與共相之間有關聯，而共相關聯又有方面、層次的不同，這樣就形成了一個層層相因、面面相接的共相世界。共相與共相雖處於錯綜交疊的關係網絡之中，但彼此之間並不衝突、亦無矛盾，因爲共相的關聯有以邏輯組織起來的秩序。這就是說，共相關聯或共相世界是遵守邏輯的。「共相的關聯」又潛寓於個體界，因此，個體的變動不僅要遵守共相的關聯，而且也要遵守邏輯。

《論道》一書把共相的關聯稱之爲理，把邏輯稱之爲純理。金岳霖認爲，邏輯是研究必然的學問，指出「必然的關聯爲邏輯」。所謂必然就是窮盡「可能」。「式」是析取地無所不包的「可能」，所以「式」就是必然，式也被稱爲「純理」。邏輯的必然是兩命題或多數命題的關係。從兩命題的互相包含入手分析，如一命題包含另一命題，則前一命題爲前件，後一命題爲後件。如果前件包含後件，而後件不包含前件，此爲非對稱的包含。如果前件包含後件而後件也包含前件，此爲對稱的包含。如果任何兩命題有以上任何一種意義方面的包含關係，則它們就有必然的關係。如果僅有第一種關係，則邏輯系統充其量不過是內部一致，不能有普遍的用處。金岳霖認爲上述的第二種必然就是窮盡「可能」的必然。窮盡可能的邏輯命題：

> 「對於一件一件的『事實』毫無表示，而對所有的『可能』都分別地承認之。對於事實毫無表示，所以它不能假，對

於所有的可能都分別地承認之，所以它必真。」**⑧**

就式或邏輯不表示事實而言，它們又被稱之爲「純理」。上述的
必然是理論方面的必然。

金岳霖認爲，「事實無必然」。誠然，事實相互之間有一定的
或無例外的關係，但這只是固然而非必然。共相的關聯就是表現
事物之中的實理，「共相底關聯爲理」**⑨**。雖然個體的變動要遵
守純理，但個體變動中的理，指的不是「純理」，而是「共相的
關聯」。金岳霖很強調「純理」與「實理」之間的區別，反覆指
出：「我們要記得必然是純理的必然，固然是實理的固然。」雖
然二者有區別，但最終他還是認爲純理之必然和實理之固然表達
的都是一種必然性，只是由於用字的習慣才使他對二者加以區
別。「固然」是一定的、無例外的意思。金岳霖認爲共相是絕對
的，「不完全絕對不成爲共相」**⑩**，共相的關聯爲理，所以「理
是絕對的」、「理一以貫之」**⑪**。他又說：

「因果關係旣然是共相底關聯，這關係是『一定』的關係。
這裏所謂『一定』，就是沒有例外，請注意共相底關聯當
然沒有例外，有例外的就不成其爲共相底關聯，其所以說
一定而不說必然者，不過是用字底習慣而已。我個人喜歡
把必然二字限制到純理之必然，旣然如此，我只得用另外

---

⑧　金岳霖：《論道》，頁 2-3。
⑨　同上，頁198。
⑩　同上，頁208。
⑪　同上。

的字眼表示現實底固然，所謂『例外』都是我們底『錯誤』。」⑫

個體的變動除有共相的關聯之外，還有殊相。金岳霖說：「個體底變動有殊相底生滅，有生生，有滅滅」⑬。殊相就是特殊化，特殊化就是時一空位置化，「一殊相底時間位置，就是該殊相由生到滅的生命」⑭。特殊總是往而不返的，所以，「每一殊相總有生、總有滅：就生而言之，殊相莫不生，不生則不能殊；就滅而言之，殊相莫不滅，不滅也不能殊。所以殊相莫不生，莫不滅」⑮。

但殊相究竟在什麼時候生，甚麼時候滅，是偶然的。這是因爲，殊相生滅的程序是不確定的。金岳霖認爲，殊相生滅程序的不確定包含「以往歷程底不確定與將來開展底不固定」⑯。所謂將來開展的不固定，

> 「不僅指我們不能預測將來有什麼樣的特殊個體會出現，而且是說將來根本就沒有決定什麼樣的特殊個體出現。所決定的不過是無論什麼樣的特殊個體出現，它總逃不出共相底關聯。」⑰

---

⑫　金岳霖：《論道》，頁151。
⑬　同上，頁157。
⑭　同上，頁158。
⑮　同上。
⑯　同上，頁165。
⑰　同上。

以往歷程的不確定是指「以往雖已決定，而我們絕對不能完全知道，所以仍為不確定」[18]。將來開展的不固定、以往歷程的不確定，所以殊相生滅程序是偶然的。從我們的認識方面說，這種殊相生生滅滅的程序不是我們所能理解的對象，所以說它也是偶然的。這種殊相的生滅，金岳霖稱之為「勢」。他說：「殊相底生滅為勢」[19]。為了避免誤會，他區別了殊相生滅的「勢」和普通所謂的「趨勢」，認為「普通所謂趨勢，不過是我們所不甚知道的理而已」[20]。趨勢之為趨勢，總有必然會實現的意思，而殊相生滅之勢卻是偶然的，其間有很大的差異。這是我們不可不注意的。

「共相底關聯」是普遍的、絕對的，所以它是一定的、固然的、沒有例外的。在共相關聯之下的任何個體，總逃不出它的範圍；但究竟在什麼時候，到底有何種特殊的個體會實現共相的關聯，就不是共相關聯所能決定的；它是殊相生滅方面的問題。如有以下三種情形，並假設它們表示的都是特殊的個體事實之間的因果關係：(1)如果一個人喫了若干砒霜，他在幾分鐘內會死去；(2)如果一個人在旁給他腦子一槍，食砒霜者馬上就死去；(3)如果醫生設法讓食砒霜者把毒吐出來，他可以免於一死。食砒霜者或者在若干分鐘內死去，或者馬上死去，或者免於一死；究竟死還是不死，作為共相關聯的因果關聯決定不了，因為他或在若干分鐘內死去，或馬上死去，或不死，都是具體的、特殊的事件或殊相，它們分別地是由他或喫了砒霜，或既喫砒霜又為槍彈所中，

[18]　同上。

[19]　同上，頁198。

[20]　同上，頁198-199。

或醫生搶救這些特殊的、具體的事件所決定。這些特殊的事件也
都是殊相。

　　因果關聯雖然決定不了此人究竟是死或不死這樣特殊的事
體，但它卻斷定，不管此人是死或是活，總有其原因，這是不能
有例外的，所以它們總在因果關聯範圍之內。可見，作爲共相關
聯的「理」雖是固然的，但它卻不能強「勢」之必至。爲什麼
呢？因爲在金岳霖看來，共相關聯的「理」和殊相生滅的「勢」
是處在不同的層次上。他認爲：「共相底關聯不是個體與個體底
直接關係。直接兩字也許會引起誤會，爲免除誤會起見，我們
說共相底關聯與個體底關係層次不同」[21]。就這樣，他區別開了
「理」與「勢」。

　　進一步金岳霖認爲，「理」邏輯地先於「勢」或「個體」。他
說：

> 「這裏的因果旣是共相底關聯，當然也是可能底關聯，其
> 所以要說共相而不說可能底道理，無非是要表示這關聯在
> 事實上總是已經現實。在事實上已經現實不必就是在某時
> 某地，某個體與個體之間特殊地現實。前者是普遍的，後
> 者是特殊的。」[22]

「理」是絕對的，「勢」是相對的；「理」一以貫之，「勢」則萬
象雜陳。至此，金岳霖已完全使「理」與「勢」脫節。

---

[21]　金岳霖：《論道》，頁111。
[22]　同上，頁152。

「理」既不能強「勢」之必至，那麼「勢」之至又是以什麼
為根據呢?「勢」是殊相的生滅，而殊相的生滅就是「能」的出
入殊相。金岳霖指出:

> 「『能』不僅出入於『可能』而且也出入於個體底殊相，
> 所謂出入於殊相就是前此說的殊相底生滅。入於一殊相就
> 是一殊相底生，出於一殊相就是一殊相底滅。」❷³

殊相生滅既由「能」之出入決定，那麼「勢」何以至的問題也
就歸結為「能」何以出入的問題。金岳霖說:「勢何以至，就是
『能』何以即出即入。我們底答案是『能』底即出即入是『能』
底純動」❷⁴。「能」有出入，就有未入而即將要入，未出而即將要
出的階段，這就是「能」之即出即入。「能」之即出即入，金岳
霖稱之為「幾」，也稱之為「適然」。從「能」一定會出入於殊相
而言，殊相總是會有的，但殊相究竟如何就是「幾所適然」的問
題。他說:

> 「事實總是有的，現實之如此、如彼，就是事實。現實不
> 必如此，可是，它是如此;現實不必如彼，可是，有時它
> 是如彼。所謂不必如此、如彼，就是說根本沒有純理論上
> 的理由使它如此、如彼，既然沒有純理論上的理由使它如
> 此、如彼，而仍如此、如彼者，只是普通所謂恰巧如此、

---

❷³　同上，頁169。

❷⁴　金岳霖:＜勢至原則＞，《哲學評論》，8卷1期，1943年5月。

如彼。」

現實之恰巧如此、如彼，就是「幾所適然」[25]。但「幾」是不可測的，因爲「幾」是「能」之卽出卽入，而「能」不是認識的對象，因爲「能」不具備任何性質或規定性，所以能「不是思議底對象，也不是想像底對象」[26]。於是，金岳霖總結道：

> 「『能』之卽出卽入，除『能』本身底活動外，沒有什麼預兆，也沒有超乎此活動之外的根據，旣然如此，則自知識而言之，有知識的個體無從知道如何。此所以説幾不可測。」[27]

「能」旣不是理解的對象，「能」之究竟在何時出入於殊相又不可預測，則殊相之生滅或勢當然也就無必至。

第二節　金岳霖理勢論的意義

金岳霖的「個體底變動，理有固然，勢無必至」的思想，是用來解決休謨的因果問題的。休謨只承認特殊的、具體的感覺經驗，他從感覺經驗出發，認爲世界是無秩序的，因果是靠不住的。而人們所以認爲事物之間存在著某種因果必然性，是由於他們總是看到一種現象經常伴隨著另一現象出現；這種對象之間的

㉕　金岳霖：《論道》，頁179。

㉖　同上，頁15。

㉗　同上，頁186。

恒常會合在人們心中產生的所謂因果必然性，實質上只不過是對象之間的恒常會合在人心中形成的一種習慣，「因此習慣就是人生的最大指導。只有這條原則可以使我們的經驗有益於我們，並且使我們期待將來有類似過去的一串事情發生」❷⑧。這樣，休謨就把必然性轉化成爲了主觀的習慣或信念，否認了事實之間的因果必然聯繫。

金岳霖認爲，休謨的說法有毛病。這毛病不在他的因果論本身，而在他的整個哲學，「中堅問題就是他底 "idea"」。休謨的 idea 相當於意象，意象是具體。他只承認意象，所以不能有抽象的思想，「不承認抽象思想，哲學問題是無法談得通的，因果論當然不是例外」❷⑨。金岳霖認爲，要解決休謨問題就不能停留在感覺經驗，而必須超越經驗上升到理性的高度。經過長期的思考之後，他從「思想」這一概念入手，對之進行細緻的分析，把它剖析成「思議」和「想像」這兩個成分。他認爲，想像的內容是意象，對象則是具體的、特殊的勢；思議的內容是意念，對象便是普遍的理。意念是抽象的，有了它，我們才能認識和把握理。進而，金岳霖把休謨的因果問題、歸納問題解釋爲是「理」、「勢」的關係問題。他說：「休謨底因果在我似乎表示理與勢底不調和」❸⓪。休謨的根本錯誤在於他混同了理與勢之間的區別，「他承認勢無必至，就以爲理也沒有固然」。金岳霖認爲，「勢」雖無必至，「理」卻有固然，用「理」、「勢」脫節的辦法來解決休謨

❷⑧ 休謨：《人類理解研究》，頁35，中譯本，商務印書館，北京，1957年。

❷⑨ 金岳霖：《論道》，頁4。

❸⓪ 同上，頁5。

問題。

「個體底變動，理有固然，勢無必至」的命題包含著豐富的合理思想。

首先，它論證了現實世界及其中的每一個體事物都處在運動變化之中，指出了事物運動變化的根源，在於事物自身內部的能動性，批判了「歐洲式的上帝」開始推動事物運動的外因論的說法。金岳霖論證個體變動的根據是「能」，而這個論證過程是從共相、殊相、時空三個方面展開的。他認為，「共相」、「殊相」、「能」都是個體事物所具有的，這就承認了事物運動變化的泉源在於事物自身。但是，金岳霖所論證的個體運動有直線性、單向性的傾向，缺少複雜性、曲折性。

在注重個體運動的同時，金岳霖也承認了靜止的存在。他指出：「自大變而言之，在相當時間內有不大變的個體」❸①。他認為，如果沒有這種靜止狀態的存在，就無法把握事物的質的規定性。同時他又指出，事物的這種靜止狀態是相對的，是「有限制的」。他說：

> 「這不大變的情形是有限制的。個體不能老不大變。所以它底不大變的情形，總是與某一時間相對的，例如，在一點鐘不變，在一月不大變，在一年不大變，……等等。假若時間上不加限制，我們可以說無不大變的個體。」❸②

大變有相對靜止，小變卻總是有的。所以，從大變、小變兼而言

---

❸①　金岳霖：《論道》，頁142。
❸②　同上，頁143。

之，個體事物無不變、無不動。這就是承認了個體事物運動變化的絕對性。

金岳霖認爲，個體事物的運動變化又是有規律的，個體的變動必須遵守邏輯，也必須遵守共相的關聯。個體的變動有規律、有必然性，但個體變動「不是機械的」❸，因爲個體變動中有殊相的生滅，殊相的生滅是偶然的。這就承認了個體變動中的偶然性。個體變動中有共相的關聯，有殊相的生滅，所以「個體底變動均居式而由能」❸。因爲個體變動中有共相的關聯，所以個體的變動又是可以認識的。

進一步，金岳霖又指出個體事物的運動變化呈現出一種向上、向前的發展趨勢。這種趨勢在理論上的目標就是把至眞、至善、至美、至如集於一身、融爲一體的太極。

由上可見，金岳霖關於個體事物運動變化的思想，包含著非常豐富的辯證法思想。

其次，這一命題著重普遍聯繫的思想。這一思想表現在以下三個方面：

第一，金岳霖反覆地強調「可能」與「可能」之間有關聯。「可能」在數量上是無窮的，每一「可能」都牽扯到別的「可能」。「可能」與「可能」之間，有必然的關聯，有「可能」的關聯。「可能」之間必然的關聯就是邏輯。

第二，個體與個體之間處在普遍的聯繫之中，個體之間互相影響。金岳霖把個體之間的這種互相影響分爲兩大類，他說：

---

❸　同上，頁167。

❸　同上，頁166。

「各個體都彼此互相影響，從性質說，一個體受一小部分個體底影響；從關係說，一個體受任何個體底影響」㉟。由於個體在性質與關係上的互相影響，金岳霖進一步從中得出結論說：「每一個體都反映整個的本然世界。」因爲既然個體之間互相影響，那麼：

> 「每一個體底關係與性質，也牽扯其它個體底關係與性質……等等。由此類推，一個體底關係與性質牽扯到所有個體底關係與性質，這就是這裏所說的每一個體都反映整個的本然世界。」㊱

「勢」何以至的問題就是個體之間、殊相之間互相聯繫、互相影響的問題。

第三，共相與共相之間有關聯。共相的關聯有方面的不同，有層次的分別，有內在、外在的區別。所有的共相關聯組成一整個的圖案，這就是共相關聯的世界。

以上三個方面的聯繫或三個層次的聯繫不是彼此獨立、互不相干的，它們是相互依存、相互轉化的：「可能」的關聯與「共相」的關聯有關聯；「共相」的關聯就是「可能」的關聯。「共相」的關聯表現於個體事物的普遍聯繫之中；「可能」的關聯現實就是共相的關聯，「共相」的關聯成虛就成可能的關聯。共相的關聯必須有個體事物之間的聯繫才成爲共相的關聯，卽「共相

㉟　金岳霖：《論道》，頁87。

㊱　同上，頁89。

底關聯潛寓於個體界」❸ 。 這就是它們之間的依存 、 轉化的關
係。

　　在金岳霖關於普遍聯繫的思想中， 我們尤應注意他的外在關
係和內在關係的思想： 內在關係爲兩物互相影響而產生第三物的
關係； 外在關係則指兩物互相發生關係， 而彼此不受影響、不起
變化。他認爲這種關係上的分別非常重要。沒有外在關係， 個體
可以變動， 但這種變動卻無規律可循， 我們也無從了解個體的變
動。他說：

　　　　「沒有外在關聯， 則從定義方面說， 領域不能分， 每一定
　　　義均牽扯到其它所有的定義； 從個體方面說， 界限不能
　　　別， 每一個體底性質也是其它任何個體的性質。」❸

外在關係是金岳霖知識論的根據之一。金岳霖的內在關係源於布
拉德雷， 外在關係得自摩爾、羅素。但他不是照搬硬抄， 而是對
它們進行了批判改造的工作， 融進了自己的創造。

　　總之， 金岳霖對事物的聯繫作了多層次、多方面的考察， 把
事物的聯繫分成性質、關係兩類， 又把關係分成內在 、 外在兩
種， 應該說這是對關於事物普遍聯繫思想的一個發展。

　　最後， 這個命題也比較正確地說明了必然性和偶然性 的 關
係。「理有固然、勢無必至 」 的命題看到了 「理」 和 「勢」 或必
然性和偶然性的區別。但金岳霖反對割裂這二者之間的關係， 認

---

❸　　同上，頁90。

❸　　同上，頁112。

為共相的關聯潛寓於個體界。這就承認了必然性存在於偶然性之中，偶然性表現必然性。他又從個體變動的趨勢著眼，指出必然性是和偶然性緊密相連的。他說：「勢雖無必至而有所依歸；勢未成我們雖不知其方向，勢既成我們總可以理解；勢未成無必至，勢既成，仍依理而立」❸❾。這是說，偶然性雖不同於必然性，但它不能擺脫必然性，而總是力求去表現必然性、達到必然性。然而它又總不能完全地表現必然性、達到必然性。偶然性不能完全地表現必然性、達到必然性也就是必然性沒有得到完全的實現。偶然性總是存在於追求必然性的過程之中。這個過程的理論上的極限就是「勢歸於理」或「理勢合一」，即偶然性完全表現了必然性、達到了必然性，同時必然性也就在偶然性追求它的過程的終點上得到了完全的實現。這些思想都是正確的。但金岳霖也有割裂必然性和偶然性的傾向，如他認為殊相是共相的特殊現實，這就無疑承認了必然性先於偶然性、決定偶然性；必然性是絕對的，它是偶然性所追求的一個外在的目標；在必然性和偶然性的關係中，始終是偶然性單方面地去追求必然性，而不是在必然性和偶然性的相互依存的關係之中，必然性才得以通過偶然性而表現自身、實現自身，而偶然性也纔得以逐漸地達到完全地表現必然性、達到必然性。

二百多年以來，休謨的歸納問題、因果問題一直是哲學爭論的主要問題之一。它引起了很多哲學家的關注。一個真正的哲學家就是要敢於解決哲學難題、敢於攀登世界哲學的高峯。金岳霖的《論道》一書旨在解決休謨問題，他是中國哲學界中第一個建

---

❸❾　金岳霖：《論道》，頁206-207。

立自己的哲學體系來解決休謨問題的哲學家。這是中國哲學走向世界哲學的標誌。用本體論哲學來解決休謨問題，在方法上也是一個有意義的、獨特的理論嘗試。如果本體論、形而上學仍是哲學的一個重要部分，則金岳霖的這一理論嘗試應該予以充分的重視。

第 二 篇
知 識 論

　　金岳霖認爲有知識就是有眞命題。說一命題是眞的就是說它
與一相應的事實符合。命題與事實對應，它是表達事實的方式。
知識是關於事實的知識，事實是知識的直接對象。什麼是事實
呢？金岳霖認爲，「事實是所與和意念底混合物」。或者說事實是
以意念去接受了的所與。那麼，什麼是所與？意念又是如何形成
的？金岳霖認爲，所與是知識的最基本的材料，而意念是憑藉抽
象這一工具而得自所與的。所與是客觀的呈現。客觀的呈現是正
常的感覺內容，它是一類正常的感覺者所能共同具有的類型化的
感覺內容。金岳霖認爲，類型化的感覺內容也就是對象或外物。
所與和它所反映的客觀的或本然外物有相對性，這相對性是普遍
的，它是一感覺類和本然界的外物類之間的相對性。這相對性本
身就是共相的關聯。可見，所與的客觀性或類型性是金岳霖知識
論的核心，它是由正覺所提供的。以上是金岳霖《知識論》一書
的理論結構。

第一章　正覺與所與

第一節　初始命題與構造原則

知識論構造的一個最重要的問題，就是從什麼題材出發和按照什麼原則構造的問題。而這個問題又往往是與構造者的最總目標緊密相連的。

金岳霖認為，從笛卡爾、貝克萊直至羅素、維也納學派的知識理論的出發方式，基本上都是主觀唯心主義的，他稱之為「唯主方式」。這種出發方式的題材，是主觀的或此時此地的感覺現象，而其構造體系的原則是無可懷疑原則或追求絕對確定性的原則。在主觀唯心主義的知識論體系中，從感覺現象出發和追求無可懷疑這兩者是密切相連的：追求無可懷疑，當然首先是要尋找一自明的無可懷疑的出發點，否則知識大廈便不會堅固。在這些哲學家看來，這樣的出發點顯然只能是自己的感覺或思想，因為他們便是自己的感覺或思想的主宰者或絕對權威，所以，他們的感覺或思想對於他們來說當然是絕對確定、無可懷疑的。笛卡爾、康德的哲學與貝克萊、休謨、羅素等人的哲學有很大的區別，但金岳霖認為，在追求絕對無可懷疑性方面，它們又恰恰是相同的。如笛卡爾認為，一切都可懷疑，唯有「我在懷疑」是一不容懷疑的事實，所以「吾思故吾在」是自明的。但這一命題是

從主觀的自我思想內容出發的。貝克萊、休謨等人認為，我們的
認識不能超越感覺經驗之外，一切都在懷疑之列，唯有我們的直
接經驗是可靠的。如要問經驗之外還有什麼，那我們只有去問經
驗。

　　在現代西方的知識理論中，主觀唯心主義更為盛行。金岳霖
評論道：「現在的主要潮流似乎是從官覺內容說起，這是各不同
的說法底共同點」❶。它們的出發題材或者是「官覺內容而不談
『我』或主觀者或官覺者的」或者「有兼談官覺內容與『我』或
主觀者或官覺者的」。金岳霖認為，把觀點限制到主觀的官覺者
或官覺內容就是唯主方式。大致說來，羅素在《哲學問題》一書
中的知識論傾向於第二種出發題材，而此後他則採取現象構造主
義的立場，只談官覺內容，並以之來構造自我及外物。維也納學
派的知識論的出發題材，一般說來，就是上述第一種題材。如艾
耶爾在其早期著作《語言、真理與邏輯》（1936年）一書中就認
為，感覺內容既不是心理的也不是物理的，自我是感覺內容的邏
輯構造。他說：「自我如果不是被作為形而上學的東西看待，就
必須認為是由感覺經驗所作成的邏輯構造。事實上，所謂自我只
是由構成自我的實在的和可能的感覺過程的那些感覺經驗所作成
的邏輯構造」❷。艾耶爾的這種知識論就是金岳霖所說的「只談
官覺內容而不談『我』或主觀者或官覺者的」現象主義的知識
論。羅素、艾耶爾等人所以堅持從上述的題材出發，就是因為他
們都在追求以無可懷疑原則來構造自己的知識論。

---

❶　金岳霖：《知識論》，頁46。
❷　艾耶爾：《語言、真理與邏輯》，頁 143-144，上海譯文出版社，
　　1981年。

　　金岳霖對從笛卡爾、貝克萊到西方現代知識論主流所作的上述概括，大體上說來是正確的。這表現出他對西方知識論發展史有着深刻而又獨到的見解。

　　金岳霖的深刻還表現在他對「唯主方式」知識論缺點的批評上。他認爲這樣的知識論只從主觀的官覺者或官覺內容出發，所以它們所說的外物或他人也就必然缺乏客觀獨立性。於是，它們就有兩個最基本的缺點：一是這種知識論得不到共同的眞假。因爲他人旣只是主觀感覺內容推論結果或構造物，所以也就沒有獨立性、客觀性。從這樣的「他人」，得不到共同的眞假。唯主方式的另一致命的缺點，是得不到眞正的客觀存在的外物。旣然出發題材只是主觀的感覺者或感覺內容，所以外物也同樣是從中所作的推論的結果或構造物。貝克萊是公開承認這一點的。他認爲人類知識的對象不是外物，只是觀念。而觀念又不外乎是三種：(1) 一種是由感官印入的；(2) 一種是觀察了人心的各種情感和作用以後所產生的；(3) 一種是在記憶和想像的幫助下形成的。外物就是由上述的種種觀念組合而成的。「物是觀念的復合」就是他的名言。休謨也堅持認爲，日月星辰、山川大地都只不過是一束知覺之流。J.S. 穆爾明確地把「物質」定義爲「感覺內容的恒久的可能性」❸。維也納學派的許多成員與艾耶爾一樣，認爲所有談論物理客體的絕對陳述都可以還原爲談論感覺內容或知覺經驗的陳述。羅素在《我們關於外在世界的知識》（1914年）一書中認爲構造外在世界的「最硬材料」，只能是我們自己的感覺

---

❸　轉引自Ayer, *The Problem of Knowledge*, p.122, London, 1956年。

材料，卽我們的特殊思想和感情。顯然，從主觀的感覺或主觀的思想推論不出或構造不出有眞正獨立性的客觀外物。應該說，金岳霖對唯主方式知識論的兩個基本缺點的批判是正確的。

這一批判表明了，知識論不能從主觀的感覺或感覺內容出發，但它並不因此反對從感覺出發；相反的，金岳霖堅持要從感覺談起，認爲不從感覺出發，知識論無從談起，這是金岳霖知識論的經驗立場。但從感覺出發和只從主觀的感覺或感覺內容出發是不同的。從感覺出發的立場表明感覺不只是主觀的，並承認有其他的感覺者的存在。而且從感覺出發也不只偏限於主觀的感覺內容。只從主觀的感覺內容出發得不到外物。但金岳霖認爲他的知識論就是關於外物的知識論，而對於外物的認識就得經過感覺經驗。顯然，唯主方式的知識論不能滿足他的要求。

金岳霖知識論所要認識的對象有兩種：一爲理、一爲事。他說：「知識底對象大致說來有兩種；一是普遍的，一是特殊的，前者是普通所謂『理』，後者是普通所謂『事實』」❹。理有兩種不同的用法：

> 「知識論以知識爲對象，或以知識底理爲對象。『理』字在這裏有兩不同的用法：一是對象的理，一是內容的理。說我們要理解知識，要得到通而且眞的思想圖案或結構中的理，是內容的理。知識底理是對象的理。我們可以用共相和概念底分別來表示這兩種不同的理底分別。就某一種的內外說共相是在外的，概念種是在內的。假如我們以對象的

❹ 金岳霖：《知識論》，頁1。

理為共相底關聯，我們也就以內容的理為概念所有的相應
的關聯。這裏所談的知識底理是對象的理，是獨立於我們
底理。⋯⋯知識論⋯⋯是要普遍地理解知識底學問，它底
對象當然是知識底理。對象的理既是共相底關聯，知識底
理當然就是知識所牽扯到的種種共相底關聯。」❺

共相的關聯不是空的，它總是寓於個體界。因此，對象的理總是
寓於對象的事中。金岳霖說：

「知識論底對象雖是知識中的理，所從取材或所從以為研
究的還是知識底事。我們把事體事實、情形、現象總起來
稱它為事。事總是特殊的，它總是占特殊時間、特殊空間
的。知識論既是以知識底理為對象底學問，當然也逃不了
知識中的事。⋯⋯知識論要在事中去求理，求理不能忽略
事。」❻

「理總是寓於事的」是金岳霖本體論哲學的基本觀點；「事中求
理」則是其知識論的基本方法。作為對象的理和事是不依賴於知
識者或感覺者而獨立存在的。金岳霖知識論的任務，就是要從
特殊的事中去求理。顯然，唯主方式的知識論不能完成這樣的任
務。所以要真正得到知識的理，就必須另找新的出發題材，即直
接承認外物的存在。

　我們在上面已經指出，金岳霖認為唯主方式的知識論所以從

❺　金岳霖：《知識論》，頁90。

❻　同上，頁91。

主觀的感覺或思想出發，是因爲它們追求無可懷疑、絕對可信的知識。如笛卡爾認爲「我在懷疑」本身是無可懷疑的、是自明的；羅素認爲我們的特殊的思想和感情具有原始可靠性。問題是，這些主觀的思想或感覺是否眞正是無可懷疑的，或者說它們在哪些意義上可以被認爲是無可懷疑的。如果笛卡爾等人的命題果眞是無可懷疑的，那麼任何旁人也將無從懷疑這些命題。但事實並非如此，歷史上有不少哲學家對笛卡爾等人的命題的無可懷疑性表示懷疑。現在金岳霖又來窮究這些命題究竟有沒有無可懷疑性，其工具則是其關於命題的理論。

他把命題分爲兩大類：一爲先驗命題，如邏輯命題和數學命題；一爲綜合命題或經驗命題。先驗命題對於我們這樣的世界既不肯定也不否定，而僅就可能世界立論，所以它沒有「積極性」；綜合命題是關於經驗事實的命題，它們「對於這樣的世界或這個世界有所肯定或有所否定」❼。顯然，這種命題分類法告訴我們，先驗命題不能作爲知識論的出發命題，因爲它們不是關於經驗事實的；只有從有積極性的命題才能推到有積極性的命題。所以，「知識論所需要的前提是綜合命題」❽。上述便是金岳霖關於知識性質的根本看法，他所理解的知識是經驗的知識。他的命題分類理論爲他討論知識論出發命題是否有無可懷疑性奠定了基礎。

金岳霖認爲，無可懷疑原則就是求無可懷疑的命題以爲出發點。但他認爲，只有自明的命題和邏輯上不能不承認的命題才是無可懷疑的命題。邏輯的命題沒有積極性，它與知識論不相干，

❼　同上，頁40。
❽　同上，頁80。

所以不能用它們來構造知識論體系。當然，作爲推論的方式，任
何知識理論都少不了它，但它決不能成爲知識論的出發命題。其
結果便是，無可懷疑的命題中只剩下了自明的命題。然而，金岳
霖認爲，「單純的自明只是主觀的自明、心理的自明」[9]。這也就
是說，這種自明的命題沒有普遍的無可懷疑性。如果說它有無可
懷疑性，也只是相對於某個人的主觀心理而說的。如笛卡爾的
「我思故我在」不是一邏輯命題，而是一綜合命題。站在笛卡爾
本人的立場上，它確實有無可懷疑性，所以他可從「我思」推出
「我在」，推出外物。然而，在他人看來，「我思」顯然不是無可
懷疑的，因爲我們大可懷疑笛卡爾是否在「思」。因此，要說「我
思」是無可懷疑的，它也只是主觀心理上的無可懷疑。不但笛卡
爾的「我思」這一命題沒有無可懷疑性，任何綜合命題都沒有無
可懷疑性。金岳霖總結道：「命題果然是綜合的，它就不是必然
的或先天的；果然是必然的或先天的，它就不是綜合的」[10]。「總
而言之，知識論所需要的近乎前提式的命題，都是綜合命題，都
是有積極性的命題；綜合命題或有積極性的命題根本沒有無可懷
疑性」[11]。結論自然是，從笛卡爾、貝克萊到羅素、維也納學派
的知識論，只從主觀的感覺或感覺內容出發的方式，不是自明的
或無可懷疑的，它們不能強迫別人無條件地去相信它們是眞的。
只有邏輯命題才是先天的、必然的，才有無可懷疑性，但它們不
能作爲知識論的出發命題。金岳霖的這一批判無疑是深刻的，且
具有很強大的邏輯力量。

---

[9]　金岳霖：《知識論》，頁41。

[10]　同上，頁46。

[11]　同上，頁84。

然而，笛卡爾等人的命題雖在旁人看來是可以懷疑的，但在他們本人看來卻是無可懷疑的。如笛卡爾認為，一切都可懷疑，唯有「我在懷疑」本身是不可懷疑的，因為設想一種能夠懷疑的東西是不存在的，那是一個矛盾。因此，「我思故我在」乃是一個有條有理地進行推理的人所能體會到之首先的、最確定的知識。其實經驗論者在解釋經驗的確實可靠性時，也運用了類似的手法，儘管他們的立場有所不同。這一論證的力量，在於它巧妙地以邏輯為論證的工具，但所論證的命題本身不是邏輯的。這一論證在論證者本人看來是無可懷疑的，其重要的原因在於它是針對於某一立場的。「無可懷疑是相對於立場而說的」，不在某一立場上，任何綜合命題都不是無可懷疑的。即使是邏輯命題，如不站在邏輯的立場上，也不是無可懷疑的。金岳霖認為，主張綜合命題的無可懷疑性是相對於人類中心觀或自我中心觀而說的，它是人們接受唯主方式的主要理由。他說：

> 「自我中心觀和求無可懷疑或不敗之地有互為因果底情形。個人既是他自己底感覺或思想底權威，不敗之地或無可懷疑，只有在自己底感覺或思想上才可以得到。有自我中心觀，一個人底思想會求諸內而不求諸外，求諸外總容易懷疑；求無可懷疑或不敗之地也會加強自我中心觀。……唯主方式就是以自我為中心的方式，唯主學說就是以自我為中心的學說。」⑫

金岳霖認為，西方人的思想大都是堅持人類中心觀的，有時

---

⑫ 同上，頁83。

還流於自我中心觀。限於主觀感覺者或感覺內容的立場就是自我中心觀的感覺立場。選擇了人類中心觀或自我中心觀這一立場之後，唯主方式才似乎具有了無可懷疑性。但是就人類中心觀或自我中心觀立場本身說，它並無任何無可懷疑性。金岳霖認爲，從知識論着眼，人類中心觀或自我中心觀在理論上說不通。

　　「假如我們單從人類底經驗立論，則所謂知識經驗者，既只隨人類底生而生，隨人類底滅而滅，所謂知識底『理』，不過是自然史中某一階段底普通情形而已。這表示我們不能單從人類底經驗立論。本書（《知識論》）既不贊成人類爲中心的哲學，也不贊成以人類爲中心的知識論。」❸

　　人類中心觀把知識論的對象限制到人類知識的理，這樣的知識論就不是普遍的知識論。它顯然不是金岳霖所要求的知識論。他認爲，知識論既是研究知識的理的學問，而理是共相的關聯，是普遍的，那麼眞正的知識論似乎就不應該限制到人類的知識。他說：「別的類底知識，假如有的話，也有同樣的理。知識論底題材雖然不免取自人類底經驗，然而立論總不應該限於人類」❹。在知識論史上，金岳霖第一次明確地提出：要使知識論不只成爲人類的知識論，而且應該成爲所有現存的或可能的知識類的知識論。金岳霖知識論的這一特點與他對知識論對象即共相關聯或理的理解有關。它是《知識論》一書中的非經驗或超經驗的成

----

❸　金岳霖：《知識論》，頁85。

❹　同上，頁82。

分。它明確地表明了金岳霖承認其他感覺者或知識者的存在，承認外物的存在。

對知識論中的唯主方式的批判，對唯主方式理論根源 —— 自我中心觀或人類中心觀 —— 的批判，導致了金岳霖把「有官覺」和「有外物」這兩個命題，同時看作他的知識論的前提式的命題，使他拋棄了無可懷疑原則而採取有效原則。

金岳霖認為，「有官覺」和「有外物」這兩個命題，都是知識論所需要的前提命題。「不承認有官覺，則知識論無從說起，不承認有外物，則經驗不能圓融」❺。這是說，只站在感覺的立場上，是得不到外物，但知識論是關於外物的知識論，不承認有外物是違背常識的，所以不能只站在感覺的立場上；然而，我們又不能不站在感覺的立場上，因為認識外物的唯一途徑就是感覺。

「有官覺」這一命題似乎能為人們普遍地接受。但「有外物」這一命題似乎不易為人們普遍地接受。金岳霖認為，所以有如此的看法是因為人們往往在無意識中站到自我中心觀的立場上去了。如果不站在這一立場，則這兩命題都能為人們所接受。這兩命題都是本能的信仰，它們都是在心理上原始的或基本的、堅持外物的常識是古已有之的。就可以證實說，這兩命題都同樣可以得到證實。金岳霖說：「就證實了或沒有證實說，這兩命題也同樣。假如我們以官覺去證官覺為證實，我們也可以用外物去證實外物，假如我們不承認以外物去證外物為證實，我們也不能以官覺去證實官覺」❻。總之，金岳霖反覆強調，在知識論中，這兩

❺　同上，頁76。
❻　同上。

命題應成爲同等的命題，它們都應是知識論的前提命題。

　　「有官覺」和「有外物」是金岳霖知識論的出發命題，它們都是綜合命題。而任何綜合命題又都是沒有無可懷疑性的，所以無可懷疑不能作爲金岳霖構造知識論的原則。如果要堅持無可懷疑原則，「有外物」這一命題就不能作爲出發命題。所以要推翻無可懷疑原則的主要原因之一，就是要爲「有外物」這一命題在知識論的前提命題中爭一席之地。

　　推翻無可懷疑原則，但構造知識論總需要「一以貫之」的原則。金岳霖取有效原則代替無可懷疑原則。何謂有效呢？他以邏輯學系統爲喻說道：

　　　「對於一邏輯系統底基本命題，前多少年有一說法說它們要彼此一致，彼此獨立，聯合起來够用。對於獨立與一致我們用不着討論。够用這一要求其實最爲重要。所謂够用就是由這些基本命題能够推出所要推出的命題來。如果由一套基本命題，我們只能推出一部分而不能推出全體所要推論的命題來，則該基本命題不够用。我們說不够用的基本命題無效。够用的基本命題才有效。」⑰

這裏所說的「有效」，是對於知識論的出發方式而說的，即作爲知識論的出發命題對於一知識論所要達到的目標是够用的。金岳霖知識論的目標是求知識對象有實在感，即對象是獨立存在的，有獨立的性質，有自身的同一性。一個知識論體系如果能反映對

⑰　金岳霖：《知識論》，頁113。

象的實在感，它也就相應地具有了理論上的眞正感，卽理論公而不私、可以發現而不能發明或創作、不隨事物的變而變。能夠滿足這樣目標的一套基本命題就是有效的或夠用的。

理論的眞正感依賴於對象的實在感。從對象實在感的諸成分，我們可以看出，金岳霖承認了外物的獨立存在。他認爲，站在素樸實在主義的立場上，「有外物」是一眞命題，不承認外物的知識論對不起外物。他的知識論的對象，旣然包括不依賴知識者的普遍的理和特殊的事，那麼要得到眞正關於外物的知識論，就必須在知識論的出發命題中安排進「有外物」這一命題。因爲「大致說來，我們要在結論上得到某某思想，我們就得在前提上安排進去。……就實在主義說，獨立存在的外物這一思想我們總得預爲之備」⑱。可見，他是直截了當地承認「有外物」這一命題。由於認識外物的唯一途徑就是感覺，所以又必須在出發命題中放進「有官覺」這一命題。這樣，「有官覺」和「有外物」這兩個基本命題對於金岳霖的知識論目標來說就是夠用的或有效的。

現在的任務就是必須進一步說明「有官覺」中的官覺和「有外物」中的外物的各自含義。

金岳霖認爲，外物是非唯主的、共同的、獨立存在的，有本來的形色狀態，並有自身同一性的外物。關於外物的具體含義我們將在後面討論，這裏僅指出其上述的特點已經夠了。

官覺的問題較爲複雜。旣有官覺，就有官覺是誰的問題。金岳霖說：「以後所論的官覺者或知覺者，不必就是人類，也不必就是『我』，而官覺也不只有內容而已」⑲。關於官覺的另一更爲

---

⑱　同上，頁120。
⑲　同上，頁113。

複雜的問題是覺的分類問題。官覺只是覺中的一類，另兩類分別
爲夢覺、幻覺。官覺又可以分爲三種，即錯覺、野覺和正覺。官
覺旣是覺中之一，那麼馬上就會產生這樣的命題，即官覺能否使
自身區別於夢覺和幻覺，有沒有一個標準使這種區分成爲可能。
對於這個問題，金岳霖坦率地說：「『覺』中沒有標準。……我們
不能從『覺』中去找標準。……在官覺我們可以自覺我們在官
覺。可是旣在官覺，我們也沒有內在的標準，使我們非承認我們
正在官覺不可」[20]。覺分三類，又沒有標準供我們去區分它們。
這確實是一個棘手的問題。但知識論總得有個出發點。於是，他
說：「從知識着想，只能以官覺爲標準」[21]。我們直接「從官覺說
起，不從『覺』中去找官覺」[22]。「結果非常之奇怪，我們要在各
不同的覺中去找官覺，我們得利用官覺底標準」[23]。金岳霖的這
種解決辦法，顯然是缺乏任何最起碼的根據，它只不過是無可奈
何之下的一種遁辭或巧辯。這是在感覺問題上，堅持嚴格而又狹
隘的經驗主義立場必然會出現的一種理論困境。這就是金岳霖的
官覺中心論。他只能從官覺說起，因爲夢覺和幻覺都無疑地不能
成爲關於外物的知識論的出發題材。其實官覺中的錯覺和野覺也
不能成爲出發題材，所以官覺中心論又必然地成爲正覺中心論。
這樣，關於官覺的同樣問題又會馬上在正覺身上出現，即正覺如
何區別於錯覺和野覺。而金岳霖的回答卻依然照舊：「本書以官
覺中的正覺爲標準去決定錯覺和野覺」[24]。這明顯地又是一種在

---

[20]　金岳霖：《知識論》，頁35。
[21]　同上。
[22]　同上，頁121。
[23]　同上，頁36。
[24]　同上，頁122。

走投無路之下的一種遁辭。

但是，無論如何，通過批判唯主方式的知識論，金岳霖確立了自己的知識論體系的一套有效的出發命題，即「有官覺」和「有外物」。他認爲，站在官覺立場上，「有官覺」是一眞命題；站在外物的立場上，「有外物」也是一眞命題。

但是，應該引起我們注意的是，當金岳霖承認任何綜合命題都沒有無可懷疑性的同時，他也就使自己陷入了理論的困境之中。因爲他所需要的「有外物」和「有官覺」這兩命題也無例外地都是綜合命題，所以它們也就必然地沒有了無可懷疑性。顯然，在這樣的命題之上建立的知識大廈，總有一朝會倒塌的。不正是爲了避免這一悲劇，從笛卡爾、洛克以來的哲學家才孜孜以求知識的確定性嗎？

其實金岳霖本人也不願意看到知識是不確定的這一事實。他所要得到的知識就是眞命題，而且他也認爲，一命題是眞的，就永遠是眞的。這樣的眞是獨立於知識的、獨立於特殊時空的。於是，他也就在實質上又承認了知識是有無可懷疑性的。而這樣的知識又恰恰是從「有外物」、「有官覺」之類的綜合命題而得到的。金岳霖意識到了這樣的問題。他承認「有外物」、「有官覺」是綜合命題的同時，又認爲它們都是眞命題。然而，眞正的問題卻在於，「有外物」這樣的命題事實上是旣不能證明爲假，又不能證明爲眞的。於是，他又進一步區分了眞命題與已經得到證實的命題。我們可以相信一命題之爲眞，然而不必要求它是已經得到證實的。要求眞與證實相等，在知識論上說不通。果眞如此，眞命題也未免太多了。怎麼辦？金岳霖又訴諸於「需要」這一理由。他說：

「我們可以接受一命題為真，而不必要求它已經證實。問
題是實行這辦法之後所接受的命題或許太多太濫。我們當
然不能隨便接受一命題。就知識論說，我們只能接受知識
論所需要的命題，凡不需要的我們不必接受。……所謂需
要我們可以利用普通所謂必要條件來表示。」㉕

必要條件在邏輯上有明白的表示，而在關於經驗事實的知識理論
中卻沒有一致的明白的表示。如笛卡爾可以認為「我思」是必要
的，貝克萊也可以認為「物是感覺的復合」這一命題是一必要
的，如此等等。我們相信一命題為眞和一命題是眞的是兩件完全
不同的事。而僅僅根據「需要」在信以為眞的命題之間進行選擇
又有很大的隨意性。

「有官覺」和「有外物」這兩個命題對於一關於外物的知識
論，從形式上說，是夠用的或是有效的，因為結論之所得已包括
在前提之中。結論有前提之所無，是不合理的。而且實際地說
來，只從感覺或感覺內容出發，去達到對外物的認識，也似乎是
不可能的。歷史上許多哲學家，在這方面所做的種種努力也都失
敗了。從這一方面說，為了保證我們達到對外物的認識，我們在
出發命題中安排進「有外物」這樣的命題也未嘗不可。但問題卻
在於知識論畢竟不是演繹推理，演繹推理一般說來不能產生新的
知識。而知識論所要描繪的卻是我們如何去得到關於外界的知
識。就知識是關於外物的知識而論，外物是我們的認識對象，因
此關於它的知識只能出現在認識過程的終點上。當然，在認識過

㉕ 金岳霖：《知識論》，頁75。

程開始之前， 它也可以作爲認識上的一個先驗假設的標目 而 存
在。 但是它決不是已經得到確認的東西而作爲知識論的出 發 命
題。否則，我們就會處於這樣一種困境之中，卽我們認識的只是
我們所已經認識到了的東西。

退一步說，卽使我們承認「有外物」這樣的命題可以作爲知
識論的出發命題， 情況也不見得會好些。「有外物」命題中的外物
的形色狀態我們一概不知， 所以我們要去認識它。如是已知的，
認識就沒有必要或者說認識過程已經完畢。可見， 作爲出發命題
的「有外物」這一命題僅僅意謂着外物之「有」或外物存在。但
它到底具有什麼性質、關係， 我們卻完全都不知道。從這樣的外
物， 我們能夠得到更多關於它的知識嗎？ 答案顯然是否定的， 如
果我們果眞要堅持「在結論上得到某某思想，我們就得在前提上
安排進去」的思想的話。這一思想實質上是試圖把知識論視爲一
演繹系統，它未能清楚地看到知識論與演繹系統是有嚴格的區別
的。而且這一思想也與金岳霖本人把歸納看作知識唯一來源的思
想相衝突。

金岳霖強烈地反對人類中心觀和自我中心觀。在他看來， 這
些思想是導致唯主方式知識論的根本原因。他反對唯主方式是正
確的， 但他對人類中心觀和自我中心觀的批判是值得商榷的：自
我中心作爲一種社會倫理思想如得到不適當的擴張確實會造成有
害的後果。但作爲一種認識方式，它與人類中心觀是否有用呢？
金岳霖認爲， 如果以人類爲中心，則知識論的對象將限制到人類
知識的理， 知識論就不是普遍的知識論。這一說法並不確切：只
要人類所得到的知識是眞正客觀的知識， 那麼它就決不能只限制
到人類。如牛頓力學的效用就不限制到人類，它適用於除地球以

外根本無人居住的廣濶的宏觀宇宙。人類中心這一出發點與通過
這一出發點而得到的知識並不是同一個東西。英國哲學家卡爾·
波普爾就認為，人類的精神世界是第二世界，而人類精神的產物
卽客觀的知識則構成第三世界，它是客觀的。這一點在下面的討
論中就可以看得很清楚。

　　同樣，自我中心觀如導致侷限於主觀感覺者或感覺內容的唯
主方式，那麼金岳霖的批判是正確的。但作為一種認知方式，自
我中心觀仍是有用的。任何一個現實地進行着的認識，都是一個
以自我為中心而向四周輻射出去的認識網絡；在這樣的認識過程
中，私人的因素無疑是存在的。然而認識的任務，不正是要從帶
有個人成見的偏狹的知識經驗過渡到不帶一點私人因素的科學知
識嗎？而且科學史也告訴了我們，研究和認識的過程，除了以自
我為中心觀點之外，我們迄今還並未找到一個可以從普遍的類作
為出發點的科學方法。我們至今所獲得的全部知識，都是對從某
中心而得到的知識經驗歸納而成。這一點對於金岳霖的知識理論
也不是不可接受的：他承認理寓於事，事中有理。理是普遍的，
事則是特殊的。知識論就是要從特殊中求普遍。知識的材料是特
殊的，與之發生認識關係的感覺者或知識者，也只能是具體的、
特殊的。所以知識論出發方式中的自我中心觀或人類中心觀並不
是可怕的；問題卻在於如何在漫長的認識過程中，排除認識中
的私人因素而達到客觀的知識。而這不正是知識論的任務嗎？相
反，如果沒有這樣的中心，任何知識恐怕都是不能形成的。

　　金岳霖出發方式中的一個最嚴重的問題就是官覺中心問題：
他承認沒有標準把官覺從夢覺、幻覺中區別開來，也沒有別的標
準去區分正覺和錯覺、野覺。官覺本身就是標準，它使自身區別

於夢覺、幻覺；正覺也是一標準，它使自身區別於錯覺和野覺。
這一立場表明，在感覺問題上金岳霖堅持的是嚴格的經驗主義的
立場，即全部認識開始於感性經驗。這樣，我們就不能再以概念
性的認識來說明或構造感性經驗。這是經驗論的最基本的立場。
但這恰恰又是經驗論者最薄弱的一環，而容易受到唯理論者攻
擊。如果沒有合理的規則或標準，我們又怎麼能把「覺」分爲官
覺、夢覺和幻覺呢？又怎麼能進一步把官覺分成正覺、錯覺和
野覺呢？金岳霖承認了這一困難，但他是首先把「覺」分成了三
類，然後又承認既沒有內在的標準，又沒有外在的標準來區分各
種覺。這種做法是互相矛盾的。果眞沒有標準，我們只有混沌一
片的感覺內容，把覺分爲三類這一事實就異常清楚地表明了某種
理性的標準已隱含在這種分類的活動之中。否則，不能有任何的
分類。所以金岳霖對「覺」的分類本身已說明他並未在感覺的問
題上堅持經驗的立場。當然，在這一問題上的經驗立場，未見得
是正確的。但問題是，當他正違反經驗論原則的同時，他又聲明
他堅持的正是經驗論的立場，這是不妥的。眞要堅持經驗論的立
場，就得不到對官覺、夢覺和幻覺的劃分。在同一的劃分活動
中，劃分標準決不能從被劃分的對象中去尋找。可見，「有官覺」
這一命題充滿着理論上的困難。但從金岳霖的知識論說，堅持官
覺立場又是最關鍵的一環。

　　儘管有以上種種困難，金岳霖的知識論的出發方式仍有其新
穎獨到之處。歷來的哲學家們都只從感覺經驗或感覺內容出發，
都在追求知識的無可懷疑性。金岳霖的出發方式，突破了傳統的
模式，他兼從「有官覺」和「有外物」這兩個命題出發，他拋棄
了無可懷疑原則，而採取有效原則。這表明了金岳霖知識論出發

方式的理論獨創性。這是一種可貴的理論嘗試。

從邏輯的立場着眼,「有官覺」和「有外物」這兩個命題是平等的。在外物的立場上,「有外物」是一眞命題;在感覺的立場上,「有官覺」也是一眞命題。這裏當然有很複雜的理論問題在內。從知識論立場說,感覺立場可得,而純粹外物的立場不可得。這是一個重要的問題。但我們現在不討論它,而是要看看金岳霖怎樣來處理這兩個命題之間的關係。因爲,顯然我們不能從兩個不同的立場來構造同一的知識理論。所以,現在最重要的問題是怎樣來結合這兩個命題。金岳霖的辦法就是他的「正覺中心說」。

「正覺中心說」是金岳霖知識論大廈的基礎。他本人充分地重視正覺在其知識論中的重要作用。他在《知識論》一書的末尾指出:「這一整本書可以說是正覺底分析,不過開頭注重『正』,現在注重『覺』而已。……本書可以說是始於正覺,終於正覺」[26]。從根本上說,正是正覺說保證了他的知識論是眞正關於外物的知識論。

根據前面對「覺」和官覺的區分表明,正覺是官覺中的一種。金岳霖的做法是,他不在「覺」中去找官覺,而是直接從官覺出發;他也不在官覺中去找正覺,而也是直接從正覺出發,以「正覺爲標準去決定錯覺和野覺」[27]。這樣,「有官覺」這一命題在這裏進一步成爲了「有正覺」這一命題。肯定了「有正覺」這一命題也就肯定了有官覺者,而且也肯定了有外物。金岳霖之所

㉖　金岳霖:《知識論》,頁953。

㉗　同上,頁122。

以直接從正覺出發，而捨棄了夢覺、幻覺、錯覺和野覺，就是要
保證我們的感覺能夠直接地達到外物，而夢覺、幻覺雖有感覺對
象，但此對象並不是外物；錯覺、野覺也有對象，但它們是被扭
曲了的外物。所以它們都不能成為知識論的出發題材。只有正覺
才能成為知識論的出發題材。那麼，什麼是正覺呢？

　　金岳霖說：「正常的官能者在官能活動中，正常地官能到外
物或外物底一部分即為正覺」❷❸。正覺是正常的感覺。這種正常
的感覺是直接察知外物的感性經驗。只要官能者是正常的，官能
活動是正常的，感覺者就能感覺到外物。正覺在這裏顯然首先是
一種官能活動，就是借助於這種活動，感覺者才能由自身達到所
感知的對象上去。如無此種活動，他就不能與外物接觸。但正覺
不只是官能活動，它是「外物與官覺者二者之間底關係結合」❷❾。
可見，　正覺是聯繫感覺者和外物、　聯結主體和客體的橋樑或紐
帶。這種由此達彼、由主至客的具體途徑是什麼呢？

　　感覺都是有內容的，也是有對象的。比如說，我坐在窗前，
向遠處眺望北京的西山。只要我處在正常的清醒的狀態之中，我
就可以看到西山呈現什麼樣的形色狀態。不隨我的感覺活動而獨
立存在的西山是我的感覺對象。當我睜眼看時，西山在我眼前；
而閉上眼睛時，它也隨之消失。這隨我的眼睛的開閉而存在或消
失的西山，便是我的感覺內容。金岳霖把感覺內容叫做「呈現」。
既然「正覺」也是感覺，它當然也有內容。但是，金岳霖認為，
「正覺」的內容不同於一般的感覺內容。比如說我以雙手擠壓我

------

❷❸　同上，頁124。

❷❾　同上，頁122。

的眼皮，我會把一張桌子看成兩張；又比如說，當我出神入迷的時候，我會突然感覺到身旁有什麼東西，而實際上並沒有；又比如說，當我正做夢時，夢到我變成了一隻蝴蝶，又夢到我在夢中重新變成了我自身。在上述的種種情景之中，說我沒有官能活動顯然是錯誤的。而且這一點也是顯然的，卽這些感覺活動都各有其感覺內容。同樣明顯的是，這些感覺雖有活動，也有內容，但卻沒有與之相應的感覺對象的存在。這樣，上述的三種感覺無疑地不能叫做「正覺」，它們可以分別地稱之爲「錯覺」、「幻覺」和「夢覺」。顯然「正覺」與之不同，它不僅有感覺內容，而且有外物以爲對象。

　　「正覺」的感覺內容或呈現與對象或外物是什麼關係呢？對於這種關係的解釋，在歷史上有洛克的「摹本說」或「代表說」、有貝克萊的「存在就是被感知」說、有羅素的「因果說」等等。洛克的說法實質上是把感覺內容和外物看成是兩個東西，所以他有「摹本說」或「代表說」的必要；羅素的說法也是割裂了感覺內容和外物的關係，所以他才有由果索因的需要。這兩種說法的問題在於它們旣割裂了二者，再把它們合起來就有困難。貝克萊把這兩者看成是一個東西，卽物是感覺的復合。但他的問題是取消了外物的獨立存在。金岳霖反對上述的種種說法，認爲「正覺」的內容或呈現與外物間沒有什麼代表或因果的關係，而就是一個東西。但與貝克萊不同，他認爲「正覺」的內容是外物或外物的一部分。其根據何在呢？

　　金岳霖認爲，「正覺」中的正常的官能者是就個體而說的，但「正常」卻是就類型而說的。他說：「所謂正常就是具有類

型。 正常的官能者就是具有所屬類底類型的官能者」❸。這一點即保證了正常的感覺者就能直接地感覺到外物或外物的一部分——只要他有官能活動。「正覺」的內容是呈現，但呈現卻不一定是「正覺」的內容，因為呈現可能是私的，即它可能只屬於某一感覺者而不屬於這一感覺者所屬的類。「正覺」的內容則不一樣，「正覺底呈現是客觀的」❸。這裏所謂的客觀並不是指通常意義上所說的不依賴於主觀而獨立存在的意思。「客觀」所指的是「類觀」。類觀與主觀相對。 兩者雖相對， 但它們卻都是感覺內容。然而主觀的感覺內容或呈現，只能是某一感覺者所私，不能為他人所共享，而類觀的或客觀的感覺內容，雖也為某一感覺者所有，但它卻可以為同類中其他正常的感覺者所共有。可見，客觀的呈現或客觀的感覺內容是類型化了的感覺內容。

金岳霖認為， 只要感覺內容是類型化的或客觀的， 或更具體地說， 只要感覺內容可以為同類感覺者所共有， 那麼它就不只是感覺內容或呈現了。 他說：「客觀的呈現為所與」❸。可見，「所與」就是類型化的感覺內容或客觀的呈現。需要注意的是，「所與」已不只是「正覺」的內容了， 它還是「外物或外物底一部分」❸。這就是說， 類型化了的感覺內容， 就是外物或外物的一部分。從這裏我們可以清楚地看到， 感覺內容的客觀化或類型化， 是聯結官能者和外物的中介， 而這種客觀化或類型化的根據之一， 又在官能者的「正常」和官能活動的「正常」。

---

❸　金岳霖：《知識論》，頁128。

❸　同上，頁123。

❸　同上。

❸　同上，頁124。

　　感覺內容和外物在哲學史上歷來被看成是兩個東西。但金岳霖根據他的感覺內容客觀化的學說卻反覆強調它們是一個東西。他指出：

　　「正覺總是有呈現的官能活動。我們稱正覺底呈現為『所與』，以別於其它官能活動底呈現。所與就是外物或外物底一部分。所與有兩方面的位置，它是內容，同時也是對象：就內容說，它是呈現；就對象說，它是具有對象性的外物或外物底一部分。內容和對象在正覺底所與上合一；在別的活動上這二者不必能夠合一。例如我想像在倫敦底朋友時，內容是一件事，對象是另一件事。就所與是內容說，它是隨官能活動而來，隨官能活動而去的，就所與是外物說，它是獨立於官能活動而存在的。大致說來，所與不是一整個的外物而只是一外物底一部分。……但是我們要注意所與雖然只是外物底一部分，然而它仍是獨立存在的外物。」㉞

　　在他看來，經驗中的觀念或「正覺」的內容和外物就是一個東西。「所與」既是內容也是外物：既是一個東西，那麼也就可以說外物既是「正覺」的內容，也是其自身。金岳霖本人也明確地這樣說道：

　　「在正覺中呈現就是所與，所與就是外物或外物底一部

㉞　金岳霖：《知識論》，頁130-131。

分。它們根本不是兩個個體或兩件東西，呈現或所與只是
外物或外物底一部分之為正覺者所正覺而已。在這情形
下，外物或外物底一部分的確有兩個立場：一個立場是獨
立存在的外物底立場；一個是正覺關係集合中的關係者底
立場。因為在兩立場的是一個個體，我們不能說在一個立
場的個體代表在另一立場的個體。」㉟

以上的分析表明，金岳霖把「正覺」的內容和外物看成是一個東
西。正是通過這種方法，他把「有官覺」和「有外物」這兩個命
題同一起來了。

　　金岳霖的「正覺」內容與外物同一說從根本上反對了貝克萊
的「存在即被感知說」。或者更確切地說，他把被貝克萊顛倒了
的感覺內容與外物的關係又顛倒了過來。應該說，貝克萊的基本
立場是錯誤的。然而他如下的一個觀點卻應該說是正確的，並富
有很強的邏輯力量。他說：「一個觀念只能和觀念相似，並不能
與別的相似」㊱。他的這一反詰似乎正是對著金岳霖的「正覺說」
而發的。感覺內容只能與感覺內容相似，它又怎麼能和外在於感
知活動而獨立存在的外物同一呢？明明是不同類的東西，卻偏要
說它們是同一的，這是認識論領域中最棘手的問題。金岳霖如不
試圖回答這一問題，他的正覺說將面臨破產。看來他似乎是意識
到了這一困難，並着手從兩方面來解決這一困難，一是外在關
係，一是對外物的限定。

㉟　同上，頁135。
㊱　貝克萊：《人類知識原理》，頁21，中譯本，商務印書館，北京，
　　1958年。

我們已經指出，感覺內容的類型化或客觀化的根據之一，是官能者的「正常」和官能活動的「正常」。但這一根據僅提供了感覺內容的類型化或客觀化的可能性。要使這一可能性現實，還進一步需要別的相關條件的滿足。金岳霖認爲，「正常的官能者」是相對於個體而說的，每一個體都是特殊的，這樣，當他認識外物時，他隨時可能把自己的主觀色彩塗到外物上去，儘管他是一個正常的感覺者，他的官能活動也是正常的。爲了保證能得到正覺的內容，金岳霖又進一步假設在正覺關係集合中感覺者和外物的關係是外在關係。這是一個很複雜的理論問題。

金岳霖的外在關係論受到了 G.E. 摩爾和羅素的影響。摩爾和羅素倡導外在關係論以反對布拉德雷的內在關係論。布拉德雷認爲，一切關係都是內在的，如A與B之間有R關係，那麼A與R之間就有 R^2 關係，而A和 R^2 之間又必然有 R^3 的關係，如此等等，以至無窮。果眞如此，那麼任何一個事物只要一經和別的事物發生關係，那麼它的本來的性質就得改變。遵循這種理論，其結果必然是不存在任何關係，不存在很多的事物，唯一的存在就是「絕對」。因此，考慮任何部分，若不就其對整體的關係着眼，必然是徒勞無益、枉費心機的。這種內在關係理論在本世紀初遭到英美新實在論者的嚴厲批判，其批判的武器就是外在關係論。這種理論主張，一切關係都是外在的。如兩個事物發生關係，它們彼此不受影響、不起變化。這種學說的長處在於有利於排除自我中心觀而有利於追求客觀的知識與眞理，且有利於哲學分析活動的充分展開。

金岳霖基本上接受了外在關係說。他對唯主方式的批判，對認識內容、認識對象的客觀性的追求，顯然是受到了外在關係說

的影響。就此而論， 他與英美新實在論者頗有相同之處 。 可以
說， 他的「正覺說」也是這種理論發展的必然結果。但他並未照
搬外在關係說， 而是對之作了某些改進。如他反對布拉德雷的內
在關係論， 但他仍主張有內在關係， 如共相之間的關聯就是內在
的； 他主張外在關係說， 但並未就認爲一切關係都是外在的。而
且他對外在關係作了比摩爾和羅素更爲細密的論證。在知識論領
域內， 他不像英美新實在論所主張的那樣， 認爲所有的關係都是
外在的。他認爲「官能活動不必有外在關係」**❸⑦**。沒有外在關係，
那麼相應的感覺內容或呈現， 就要受認識個體的影響，這樣的呈
現是私的， 就不是「 所與 」。但他又認爲官覺者與外物「是有外
在關係」的**❸⑧**。如有外在關係， 那麼呈現就是客觀的， 而客觀的
呈現就是「所與」， 而「 所與 」就是外物或外物的一部分。於是
在外在關係的條件下， 「正覺」的內容和對象就可以在「所與」
上合一。可見， 感覺內容類型化或客觀化的基礎就是官覺者和外
物要處於一種外在關係之中。只要確實能嚴格地證明這二者之間
的關係是外在的， 那麼「正覺說」便有了堅實的基礎。這就是金
岳霖對貝克萊問題的答案之一。

　　現在我們必須來進一步分析正覺說中的外物的含義。金岳霖
知識論的對象是「共相關聯」或「理」。理寓於事中， 知識論要
在事中去求理。理和事都外在於感覺者， 它們都處於本然的或無
觀的世界之中。本然世界有共相關聯， 也有特殊的個體。特殊的
個體表現共相或共相的關聯。知識論就是通過這樣特殊的個體來

----

❸⑦　金岳霖：《知識論》，頁159。

❸⑧　同上。

尋求固然的理。但這樣的特殊個體是無觀的，它不相對於某一類感覺者，或者說它是各不同感覺類的共同對象。這一對象在各不同的感覺類的感覺中成了不同的「所與」。人類的「所與」不同於牛類的，如此等等。金岳霖認爲，這是認識過程中的第一階段。在這一階段中，感覺者以感覺功能化本然世界的特殊個體爲「所與」。如設本然的個體爲 n 類的m個體 O_n^m，感覺者是 n 類的 m感覺者 S_n^m。這一感覺者感覺到的不是 O_n^m，因爲 O_n^m 是本然的個體，它不可覺。他感覺到的只能是 $O\overset{m}{S}_n$。如果感覺者是正常的，官能活動也是正常的，則 $O\overset{m}{S}_n$ 就不僅是呈現，而且是「所與」，它就是類型化了的感覺內容，它就能爲 n 類中的任何一個正常的感覺者感覺得到。既然本然的個體 O_n^m 感覺不到，可見「正覺」中的外物不是本然的外物 O_n^m，而只能是 $O\overset{m}{S}_n$ 這樣的外物。金岳霖稱這樣的外物爲官覺外物。官覺外物具有什麼樣的性質呢？

在《知識論》一書中，金岳霖把外物分成四大類，卽科學外物、本質外物、官覺外物和以上所說的本然外物。他認爲，這些外物的共性在於它們都是非唯主的共同的、獨立存在的、有本來形色狀態、各有其自身同一性的外物，卽它們都是不依賴於感覺者而獨立存在的外物。但由於科學外物、本質外物不是感覺的直接對象，而本然的外物又是不可覺的，所以它們都不是正覺外物。這樣，只有官覺外物是感覺的直接對象，是與感官相對的，是相對於感覺類的。金岳霖說：「本書所謂外物是官覺外物，是與官覺類相對的外物，不是本質的外物，或科學的外物，或本書以後所要談到的本然的外物」[39]。官覺外物雖與感覺類相對，然

---

[39]　金岳霖：《知識論》，頁139。

而它不依賴於感覺類，卽它是客觀的、是獨立存在的。官覺外物就是「所與」。就「所與」是外物說，它也是「獨立於官能活動而存在的」⑩。金岳霖把外物限制到官覺外物，這樣似乎就避免了貝克萊的責難。但說官覺外物或所與相對於感覺類，又認爲這樣的外物不依賴於感覺類，是相互衝突的。果眞要完全避開貝克萊的責難，就只能承認外物是依賴於感覺類這一點。但過分強調這一點就會走到主觀唯心主義的道路上去。

金岳霖所謂的官覺外物的含義非常廣泛。如他說：「請注意這裏所談的外物是常識中的外物，如椅子桌子張三李四等等」⑪。這裏涉及的外物顯然是指通常意義上的占有特殊時空位置的物理客體。但他又說：「從視覺著想，水中見影子應該是正覺。它確是正覺。水中的影子就視覺說是貨眞價實的視覺外物，……牛頓也許有理由不把它視爲 matter，常識沒有理由不把它視爲外物」⑫。這裏的官覺外物顯然是不同於桌椅之類的物理客體。

官覺外物就是「所與」，「所與」又是感覺內容。「內容和對象在正覺底所與上合一」。金岳霖認爲，「所與」是知識的最基本的材料。「所與」是正覺的客觀的呈現，「所以正覺是供給知識底材料底官能活動」⑬。得到「所與」是認識過程中感性認識階段的任務。「所與」是感性認識的產物，它是特殊的，不可言說的。

綜觀《知識論》一書，說所與是知識的材料有這樣三個含

---

⑩　同上，頁131。
⑪　同上，頁62。
⑫　同上，頁176。
⑬　同上，頁185。

義：

第一，認識的最初任務就是依靠認識者的感覺器官的功能，去化本然的個體爲「所與」，即把無觀的本然世界轉變爲有觀的世界。得到了「所與」也就是直接地得到了外物。這是認識的第一階段。

第二，「所與」是形成意念或概念的材料。金岳霖認爲意念得自「所與」。意念的形成是《知識論》一書的中心環節之一。無意念，「所與」不可言說。有「所與」而無意念，就沒有知識。然而，「所與」是形成意念的材料。

第三，「所與」是知識的材料，但它不是知識的直接對象。知識的對象是事實。事實是所與和得自所與的意念的結合而形成的。

金岳霖的「正覺說」提供了知識的材料。下一步的工作就是如何借助抽象這一工具從所與形成意念。但在進入下一章之前，我們必須首先檢查一下金岳霖的「正覺說」是否有堅實的基礎？

第二節　感覺內容和外物同一嗎？

金岳霖的「正覺說」突破了傳統的知識論的出發方式的框架，表現了其自身的理論獨創性。它包含着很豐富的內容，但關鍵的一點，在於它主張感覺內容和外物是同一的。感覺內容和外物是否同一是知識論中的一個重要的理論問題。我們現在的任務就是要具體地考察金岳霖的「正覺說」是否有合理性的根據。

現從他的「正覺中心說」談起。金岳霖撇開了夢覺、幻覺、錯覺和野覺，而直截了當地從「正覺」說起。他承認我們沒有內

在的標準和外在的標準去決定某一感覺是官覺，並進而把它與夢覺和幻覺區別開來；也沒有任何標準去斷定某一感覺爲「正覺」，並進而把它從「錯覺」和「野覺」區別開來。但他同時又把「覺」分爲三類，把「官覺」劃分爲三種。這種劃分實際暗示了某種理性的標準已捲入這種劃分之中。否則，劃分根本不可能進行。然而，《知識論》一書並沒有明確地捉出這兩種劃分得以進行的標準是什麼。而只是指出，以「官覺」爲標準來劃分覺而得到「夢覺」、「幻覺」和「官覺」，以「正覺」爲標準而決定什麼是「錯覺」和「野覺」，其實以「官覺」爲標準，嚴格說來，我們只能得到官覺和非官覺。同樣，以「正覺」爲標準，我們也只能得到正覺和非正覺。可見，金岳霖的劃分是缺乏充足的根據的。它只表明了他在這一問題上的武斷和任意。在純感覺的領域內，不能有任何的標準，因爲任何標準都是理性的。但在沒有標準的情形下要進行劃分是不可能的。

　　問題是金岳霖爲什麼要進行此類的劃分呢？事實上，這類劃分是直接服務於他的知識理論的這樣一種先驗的假設，卽他要爲「有外物」這樣的命題在知識論的出發命題中找到一個合適的地位。要達此目的，他就必須要直接地從「正覺」出發，而撇開「夢覺」、「幻覺」、「錯覺」和「野覺」。這對於他來說是顯而易見的。因爲籠統地從「覺」談起，必然要退到傳統的知識論的出發方式上去，勢必要承認「感覺材料」說。支持「感覺材料」說的一個最有力的論據，恰恰就是來自於「夢覺」、「幻覺」、「錯覺」和「野覺」。如艾耶爾在《知識問題》一書中，就充分地說明了「感覺材料」說形成的原因。他以麥克佩斯在幻覺中看見一把匕首爲例，指出：在一種非常明顯的意義上說，麥克佩斯的確沒

有看見匕首。有充分的理由說他沒有看見，因爲事實上根本就沒有匕首在他眼前。然而，在另一種意義上，說他看見了一把匕首也是有一定道理的。因爲，在這種意義上，說他看見了一把匕首是描述他的知覺經驗的一種很自然的方式。但我們應該說，他看見的不是一把真正的匕首，不是一個物理客體，甚至也不是對那物理客體的一瞥。如果我們說他看見了什麼東西，那麼他所看見的，必定是只有他一個人才能看見的東西，而且它也只能存在於他的特殊的經驗之中，它就是感覺材料❹。從認識外物說，麥克佩斯的感知經驗沒有多大的認識價值。但從認識主體方面說，麥克佩斯的感覺經驗卻很有價值。因爲認識過程本來就是從主體出發而達到客體的過程。不談主體的感覺經驗又怎麼談得上對客體的認識呢？沒有認識主體根本就不可能有任何的認識活動。而認識主體並不始終處在清醒的狀態之中，更何況如沒有外在的標準，感覺只能處在一片混沌迷茫之中。如要在這個問題上堅持嚴格的經驗主義立場，我們就只能從這樣的感覺出發。其結果自然是「感覺材料」說是不可避免的。這可能就是爲什麼在一段較長的時間內，許多西方哲學家津津樂道「感覺材料」說的一個主要原因。

　　現在，金岳霖只從認識外物着眼，他就要避免「感覺材料」說。因爲這種唯主方式的理論達不到外物。這就迫使他只從能直接達到外物的「正覺」說起。但他又沒有充分的理由表明從「正覺」說起的合理性。他只籠統地說：「官覺不如正覺基本。……正覺先於非正覺的官覺，非正覺的官覺是校對者根據對於正覺底經驗去決定的，所以非正覺底發現遠在正覺之後」❺。其實，這

---

❹　參見 Ayer, *The Problem of Knowledge*, p.90。
❺　金岳霖：《知識論》，頁174。

種說法沒有絲毫道理。應該說，從金岳霖知識論的先驗預設說，「正覺」是基本的。而從感覺說，「正覺」不是基本的，因爲「正覺」首先是官覺，而「官覺」又是「覺」這一事實，就說明了「正覺」不是基本的。金岳霖自己承認，說「正覺」是基本的，並以之去校對其它的「官覺」，必須假設一感覺者已有了眞的知識。但這樣的假設在討論知識的理論中是不能成立的。總之，他的這種籠統的說法並未能成功地駁倒「感覺材料」說。

從各種不同的感覺中單獨地挑出「正覺」作爲知識論的出發題材，似乎能保證直接地認識到外物。但這只有借助於「正覺」的定義本身才能達到，在經驗中卻很難做到這一點。因爲一件很困難的事情就是，在純粹的感覺經驗中，有些感覺很難說它究竟是「正覺」還是「錯覺」。我們生活在地球上，僅憑感覺不會感覺到地球的轉動，而感性直觀又在告訴我們，太陽每天早晨從東方昇起，在西邊落下。於是人們自然而然地會以爲是太陽圍繞地球作有規則的轉動。亞里士多德—托勒密的「地球中心說」，就是根據於這樣的看法產生的。按照金岳霖的理論，人們對太陽繞地球轉動的感性直觀應該是「正覺」。但哥白尼的天文學卻說，這樣的看法是錯誤的，眞實的情形應該是地球在繞太陽運行。這說明了在長達幾千年的歷史時期中，人們一直在把一種「錯覺」當成了「正覺」。然而，卽使在現代，在哥白尼的天文學知識家喩戶曉之後，我們所正覺到的也只能是太陽繞地球運行。只有理性才告訴我們是地球在繞太陽轉動。並且當僅站在感覺經驗的立場上，我們根本就無權說某一種感覺就是「正覺」，而不是「錯覺」或別的什麼覺。在日常生活中，我們錯認了人或事是經常發生的。所以，金岳霖簡單地拋開「錯覺」、「野覺」、「夢覺」和

「幻覺」是不對的，是沒有理由的。

　　而且皮亞傑的心理學告訴我們，只從感性知覺出發，最終得到的只能是錯覺。皮亞傑認爲，知覺是通過「場效應」（也稱「視覺中心效應」）和知覺活動而形成的。「場效應」和知覺活動在感知運動階段受感知運動的活動和圖式的控制。他指出，場效應是「不包括任何眼球運動，也就是說只存在於單一焦點視野內」的一種眼球運動狀態。知覺活動「包括注視（或稱凝視）物體在空間上的移動，比較在同一地點但不同時間內出現的兩個刺激物，探究某個物體在空間或時間上的轉移，整個物體關係的變換位置，以及方向的預測和比較等等」❹❻。他認爲，「場效應」是產生錯覺的原因。因爲它雖然大致確切，但卻經常會發生部分的變形。其原因在於：從凝視一點移到另一點以及感受器官的各個部分和刺激物的各個部分之間的「相遇」，是根據形狀的部位、視網膜的部位、以及在規定時間內這些部位是否集中在視網膜的中央凹（視覺最清楚的區域），還是落在視網膜中央凹的外圍區域，因而分布成不相等的密度。皮亞傑指出，「場效應」引起的「錯覺」或變形的性質在每個年齡保持不變。但它們在程度上和數量上隨着年齡的增長而逐漸地減少，並且在一定程度被知覺活動所校正。但在純感性認識的最初階段，「場效應」所引起的變形或錯覺卻得不到校正。如果皮亞傑的理論是正確的，那麼在金岳霖的無標準的感覺領域內，「錯覺」就是必然的，而「正覺」卻決計得不到，除非他假設了眞知識的先在，並以之來校定各種感覺。金岳霖簡單地拋開「錯覺」等不談，而直接從「正覺」出發

---

❹❻　皮亞傑：《兒童心理學》，中譯本，頁29，商務印書館，北京，1986年。

的理論，在理論上是錯誤的，在實踐上是行不通的。當然，他試圖肯定「有外物」這一命題在知識論出發題材中的地位的努力是應該肯定的，但其論證的方法卻顯得過於簡單、粗糙、武斷。

其次，金岳霖「正覺」定義的一個缺點是假設了太多條件的滿足。把這樣的定義作爲知識論的初始命題無疑是不妥當的。但如不假設這些條件的滿足，感覺內容和外物就不能同一。

「正覺」的定義說：「正常的官能者 …… 正常地官能到外物或外物底一部分。」在純粹感覺經驗的階段，我們到底憑藉什麼樣的標準去斷定某一感覺者是正常的，我們無法得知。爲了確保某一官能者是正常的，我們就必須提出另一假設條件，卽需要一個醫生給他做生理和心理上的檢查以保證他是正常的。但我們又如何能擔保這個醫生是正常的呢？爲此我們又必須進一步提出另外的假設。爲了使我們相信這個醫生是正常的，我們又需要第二個醫生，如此等等，無窮倒退。這樣的條件似乎無理。但如非從「正覺」說起不可，它們也就非滿足不可。否則，我們根本就無法擔保官能者是正常的，也無法擔保其他的官能者是正常的。可見，作爲出發題材的正覺一開始就從「正常」的官能者入手是缺乏充足理由的。

「正常地官能到……」這一說法也假設了一系列相關條件的滿足。「正常地官能到」決不只是正常的官能者和外物這二者之間的關係。僅就視覺而論，爲了保證視覺者能「正常地官能到」什麼，就必須最起碼要求適度的光照、恰當的距離、氣候的正常等條件的滿足。否則，任何一個正常的官能者都不能「正常地官能到」任何東西。

「正覺」定義中的外物這一概念更是充滿着種種的困難。金

岳霖認爲，這樣的外物旣是官覺外物， 又是「正覺」的感覺內容，或者說兩者是同一的。但是， 我們應該指出，「官覺外物」是一個含糊不清的概念。如對於同一個物理客體，我們可以得到視、聽、嗅、觸、味等方面的感覺內容。如果根據金岳霖的「官覺外物」的說法，問題就產生了。就感覺內容說，我們到底是只得到了一個「官覺外物」呢？還是同時得到了五個不同的「官覺外物」呢？常識告訴我們，在我們面前只存在一個物理客體。但金岳霖的「官覺外物」理論卻告訴我們存在着五個官覺外物。這是顯而易見的。因爲我們都知道，視覺內容不同於聽覺內容，聽覺內容又不同於嗅覺內容，如此等等。旣然如此，我們就不能不加區別，把它們混同爲一個官覺外物。 在這個問題上，「官覺外物」說無疑會陷入困境之中。

而且對於下述的問題：卽這五個「官覺外物」相互之間是什麼關係？它們和物理客體又是什麼關係？這五個「官覺外物」之和就等於這一物理客體嗎？……，「 官覺外物 」說也無法回答。又比如，我向窗外望去，看到了窗外的一片景色，其中有高樓、有大樹、有花叢、有孩子在嬉戲、……。這整個的景色是一官覺外物，還是其中的每一件都是一「 官覺外物 」；這整個的花叢是一「官覺外物」， 還是其中的每朶花中的每一花瓣都是一「官覺外物」；……。這些問題也都是「官覺外物」說無法回答的。

金岳霖的「官覺外物」說告訴我們，「 官覺外物 」就是「所與」，「所與」又是官覺內容，所以「官覺外物」就是官覺內容。這裏就產生了一個很值得討論的理論問題。 金岳霖認爲，「官覺外物」是客觀獨立存在的， 是獨立於官能活動而存在的。這樣的外物就是我們通常所說的物理客體。至少從理論上說，這樣的客

體不只爲某一種感官或某一感覺者所有，而且它同時占據着一定
的空間， 又有時間上的延續。 如果任何一個被感知的東西可以
被恰當地叫做官覺外物的話，那麼它至少可以爲不同的人們所知
覺。而且正如它能被看到一樣，它也能被觸摸到，等等。但感覺
內容卻顯然不具備官覺外物上述的種種屬性。如我有某一感覺內
容的話，它雖有時間的延續，但它卻並不同時占據我身體之外的
某一物理空間。並且如果它是視覺內容的話，它就決不能再成爲
觸覺內容或聽覺內容。最後，就某一感覺內容只屬於某一感覺者
而言，它也只能爲某一感覺者所私有。如我看到書桌上有一本紅
色的書。如果我的視覺是「正覺」，於是相應於書桌上的書，我
的視覺中也就出現了有關此書的視覺內容。 根據金岳霖的 「正
覺」理論，書桌上的書是官覺外物或對象，我視覺內容中的書當
然就是感覺內容。因爲我的視覺是「正覺」，所以這一感覺內容
就是客觀的或類型化的。這樣，我視覺內容中的書和書桌上的書
是同一個東西。但這顯然是不對的。書桌上的書占據着在我面前
的書桌上的某一空間，它經歷了昨天、今天等一系列時間的延續
仍保持着它的同一性， 而且當我不看它的時候， 它也繼續存在
着。 這本書旣可以成爲我的視覺對象， 也可以成爲我的觸覺對
象， 也可以成爲我的聽覺對象， ……。除了我能閱讀這本書之
外，任何其他的人也能饒有興趣地去閱讀它。但作爲我視覺內容
的書，顯然不具備上述的這些屬性。因爲它不占據着我書桌上那
本被我所看見的紅書所占據的位置。它隨我的眼睛的閉合或開啓
而存在或消失。當我不再注視書桌上的紅書的時候，它也就從我
的眼網膜上消失。如果說，這本紅書給我的印象實在太深以致當
我閉上雙眼時，它還繼續出現在我的眼前，此時它也只是作爲一

種心靈的肖像出現在我的腦海之中。同時如下的一點也是十分清楚的，卽作為我視覺內容的書，不能為他人所欣賞，也不能成為我本人的觸覺對象或聽覺對象，等等。可見，感覺內容和外物存在着如上種種的區別，每一個正常的人對之都能正確無誤地分辨清楚。因此把「正覺」內容和外物看成是同一個東西實在令人費解。金岳霖忽視它們之間的顯而易見的差異無疑是不對的。

歷史上的素樸實在主義所以一直遭到知覺因果說、現象主義等的激烈反對，就是因為它徹底地否認了外物和感覺內容之間的差別。貝克萊、休謨、康德等人認為感覺內容和外物之間存在着一條不可逾越的鴻溝，人不能越出自己的感覺經驗的範圍，這固然是錯誤；然而，應該看到金岳霖忽視了外物和感覺內容的差異，也就走到了另一極端，重犯了素樸實在主義者曾經犯過的錯誤。就此而論，金岳霖的知識論，尤其是他的感覺論，事實上並未達到康德、羅素的知識論的理論水平。康德、羅素至少看到了外物與感覺內容並不就是一個東西，它們之間存在着種種差異，並設法構造各種理論來說明這些差異。如羅素就一再強調我們直接經驗到的感覺內容並不就是物理客體。物理客體不是人們所能直接經驗到的，而是推論或構造出來的❹。雖然他的理論並不是很成功的，但他試圖解釋外物和感覺內容之間的差異之努力是可貴的。金岳霖的本意是要構造出一個關於外在世界的知識論體系；但由於簡單地否認了感覺內容和外物的差異，這樣，他對唯主方式知識論的批判是正確的，然而他卻也不能把自己的知識論建立在一個更高的起點上，而只是退回到了素樸實在主義 或 舊

---

❹　參見羅素：《哲學問題》，第一、二章：<我們關於外在世界的知識>，第三、四講：<人類的知識>第三部分。

唯物主義的水平上去了，認爲我們所感覺到的外物就是它們的原貌。果眞如此，人類的認識就將簡單得不可想像。但這顯然不符合人類實際的認識過程。

當然，金岳霖不只是簡單地重抄素樸實在主義的理論，比起後者，他的理論要精緻得多了。這表現在他用外在關係理論來支持他的外物和感覺內容的同一論。他認爲在知識關係中，感覺者和外物處在一種外在關係之中。如果眞是這樣，他的「正覺說」將得到莫大的支持。然而問題是，他沒有能充分地說明爲什麼它們就一定是在外在關係之中。

應該承認客觀世界之中存在着外在關係。如一頂草帽原來放在床上，現在我把它挪到了書桌上。無疑草帽與床的關係改變了，但草帽依然如舊，它並不因爲這一關係的改變而神秘地變成了另一件東西。諸如此類的例證不勝枚舉。但是，我們在證明感覺者和外物的關係就是外在關係方面，卻迄今未獲得決定性的進展。金岳霖本人承認了這一點。他認爲，知識關係只能假設爲外在關係；其理由就是，我們不能證明知識關係就是外在關係。而不能證明的理由很簡單，因爲我們所知道的事物都在關係之中，而不是在這種關係之外。我們與事物既然逃不了知識範圍，我們也就當然不能把在那範圍外的事物與在那範圍內的事物作比較研究。如果能做這種比較研究，所比較者當然已在知識範圍之內了。結果是我們不能證明知識關係就是外在關係。但如不假設知識關係是外在關係，則知識論領域內困難重重。困難之一就是我們不能認識外物。而不能認識外物的知識論便對不起外物。這樣，我們只得假設知識關係是外在關係[48]。而《知識論》一書對

---

[48] 參見金岳霖：〈外在關係〉，《哲學評論》，2 卷 3 期，1928年12月。

知識關係是外在關係的論證，也僅僅停留在「官能活動不必有外在關係」、「但是有外在關係」、「假如它是外在的」這一或然的程度上。顯然，這種得不到嚴格證明的知識關係是外在關係的思想是不能作爲「正覺說」或外物和感覺內容同一說的基礎的，充其量只能說它們可能是同一的。

退一步說，我們就是能夠證明知識關係是外在關係，其結局也未見得會好些。知識的外在關係保證了我們能按事物的原來模樣認識之。如能做到這一點，無疑是非常理想的。但是，果眞如此，我們也就得承認如下的後果：（1）認識過程是一次性的、終極性的，而不是辯證的深化的過程；（2）不能說明認識中爲什麼會不斷地出現錯誤；（3）認識主體在認識過程中完全是消極被動的，除了消極地感知外物外，他們不能有任何的作爲。而外物對他們也不能產生任何積極的影響。顯然，這樣的認識過程完全不符合人類實際進行着的認識過程。我們將在下面指出，科學的知識表明，物理客體所具有的某些屬性只有經過人的各種感覺器官的轉化作用之後才能爲人們所接受。

金岳霖在對「正覺」理論進行了詳細的論證之後，又進一步認爲「有正覺」這樣的命題是隨時可以得到證實的。如他說：「我現在手裏有一個小『皮球』，我看見它，我抓住它都是事實，而這些事實證實『有正覺』這一命題」[49]。他承認這一證實較粗疏。但他又認爲粗疏的證實仍是證實，並不因爲粗疏，它就不是證實。從「正覺」的定義說，肯定了「正覺」也就肯定了外物和感覺內容是同一個東西。但問題是，這樣的證實能證實什麼？它

---

[49]　金岳霖：《知識論》，頁137。

能證實到什麼程度？

　　貝克萊、羅素、摩爾、劉易斯、艾耶爾等人都有過類似的證實。貝克萊以蘋果爲例，證實了蘋果不過是觀念的復合[50]；羅素則以他面前的桌子爲例，指出我們僅憑感覺經驗只能認識現象的桌子，它是由我們的各種感覺現象結合而成的，進而他由現象的桌子推論出實體桌子的存在來[51]；劉易斯以「我手裏有一枝自來水筆」來證實他的實用主義概念：他認爲當我們要描述「手裏有一枝自來水筆」這樣的經驗事實，就必須運用我們的純粹先驗的概念[52]；艾耶爾也以看見和感覺到「我右手有枝鋼筆」爲例來證實他的現象主義觀點。但與金岳霖相反，他認爲：「我現在似乎看見和感覺到我的右手有一枝鋼筆這一事實，並不能結論性地證明這些客體中的任何一者存在」[53]。他指出，只有在把我當前的經驗與我過去的經驗聯繫在一起的時候，才可能說「我手裏有一枝鋼筆」這樣的事實是有充足理由的。可見，同樣類型的例證，可以用來證實截然相反的哲學觀點。而且貝克萊、羅素等人的證實較金岳霖來得詳盡。從這個意義上說，金岳霖的證實顯得過於粗疏。這樣的證實用來說明「有正覺」這一命題是不夠充分的。

　　在此具體分析一下摩爾的證實是有益的。摩爾極力維護常識的觀點，承認物質客體是存在的。但他對之所做的唯一的正面論證是非常簡單的。這一論證出現在他於 1939 年在大英科學院所

---

[50]　見貝克萊：《人類知識原理》，中文本，頁18。

[51]　見羅素：《哲學問題》，第一章。

[52]　見 C. I. Lews, *Mind and World Order*, p. 49, 1929年, New York。

[53]　Ayer, *The Problem of Knowledge*, p.125.

作的〈外在世界的證明〉這篇講演中。當時他說：

「現在我能舉例證明，人的兩隻手是存在的。如何證明呢？
舉起我的兩隻手，當我用右手做某個動作時，我可以說：
『這是一隻手』，當我用左手做某個動作時，又可以說：
『這是另一隻手』。只要這樣做，我就已經根據事實本身證
明了外部事物的存在。……你也能以其它種方式作出這樣
的證明。這裏無需舉更多的例子來說明。」❺❹

摩爾的這個證實到底證實了什麼？它又證實到了什麼程度呢？無
疑「這是一隻手」是一個命題。當一個人斷定「這是一隻手」的
時候，他正在判斷的是什麼東西呢？在〈捍衛常識〉一文中，摩
爾說：「當一個人知道或判斷這類命題爲眞時，總是存在某些感
覺材料，而關於這些感覺材料的那個命題是這樣一個命題，卽某
些感覺材料是它的主詞（而且在一定意義上作爲該命題原則的或
最終的主詞）。」又說：「不過關於這種感覺材料，我所知道或判
斷爲眞的做法並不是像指出這本身是一隻手、一隻狗或是太陽等
等那樣」❺❺。關於一個人當時正在判斷的是什麼這個問題，摩爾
認爲存在三種可能的答案：（1）我們正在判斷的東西以及當我們
知道這類命題爲眞的時候，我們所判斷的和知道的是，這種感覺
材料相當於有關的物質客體的表層部分；（2）我們知道或判斷存
在某種關係R。例如，該物質客體的表層部分的某個獨一無二的

---

❺❹　G.E. Moore, *Philosophical Papers,* p.146, 1959.

❺❺　同上，頁54。

事物或者一批事物與這一感覺材料具有關係 R；（3）現象主義的理論，認爲事物是感覺的恒久的可能性。按照這種觀點，如果要想知道這是一隻手，就是要知道在適當的條件下，一個人將感知以某些特殊方式與這隻手相聯繫的其它感覺材料。可以看到，摩爾的證實很詳盡、很謹愼，他沒有匆忙地下結論，認爲他能夠直接地證實外物的存在。

　　與摩爾的證實相比，金岳霖的證實要簡單得多、直率得多。他直接通過這一簡單的證實肯定了「正覺」是有的。其實，如他不能排除摩爾上述的三種可能的答案，他的斷定就是缺乏充足的理由的。而且金岳霖把證實看得過於簡單。這樣的證實實際上並不簡單。當他說「我看見」、「我抓住」一個小皮球時，他就告訴了我們，他肯定這個皮球的存在完全是依賴於他當下的感覺經驗。應該承認，任何人當下的經驗自身對於證實任何一個客體都是不充分的。但是如果一個人能把他當下的經驗與他以往的經驗結合起來，那麼他的證實可能會充分得多了。然而人們如何能確信這種經驗系列的可能性，一定不存在於幻覺、錯覺中呢？最後，金岳霖這一證實的另一個缺點是，他賦予了外界客體較多的特性。我們將在下面討論這一點。

　　以上的討論並不表明我們試圖否認外物的獨立存在，而只是在努力指出金岳霖的證實是不充分的。金岳霖關於感覺內容和外物同一的理論充滿着種種的困難。

　　現代科學的發展也表明，感覺內容和外物並不就是一個東西。在及時吸取現代自然科學成就以豐富知識理論方面，金岳霖的《知識論》要落後於羅素的《人類的知識》。《知識論》一書並未反映出上世紀末本世紀初以來自然科學領域所取得的巨大成

就。而《人類的知識》一書卻充分有效地利用了這些科學的成就。如當我們說「看見太陽」的時候，常識即告訴我們，有一個圓的、明亮和熾熱的球體。然而羅素卻指出：

「但是就在這個地方，物理學進行了令人難以理解的干涉。物理學明確告訴我們，太陽並不是『明亮』的，如果按照我們通常理解的那種意思的話，太陽是對於眼睛、神經和大腦具有某種效果的光線的來源，但是在由於光線不接觸活的有機體因而產生不了這種效果時，就不存在什麼可以確實叫作『明亮』的東西。完全同樣的看法也適用於『熱的』和『圓的』等字眼——至少在我們把『圓』理解為一種可以知覺到的性質時是這樣。另外，儘管你現在看見太陽，根據你看見而推論出來的那個物體却存在於八分鐘之前；如果太陽在這幾分鐘內消失的話，你仍然會一點不差地看見你現在正在看見的東西。因此我們不能把物理學上的太陽和我們看見的太陽等同起來；然而我們看見的太陽仍然是我們相信物理學上的太陽的主要理由。」❺❻

羅素的這種知覺理論可以稱之為知覺因果說。他的上述說法是否有科學上的根據呢？似乎是有的。

天文學的知識告訴我們，太陽離地球的平均距離爲14,960萬公里。根據光速，光從太陽這顆球體到達地球約需要八分鐘，這

❺❻ 羅素：《人類的知識》，中譯本，頁 246-247，商務印書館，北京，1983年。

已經成爲科學的常識了。這些數字告訴我們，我們當下所見的太陽只不過是八分鐘之前的太陽。這就表明感覺內容和外物並不就是同一個東西。

更有甚者，我們所知覺到的太陽的「明亮的」、「圓的」、「熱的」等屬性，根據羅素的說法也並不歸屬於物理學意義上的太陽。羅素的這一說法也有科學上的根據嗎？回答是肯定的。

自然科學告訴我們，色、聲、味等並不存在於自然界之中，而是一定的物理、化學物質的特性作用於生物體的感覺器官而產生的感覺效果。自然界實質上是一個無光、無聲、無色、無味的沉寂的自然界。這是一幅令人不愉快的自然圖景。然而這是事實。自然界無聲、無光、無味，但它卻充溢着電磁波和各種不同化學性質的氣味分子或化學元素。物體本身反射出不同波長、不同頻率的電磁波，電磁波作用於視覺器官，然後這種刺激通過視覺器官的一系列複雜的生理變化過程，再由內傳神經傳達到大腦，其結果在視覺中樞呈現爲顏色。

自然物體也無所謂抑揚頓挫的聲音，而只是震出各種不同頻率的空氣波，它們通過聽覺器官的生理轉化過程之後，經由神經系統傳達到大腦，其結果返回到聽覺中樞才轉化爲所能感覺到的聲音。自然界不存在任何聲音，但卻充滿着電磁波，收音機把電磁波轉化爲聲波，人體的聽覺器官又把聲波轉化爲聲音。於是借助於收音機，我們就能聽到八方之音。

同樣的道理，物體本身也無所謂氣味或滋味。所謂有味的物體只散發出各種不同的化學性質的氣味分子或化學元素，它們引起嗅覺器官和味覺器官的一系列複雜的生理變化，才被我們感覺爲不同的氣味和滋味。離開我們的感覺器官，就自然物體本身而

言，旣無所謂香，也無所謂臭；旣無所謂甜，也無所謂苦；……。

上述的科學常識表明羅素的看法是正確的。這樣，當我們說「太陽是明亮的、熱的、圓的」時，我們就在有意無意之間把原來不屬於太陽的屬性歸於了太陽。

電磁波、空氣波和物體散發的各種化學元素都是物質微粒的運動方式，它們遠遠不是我們天然的生理感官所能達到的可感領域[57]。物質微粒及其運動形態本身不是我們的天然感官所能直接接觸的。它們作爲一種外界刺激作用於我們的感官。我們只能通過感官，在接受這種刺激後所引起的變化和產生的結果而間接地感知它們。我們的眼睛所看到的只是顏色，耳朵所聽到的只是聲音，鼻孔所嗅到的只是氣味，我們的感官並沒有直接地告訴我們這些就是電磁波、空氣波等。我們之所以得知我們的感覺對象爲電磁波、空氣波等，並不是感官的直接感知，而是爲科學的推理所揭示的。事實上，我們所直接感覺到的，乃是電磁波、空氣波等在我們感官上的作用而引起的變化和產生的結果，而並不是電磁波、空氣波等本身。

科學告訴我們，被我們人類稱爲顏色的電磁波只是在波長約390mμ—760mμ 之間的一段。在這一段之外， 尚有紅外線和紫外線。不過，它們不能爲我們的視覺器官感覺得到，所以我們並沒有稱之爲顏色。其實，我們稱之爲聲音的空氣波也只是空氣波領域內很少的一部分。此外尚有低聲波和超聲波，因爲聽不到，

---

[57]　以下引用了呂大傑：〈關於洛克第二性質學說的評價和辯證唯物主義的一些問題〉（載《外國哲學史研究集刊》第二期）一文和楊雄里〈色覺研究的某些主要進展〉（載《科學通報》1977年第 8 期）一文所搜集的一些資料。謹此致謝。

我們也不稱它們爲聲音。氣味也有同樣的情形，我們人類認爲無味的東西，有很多其它動物則能在很遠的地方就可以覺出味來。

我們人類能把波長爲 390mμ—760mμ 的電磁波轉化成顏色，並不是因爲這一波長的電磁波本身是顏色，而是因爲視覺器官內的複雜的生理機制把它們轉變成爲了顏色的緣故。人的眼網膜中有兩種細胞，棒狀細胞和椎狀細胞。棒狀細胞在形成可見物體的明暗上、椎狀細胞在構成可見物體的色彩上，有着特殊的作用。電磁波只有通過椎狀細胞才能在視覺中樞表現爲顏色。如果椎狀細胞具有缺陷就會成爲色盲；棒狀細胞有缺陷則成爲夜盲。棒狀細胞內含有一種名叫視紫的特殊物質，它在光的刺激下便發生分解。隨着分解時的生理化學過程，我們便獲得了光及明暗的感覺。至於把光線刺激轉化爲顏色感覺的生理機制和生理過程，19世紀的科學家提出了兩種學說：一是托馬斯·揚格與赫爾姆·霍茨先後提出的「視覺三原說」，推測在視網膜椎狀細胞中有紅、綠、藍三種色覺物質。這些物質受光分解，最後便形成各種不同的顏色感覺。黑林則提出了與此不同的「拮抗說」。此說也假設視網膜中存在三種色覺物質，但認爲不是三種基色，而是有六種基色。這六種基色以成對拮抗的方式（黑—白，藍—黃，紅—綠）出現。其中每一拮抗對的一種光線（如產生紅色的光線）使一種色覺物質異化，另一種光線（產生綠色的光線）則使這種物質同化。後來的實驗表明，在視網膜中確實存在着三種對光譜有不同敏感性的視色素的物質。這證實了托馬斯·揚格和赫爾姆·霍茨的「視覺三原說」。同時，實驗也表明，顏色信息在神經通路中的傳遞，都是編碼爲拮抗成對的形式。這說明黑林的「拮抗說」也有道理。

至於空氣波依賴於生物的聽覺器官而轉換爲聲音，各種化學元素依靠生物的嗅覺、味覺器官而轉化成嗅覺、味覺的科學事實，我們就不在此一一贅述了。

以上的科學資料旨在說明感覺內容和外物並不是同一的，它們之間存在着差異。完全把它們等同起來是違反科學常識的，因而是錯誤的。在前科學的時代，我們似乎有理由持素樸實在主義的立場，認爲我們所感覺到的實實在在是外物自身。但在科學得到了充分發展之後，仍抱有這樣的看法，未免就有點落伍之感。正確的看法應該是，承認感覺內容和外物是有差異的，它們並不是一個東西。進而從這一事實出發，來探討感覺經驗和物理客體之間的關係，從而科學地認識外物。

實際上，西方歷史上的許多哲學家和科學家都認爲感覺內容和外物並不是同一的。洛克就是持這樣看法的一位哲學家。這樣的看法充分體現在他關於物體的兩種性質的學說之中。他把物體的性質分爲第一性質和第二性質。與此相應，他又把觀念分爲第一性質觀念和第二性質觀念。關於物體的兩種性質，洛克寫道：「所謂凝性、廣袤、形相、運動、靜止、數目等等，我將它們稱爲物體的原始性質或第一性質。」「第二（按：指第二性質）就是任何物體中一種特殊的能力，它可以藉不可覺察的第一性質，在某種特殊形式下，在我們的感官上生起作用來，並且由此使我們生起不同的各種顏色、聲音、氣味、滋味等等觀念⑱。」他認爲，由物體的兩種性質產生的兩種觀念也有區別。關於第一性質

---

⑱　洛克：《人類理解論》，頁 101，中譯本，商務印書館，北京，1981年。

的觀念（如體積、形相、動靜等觀念）是物體的第一性質的肖像，和物體的第一性質的原型相似。關於第二性質的觀念（如色、聲、香、味等觀念）是物體的第二性質在人心中的主觀表現，不是物體的第二性質的肖像，與物體的第二性質的原型不相似。由此可見，洛克正確地看到了色、聲、香、味等感覺不是外物本身所有的，而是外物的第二性質作用於我們感官的結果或產物。洛克的第二性質學說在我國哲學界一直爲人們所誤解，其根本原因在於許多哲學工作者缺乏應有的科學常識。

洛克的兩種性質學說，實際上是對霍布斯類似思想的系統發揮。霍布斯把色、聲、香、味等稱之爲偶性，認爲偶性並不存在於物體之中。

霍布斯、洛克的上述思想來自於伽利略。伽利略認爲，第二性質不過是感官上的主觀效應，和不可與物體分離的第一性質迴然不同。他說：

「當我設想一件物質或一個有形體的物質時，我立刻覺得我必須設想按它的本性，它是有界限的、有形狀的，和其它東西比較起來，是大還是小，處在什麼地方和什麼時間，在運動還是靜止，與其他物體接觸還是分離，是單個、少數還是多數，總之，無論怎樣，我不能想像一種物體不具有這些條件。但關於白或紅，苦或甜，有聲或無聲，香或臭，我却不覺得我的心被迫承認這些情況是與物體一定有關係的；如果感官不傳達，也許推理與想像始終不會達到這些。所以我想物體方面的這些味、臭、色等，好像真的存在物體中，其實只不過是名稱而已，僅僅存在

於有感覺的肉體中；因此，如果把動物拿走，一切這樣的
質也就消除了，或消滅了。」⑤

　　其實關於物體的兩種性質的學說，並不是伽利略首先提出來的。
在他之前，刻卜勒就已承認了物體第一性的質（或不可分離的性
質）與第二性的質（或不甚實在與不甚根本的性質）的差別⑥。這
類思想最早可追溯到古希臘的原子論哲學。如德謨克利特主張：
「在自然中顏色是不存在的，因爲元素是沒有性質的，只有一些
結實的微粒和虛空；由微粒構成的複合物，全靠元素的次序、形
狀和位置而獲得顏色」⑥。在他們看來，色、聲、味等屬性是原
子的排列組合等運動造就成的。
　　雖然物體兩種性質的思想淵源甚早，但「第一性質」和「第
二性質」概念是自然科學家波義耳在其 1666 年發表的《從微粒
哲學看形式和性質的來源》一書中第一次提出的。牛頓也對兩種
性質學說表示贊同。他說：

　　　「正確地說來，光線並沒有顏色。在它們裏面沒有別的東
　　西，只有某種能激起這樣或那樣顏色感覺的本領或傾向。
　　正像聲音一樣，它在鐘或樂器弦或其它發音體發出的這種
　　運動的傳播，而在感覺中樞裏，則是以聲音形式出現的這
　　種運動的一種感覺；所以顏色在物體中也不是別的，只是
　　一種能把這樣或那樣光線更多地反射出來的傾向。在光線

---

⑤　轉引自丹皮爾：《科學史》，頁201，商務印書館，北京，1987年。
⑥　參見丹皮爾：《科學史》，頁200。
⑥　《古希臘羅馬哲學》，頁101，三聯書店，北京，1957年。

裏面，它們不過是把這種或那種運動傳播到感覺中樞中去
的傾向，而在感覺中樞，它們則是以顏色形式出現的這些
運動的許多感覺。」⑥

十八世紀法國唯物主義者，繼承了洛克的兩種性質學說的基本思
想，如拉美特利在其《心靈的自然史》一書中就直接使用了第
一性質和第二性質的概念，認爲顏色等屬性並不是物體本身固有
的。他指出：「顏色不是隨着光的變易也發生變化嗎？可見我們
是不能把顏色看成物體的屬性的。心靈對各種滋味所下的判斷也
是非常含混的，滋味連各種鹽類的面貌也不能向心靈表達」⑥。

以上的歷史回顧表明，承認感覺內容和外物存有差異，是歷
史上許多傑出的科學家和哲學家的一脈相承的思想傳統，而現代
科學又有力地支持這樣的看法。金岳霖的感覺內容和外物的同一
說，無論從哲學史還是從自然科學理論都是找不到根據的。所
以，他的「正覺說」缺乏歷史的和理論的基礎，他沒有能夠眞正
解決人類是如何通過感覺經驗去認識外在世界這一知識論的最重
要的任務。在這一方面，他的「正覺說」要落後於羅素的知覺理
論。

從反映論的觀點看，我們只能通過感覺經驗去認識外物。由
於感覺內容和外物是有差異的，那麼我們怎麼樣才能認識外物、
形成關於外在世界的知識呢？在這一問題上，羅素做了艱苦的探
索，寫下了大量的著作。儘管在其一生中，他的認識論思想屢經

---

⑥　《牛頓自然哲學著作選》，頁119-120，上海人民出版社，1974年。
⑥　《十八世紀法國哲學》，頁211，商務印書館，北京，1963年。

變化，但上述的問題始終是他所要解決的重要問題。在感覺內容和外物的關係問題上，大致說來，羅素有「推論說」和「因果說」兩種。

羅素早期的知識論傾向於「推論說」，他的《哲學問題》一書就反映了這一思想。他認為，我們只能通過感覺去認識客體。而我們直接認識的不是物理客體，而是如顏色、聲音、氣味、硬度、粗細等，它們是在感覺中被直接給與的，它們被稱之為「感覺材料」。直接察覺這些東西的經驗，他稱之為「感覺」。如我們要認識比如說一張桌子，我們就只能憑藉「感覺材料」，如棕色、長方形、平滑等等。這些「感覺材料」是和桌子聯繫在一起的。但我們不能說桌子就是「感覺材料」，「感覺材料」便是桌子的性質。這樣，真有一張桌子存在的話，就發生了「感覺材料」和實在的桌子的關係問題。他認為，「感覺材料」是依賴於我們和客體之間的關係的。因為倘使我們用布把桌子完全遮蓋起來，我們雖未發生變化，然而我們從桌子卻得不到「感覺材料」。如果實在的桌子不存在的話，那塊布便會出現奇蹟，而在桌子原來的地方懸空放着，這顯然是荒謬的。因此完全可以有理由設想，這些「感覺材料」就是被我們稱為物理客體的某種東西之存在的標誌。這就是說，超乎顏色、硬度、聲音等感覺材料之外之上，還假定有某種東西存在，而顏色等只不過是它的一些現象而已，這種東西就是作為物理客體的桌子。因而羅素認為「感覺材料」是直接給與的，而物理客體是我們經過推論方知其存在的。羅素假設物理對象存在的理由是，除了將物理對象作為「感覺材料」的外部原因外，我們沒有其它別的方式解釋「感覺材料」的性質。他又認為我們不可能發現物理對象的任何內在屬性。但是他又堅

持下述的推理是合理的，卽物理對象的時空排列方式是與「感覺
材料」的排列方式相對應的，這似乎就犯了丐辭的毛病。而且
將物理對象作爲未觀察到的原因之假設又違背了羅素喜歡使用的
「奧卡姆剃刀」的原則。

在《物的分析》（1927年）一書中，羅素提出了知覺因果關
係論。常識認爲知覺直接向我們顯示了外在的客體。當我們「看
見太陽」時，它就是我們所見的太陽。但科學卻已採取了另一種
不同的看法，認爲當我們「看見太陽」時，從太陽到我們的眼睛
之間存在一個過程。這一個過程橫跨這兩者之間的廣大的空間。
當太陽光到達我們眼睛時，它已改變了它的某些特性，而在視覺
神經和大腦中，它又一次地改變了它的某些特性，直到最後它形
成了我們可以稱之爲「看見太陽」這樣的事件。羅素認爲，物理客
體的表面特性對環境和人的神經系統的性質有因果依賴關係。因
此，他根據光的傳播需要時間的事實來說明，人們認爲當下看見
的太陽，就是處在現時的太陽是錯誤的。其實，我們至多只能看
見那個處於幾分鐘之前的太陽。於是，他堅持認爲，鑑於所知依
賴於環境，依賴於我們的神經系統，所以我們沒有充足的理由相
信這些對象會像常識所認爲的那樣眞正擁有這些屬性[64]。這樣的
論證是否有力值得商榷，因爲從物理客體被知覺到的性質，是因
果地依賴於知覺者的狀態和環境這一事實，並不能必然地得出客
體實際上沒有這樣的性質的結論。而且他的論述方法似乎也隱含
着這樣的假設，卽在未構造物理對象之前，就提出了它們應該具
有些什麼特性。

---

[64]　參見羅素：《物的分析》中，〈知覺因果論〉一章。

羅素的知覺因果論在《人類的知識》一書中顯得更爲精緻。在這裏他提出了「知覺結果」這一概念，這一概念指「當我看見或聽到某種事物或者通過其它感官，確信自己意識到某種事物的存在時所發生的那種情況」⑥。他強調，一個知覺結果，比如說聽見一種聲音有着一系列的先件，這些先件在時空中運動，從聲音的物理來源經過空氣到達耳和大腦，這時我們可以說「聽見聲音」，「聽見聲音」就是一種知覺結果。可見，「知覺結果」是以物體作爲起點的因果鏈條的終點。從這一設想出發，羅素認爲可以把知覺結果當作關於物體知識的來源，這樣就可以從結果推論出原因，或至少可以推論出原因的某些特點⑥。他指出，我們可以從知覺結果推論到物體，但不能得到關於物體的確切知識。任何知識都是不確定的。但羅素的這一知覺論先驗地假設了因與果之間的聯繫。這種聯繫一般地說，是要通過歸納得到證明的，然而在《人類的知識》一書中，他認爲要證明歸納原則是不可能的。

應該承認羅素的知覺理論的出發點是對的，他堅持感覺內容和外物是有差異的，不是同一的。從這一基本立場得到的關於外物的描述，基本上符合自然科學家心目中的世界圖景的。他的知覺理論在感覺內容和外物之間的關係問題上，作了大量的理論探討，提出了各種解釋，豐富了感覺理論。應該注意的是，他的感覺理論也存在着種種問題，對此我們在上面的敍述過程中已有所論列。儘管如此，他在這方面所做的探討仍是有益的。金岳霖視感覺內容和外物爲同一的立場，使他不能在感覺和外物的相互關

---

⑥　羅素:《人類的知識》，中譯本，頁246。
⑥　參見上書第三部分第四章＜物理學與經驗＞。

係理論上做出積極的貢獻。

在討論感覺內容和外物的關係理論上，有必要提一下摩爾的有關理論。摩爾認爲，感覺內容和外物不是同一的。在〈感覺材料的地位〉一文中，他認爲我們能夠直知感覺材料；接着他討論了感覺材料和物質客體的關係問題，指出在兩者的關係上，存在着四種可能的觀點：

第一種觀點主張直接感覺到的東西與被意指的客體之間有聯繫。例如，在「我眞正看見了硬幣」這樣的命題中，「假使一定的條件得到實現，那麼我或某些其他人，應該能直接地理解某種其它感覺得到的東西」[67]。這一觀點有利於揭示「我們關於物質命題的認識，怎樣能夠建立在我們對於可感覺物體的經驗的基礎之上」[68]。但它包含着一個十分嚴重的缺陷，即它僅僅在一種匹克威克式的感覺中，把存在、圓形等歸於硬幣。

第二個觀點是，客體是感覺的原因也是它的來源。這種觀點把眞正的存在歸於客體，但是客體的特性（例如圓形）仍然可以是以匹克威克式的方式歸於客體。

第三個觀點，肯定一切可以附屬於客體的相互牴觸的感覺材料的客觀實在性。但是，這種觀點不允許我們以一種直接的方式把任何特性歸於一個事物。

第四個觀點是洛克的觀點，即客體眞實地存在着，而且確實具有像它似乎具有的那樣一些特性。但摩爾認爲，這個觀點包含

---

[67] G.E.摩爾：〈感覺材料的地位〉，載《哲學研究》，英文本，頁189，1922年。

[68] 同上，頁190。

着一個困難，即怎麼知道這些特性在客體之中。

可見，摩爾在感覺材料和外物的關係的問題並沒有一個確定的答案，儘管他似乎更傾向於洛克的觀點。他自己承認這個問題令他困惑，只能對此發表一些不確定的看法。但他始終在思考這一問題。四年之後，在〈關於感覺的幾個判斷〉一文中，摩爾在批判了感覺材料屬於客體表面的觀點時，指出了可感覺的東西發生變化的事實，例如距離方面的變化。但是，他又馬上提出了一個解釋：也許可感覺到的東西只是似乎在變化，而並不是真正在變化。假如這一解釋是不可接受的，那麼他覺得他將不得不回到上面所舉的四個觀點中的第一個觀點，即認為客體永遠具有感覺的可能性。他在〈維護常識〉一文中又回到了這個問題上來，但沒有得出更多的結論性的東西。然而，不管怎麼說，摩爾對感覺內容和外物的關係問題的討論是相當細緻的。

羅素、摩爾對於感覺內容和外物關係的理論，把知覺理論或感覺理論向前推進了一步。但應該看到這種理論有它本身的弱點。其中之一就是，感覺材料究竟是什麼？對之，他們並沒有給與一個清楚一貫的回答：有時他們把感覺材料描述為客體的外觀部分；有時描述為精神實體；有時又把它描述為精確地或近似地像經驗而又不是經驗的中間實體。而最大的困難，莫過於如何解釋感覺材料在感覺活動和外物之間的關係問題。如不正確解決這一問題，就會導致我們所能感知的只是現象、只是「感覺材料」，而不能感知外物的結論。若如此，就把「感覺材料」看成是感知者和外物之間的不可逾越的屏障，外物也就變成不可知的「自在之物」了。美國哲學家齊碩姆就在其《知識論》一書的第六章〈現象的地位〉中，對感覺材料論的這一困難提出了尖銳的批評。事

實上，「感覺材料論」也容易導向現象主義的立場。如艾耶爾早期
所持的現象主義觀點，就與他對「感覺材料」性質的看法有關。
羅素、摩爾的「感覺材料論」有種種理論上的困難，但他們承認
了感覺內容和外物是有差異，這一基本立場是應該肯定的。

如果說感覺內容和外物是有區別的這一說法是正確的，那麼
我們也就沒有理由認爲「所與」既是感覺內容又是外物了。其結
論也勢必是，除了「所與」是感覺內容這一點是無疑的之外，我
們至多只能說，「所與」不只是感覺者的感覺經驗的產物，它是
某種外界的東西作用於我們的感覺器官的結果。這樣的「所與」，
就能向我們提供或報導那在我們感覺器官中產生「所與」的原因
的某些信息。我們正是通過這些信息資料去認識或把握外在世界
的。

倘若我們選擇了這樣的角度來理解「所與」，那麼「所與」
就類似於感覺材料。「感覺材料」的說法雖遭到很多人的反對，
但至今似乎還沒有更好的說法可以代替它。英國哲學家吉爾伯
特·賴爾在其名著《心的概念》一書中，對「感覺材料論」進行
了尖銳的批評，指出這種理論「都是建立在一種邏輯錯誤之上
的，這錯誤即是將感覺概念等同於觀察概念」[69]。他的批評具有
一定的合理性，但從總體上講，他也並未真正跳出「感覺材料」
的框架。因爲不管說感覺也好，觀察也好，它們都涉及到感覺者
或觀察者與被感覺或被觀察的東西之間的關係問題。當一個感覺
者感覺到了某種東西，他就獲得了某種感覺內容，而當一個觀察

---

[69]　吉爾伯特·賴爾：《心的觀念》，中譯本，頁223，上海譯文出版社，
1988年。

者觀察到了某一種東西，他也同樣地獲得了某種的內容。於是，同樣有觀察內容和被觀察的東西的區別之問題。說法雖有不同，但問題的實質仍舊。而賴爾本人也並未曾提出更好的說法以代替「感覺材料」。但有一點是共同的，即我們有某種感覺或觀察的時候，必然伴隨有感覺內容或觀察內容。困難在於如何由內容而達到外物。

感覺內容或感覺材料是私人的、不能共享的，我的就是我的，你的就是你的。如水在口，冷暖自知。而認識要達到的知識卻是共同的。所以似乎很難用「感覺材料」來構成科學的知識。但我們能否從某一方面找到「感覺材料」的公共性的特徵呢？顯然，「感覺材料」本身不是公共的。但一類感覺者的社會心理結構及感覺的生理機制是大致相同的，因此同類的感覺者一般說來具有相似的感知結構或共同的感覺規律。而對這種共同的感知結構或感覺規律的描述可以構成共同的、科學的知識。根據這一原理我們可以推斷，同類的感覺者在同一對象面前可能作出在多大程度上是共同的感知反應。所以，儘管感覺內容是私人的、特殊的，但我們卻可以憑藉共同的感知結構和共同的感覺規律去對它們進行科學的描述。把這種描述中的共同的東西保存下來，而不同的東西則暫時擱置一旁，因為它們很有可能是私人的。由於同類的感覺者的感知結構和感覺規律如此相同，以致於我們有很充分的理由，藉此構造出同類感覺者的感性認識之共同的模式。一旦這種共同的模式構造完畢，我們就有把握確認在同一對象刺激下，同類的感覺者對之會產生大致相似的反應。這種大致相似的反應就是形成知識的感性基礎。這種刺激—反應的感性經驗的模式在科學研究中早已被普遍地採用。許多自然科學家根據這種

模式而形成了科學知識的理論框架**⑩**。我們也完全可以運用這種模式，從特殊的「感覺材料」中尋找共同的結構，從而以之爲基礎形成關於外在世界的知識。

以上的全部分析過程，表明金岳霖的感覺內容和外物同一說否認了感覺內容和外物的區別是不正確的。但我們不能因此就匆忙下結論說，他的「正覺說」是全部錯誤的。確切地說，「所與」既是感覺內容又是外物的說法是錯誤的，然而「所與」是感覺內容這一點則是確定無疑的。

「所與」是形成知識的材料，得到「所與」之後的重要任務，就是如何從「所與」得到意念。這是金岳霖知識論的又一重要的課題。

---

⑩ 參見瓦托夫斯基：《科學哲學導論》，中譯本，頁38，求實出版社，北京，1982年。

第二章 意念與概念

第一節 意念得自所與

「所與」是特殊的，是不能言說的，所以它不能被保存與傳達。但我們形成知識的唯一材料只能是「所與」。這就決定了我們必須要收容、保留「所與」。然而要注意的是，已收容、已保留的「所與」不就是所應收容、所應保留的「所與」；因為後者是特殊的，它就不能被保留、被收容。那麼收容、保留的是什麼？怎樣收容與保留？《知識論》第四章就是討論這些問題的。

金岳霖指出：「收容是把一時官能之所得保留起來」，但這種保留只能是「間接地」。為什麼呢？因為「從種種方面着想，一時一地官能之所得，嚴格地說，是不能保留的，如果所謂保留是要原來的呈現重複地現於另一時另一地方」❶。可見，所謂收容不是保留以往的特殊的呈現，以往的呈現是無法收容的，而是保留類似原來「所與」的「所與」，或類似原來「所與」或呈現的圖案或意象。所保留的已不是原來的「所與」，但又不完全不是原來的「所與」。換句話說，所應保留的是特殊的「所與」，而所保留的是類似特殊的「所與」。類似特殊的「所與」雖然來自特殊

---

❶金岳霖：《知識論》，頁187。

的「所與」，但它不就是特殊的「所與」，因爲它已包含着某種程度的抽象成分或一般成分，雖然這種抽象成分或一般成分在其中還未得到充分的展開。正是有了這種成分，類似特殊的「所與」要較「所與」更爲一般，所以它能爲我們收容。收容的任務就是要從特殊的「所與」中，得到類似特殊的、類似具體的東西，並進而得到完全抽象的、普遍的意念。

收容「所與」需要各種不同的工具。金岳霖認爲，這些工具應包括習慣、記憶、想像、歸納、語言、抽象等，其中抽象這一工具最爲重要。工具雖有以上種種，但它們並不是互相獨立的，而是相互結合着的。例如抽象這一工具就程度不等地包含在習慣這一工具之中。雖然如此，對它們的討論仍得分開來進行。

以上種種工具之中，習慣是最基本的。所呈現的「所與」並不能引起我們同樣的注意，我們總是選擇那些對於我們的生活目的最迫切需要的給予適當的注意。被選擇出來的「所與」反覆出現於我們的感官之前，我們就自然形成了某些習慣。

金岳霖認爲習慣有以下諸種成分： (1)重複成分， (2)照舊成分， (3)符號成分， (4)類型成分。前兩成分是習慣的必要成分，沒有它們就沒有習慣。對於意念的形成來說，習慣中的符號成分與類型成分最爲重要。習慣一經形成，便有符號成分在其中。例如打鈴並給狗餵食的過程反覆進行下去，結果是只要鈴響，狗就分泌唾液，儘管食物不在當前。此時，鈴響已成了餵食的符號。這種符號成分已脫離了當前的呈現或「所與」，具有了一般的雛形，抽象成分開始出現。

有了符號成分便有了類型成分。如狗養成了鈴響就進食的習慣。作爲符號的鈴響已不單純地是某一特殊的事件，而是一類型

了。只要有這類型出現，狗就有吃食的反應。場合雖不同，類型卻一致。以上表明「符號成分和類型成分是分不開的。是符號總是類型，非類型不是符號」❷。

更爲重要的是，由符號成分和類型成分的結合就產生了意義。如鈴響是一件事，狗吃食又是一件事，它們本無聯繫。但如習慣形成，對於狗來說，鈴響就是有意義的了。所以，「以習慣這方式去收容與應付『所與』，一種最低限度的意義也就隨之而來」❸。

「所與」是特殊的、是無法重複的。但我們如有習慣這一工具，我們就可以逐漸脫離「所與」的特殊性而上升到符號、類型成分，再繼而上升到意義。正是在這裏開始了從特殊向一般過渡的過程。這是抽象的低級階段。

習慣中雖有符號、類型兩成分，雖有這兩成分的結合而形成的最低限度的意義。但習慣所及，大致說來，仍是當下的「所與」。如果只限於當前的「所與」，認識的視野將無比的狹窄。要突破這狹隘的經驗範圍，就必須從兩個方向，卽向前、向後，拓寬認識的視野。在這方面，金岳霖所提供的工具是記憶和想像。

金岳霖認爲，記憶的特點表現在記憶總是現在的記憶，其內容也是現在的內容，但記憶的對象總是以往的。就記憶的對象是以往的而言，可以說記憶這一工具幫助了我們超越當下直接的感性經驗的範圍，向後拓寬了感性經驗的範圍。這是一種超越。記憶的另一種超越是對過去「所與」的特殊性的超越。關於記憶，

---

❷　金岳霖：《知識論》，頁196。

❸　同上，頁197。

金岳霖說道:

> 「一件事體發生,總有前後左右相牽連的事體,所發生的
> 背景及發生底程度,如果一件事體為一記憶者所保留,則
> 與此背景程序及所牽連的事體相類似的情形發生時,它可
> 以成為激刺使該記憶者聯想到該件事體。如果我們能夠從
> 激刺聯想到以往的事體, 我們在記憶中已經保留了該事
> 體。」❹

可見,記憶是聯結現在和往事的一條鎖鏈。但記憶可能有錯誤。

超越當下直接的感性經驗範圍的另一工具便是想像,它向前
開濶了感性經驗的時空 。 金岳霖把想像限制到未曾經驗過 的 情
形。此類想像的整體, 雖未曾經驗過, 但其中的部分是經驗過
的。想像的這一特點決定了它不侷限於特殊的東西,想像的內容
「總是類似具體的」❺。想像的重要性還表現在,我們可以把多
數的「所與」連在一塊收容,而「連合起來所與也呈現『意義』
了」❻。

語言也是超越耳聞目見的另一手段。但金岳霖此處所論的語
言不限於文字語言的範圍,連鷄鳴狗叫都包括在內。

以上種種工具已使官覺者在不同程度上擺脫了「所與」的特
殊性,超越了當下直接的感性經驗。這些工具之所得,雖包含了
某些抽象成分, 雖已不是個體、 具體、特殊, 但也只是類似個
體、類似具體、類似特殊,它們尚未達到抽象、普遍的高度。然

---

❹ 同上,頁201。
❺ 同上,頁205。
❻ 同上,頁208。

而它們爲完全抽象、普遍的意念的形成奠定了基礎。

金岳霖認爲，形成意念的工具是抽象。他區別了抽象和抽象的。抽象是得抽象的工具，它是得到意念的工具。抽象的是運用抽象這一工具後的所得，這所得也就是意念。

抽象的有兩種：一是從具體的東西去抽象而得到的抽象的；一是從別的抽象的或純思議而得到的抽象的。後一種不是直接地從具體的東西中抽象出來，所以它與具體的東西不必有直接的關係，但它不能與具體的東西毫無關係。金岳霖所注重的是前一種抽象的。抽象就是「從特殊中找普遍或異中找同」❼。找到的普遍或同就是意念。只有意念才是抽象的。意念是從具體的東西中抽象出來的，然而它獨立於任何具體的東西。這就是說，任何具體的東西改變了或不存在了，意念不因此就改變或不存在了。但意念不能獨立於所有與它相應的具體的東西。果然與它相應的所有的具體東西都不存在，意念也就沒有了現實性。

抽象是得到意念的充分而必要的條件，那麼我們是怎麼借助於抽象這一工具而得到意念的呢？

金岳霖認爲，抽象就是執「一」以範多，執「型」以範實。所執的「一」是具體的，所範的多也是具體的。抽象的功能就是要使所執的具體的「一」化爲類似具體的、類似特殊的，再進一步化爲抽象的。再具體地說，抽象就是要使所執的特殊的「所與」，成爲在某種程度上脫離了「所與」的特殊性的類似具體、類似特殊的意象。再進而成爲完全脫離「所與」的特殊性的意念。意念就是經過以上的兩個過程而從具體的東西中形成的。

---

❼　同上，頁203-204。

我們先來考察金岳霖對化特殊的「所與」或所執的具體的「一」為類似特殊、類似具體的意象之過程的分析。他舉例說，假如一鄉下人從來沒有看見火車，一城裏人指着一火車告訴他說，這樣的車是火車。如果鄉下人把所見的火車僅視為一特殊的火車，則他見到另一輛火車就不會認識。果眞如此，他並不眞正懂得什麼是火車。而城裏人指着一火車給他看，實際上是把這火車看作是一符號或類型。如果鄉下人也接受了城裏人的指示，把這特殊的火車看作是一符號或類型，那麼他也就眞正懂得了什麼是火車。這也就是說，他已把眼見手指的這一特殊的火車化為了類似具體、類似特殊的意象。

鄉下人懂得了什麼樣的車是火車。現在他要回家鄉去。他不可能把那目視手指的特殊的火車帶回家去，他只能把火車的意象帶回去。他要告訴他的同鄉火車是什麼樣的，只有兩個辦法：一個辦法是他把火車畫成畫。如果捨掉這一辦法，他就只有一個辦法，卽他把意象改成一串相連的意念。捨此，他所得的意象就不能傳達。

> 「在抽象底歷程中，這是重要的一步，這一步就是改意象為有關聯的意念圖案。意象是意象者之所私，意念不是意念者之所私。……原來所執的『一』由意象跳到意念，抽象的程序才能算是達到主要點。這一跳是由類似具體的跳到完全抽象的。在這一跳之後，所執的『一』已經成為思議的內容；經過這一跳之後，原來的類似具體的意象成為意念底定義，而原來所執的『一』已經過渡到抽象底意念領域範圍之內。」❽

上述就是化意象爲意念的過程。

　　經過這樣兩個過程的轉化，所執的具體的「一」已變成了抽象的意念。

　　意念或概念是如何形成的問題在西方哲學史上一直是一個被熱烈爭論的中心問題之一。經驗論者和唯理論者對這一問題給了兩個截然相反的答案。

　　在經驗論者中，洛克對這一問題的討論很有代表性。他認爲，複雜觀念是在簡單觀念的基礎上形成的。他所謂的複雜觀念類似於金岳霖的意念。洛克指出：「簡單觀念之來，亦只有兩途：一則是外物，經過感官而來的；一則是由反省人心觀察這些觀念時的心理作用而來的」❾。簡單觀念是形成複雜觀念的材料。人心的作用在於把簡單觀念「加以連合，或加以並列，或完全分開」。把幾個簡單觀念合成一個，就代表獨立自存的特殊事物的「實體」複雜觀念；把兩個簡單觀念或複雜觀念並列起來，同時觀察，但並不把它們結合爲一，就形成「關係」複雜觀念；把連帶的其它觀念排斥於主要觀念之外，便形成抽象或概括的複雜觀念。洛克的這種觀念論顯然帶有機械論的色彩，它不能正確地說明簡單觀念和複雜觀念之間的性質的差異，只把它們之間的區分，僅歸結爲數量或排列組合方面的差異。這顯然是不正確的。但他的觀念論的成就在於企圖說明概念作爲一般性的東西並不是主觀自主的，而是得自對外物的感性認識之中，然而他未能成功地做到這一點。

　　萊布尼茨反對洛克的觀念論，認爲「靈魂原來就包含着多種

---

❽　金岳霖：《知識論》，頁230。

❾　同上，洛克：《人類理解論》，中譯本，頁85。

概念和學說的原則」❿。他堅持道，具有普遍性、必然性的認識不是來源於對外物的感覺，而是先天具有的。他顯然接受了笛卡爾的「天賦觀念論」，即清楚明白的觀念是人生而具有的，不是從後天得到的。但他對之稍加修改，認爲靈魂中本無現成的「天賦觀念」，所有的只是「概念和學說的原則」，「外界的對象是靠機緣把這些原則喚醒了」⓫。所謂的外界「機緣」就是指感覺。可見，他的觀念論中包含有經驗論的傾向，但其主流仍是柏拉圖、笛卡爾的「天賦觀念論」。

萊布尼茨的觀念論對康德哲學有很大的影響：康德認爲，具有必然性和普遍性的概念並不是來自經驗，而是人的理性先天而具有的。他說：「理智的（先天）法則不是理智從自然界得來的，而是理智給自然界規定的，這話初看起來當然會令人奇怪，然而卻是千眞萬確的」⓬。

金岳霖的意念得自所與論顯然是反對唯理論的概念論，而接近於洛克的觀念論。然而，金岳霖克服了洛克觀念論中的機械論的缺陷，承認了意念與意象之間的質的區別。這無疑是一大進步。

意念得自所與的思想接近於洛克的經驗立場，但金岳霖意念論的形成卻直接得益於休謨哲學的啓發。在《知識論》一書中，「意念是相當於英文中的 "idea"，而又限於以字表示的」⓭。休

❿ 萊布尼茨：《人類理智新論》，中譯本，頁 3，商務印書館，北京，1982年。

⓫ 同上。

⓬ 康德：《未來形而上學導論》，中譯本，頁 93-94，商務印書館，北京，1982年。

⓭ 金岳霖：《知識論》，頁335。

謨哲學中的 "idea" 我們譯成「觀念」一詞。休謨認爲，觀念得自於印象。他說：「簡單印象總是先於它的相應觀念出現，而從來不曾以相反的次序出現。……我們的印象是我們的觀念 的 原因，而我們的觀念不是我們的印象的原因」**⑭**。印象和觀念之間的複雜關係問題，是休謨《人性論》一書考察的主題之一。

　　休謨的哲學對金岳霖的哲學，特別是對其意念論的形成，有很大的影響。金岳霖回顧其在倫敦念書時說，有兩部書對他的影響特別地大，其中一部就是休謨的《人性論》。他說：「休謨底 *Treatise* 給我以洋洋乎大觀的味道，尤其是他討論因果的那幾章」**⑮**。所以，他當時感到休謨「了不得」。但休謨的徹底的經驗主義立場摧毀了因果、歸納的必然性的基礎，動搖了科學的理論基礎。對科學的信仰，驅使金岳霖對休謨哲學產生了懷疑。他終於認識到休謨哲學有許多毛病：

　　「中堅問題就在他底 "idea"。我記得我曾把他底 "idea" 譯成『意象』，而不把它譯成『意念』或『意思』，他底 "idea" 是比較模糊的印象，可是無論它如何模糊，它總逃不出意象。……休謨是人，他寫書，他當然有意念，也善於運用意念。可是，他底哲學只讓他承認意象不讓他承認意念；意象是具體的，意念是抽象的；他旣不能承認意念，在理論上他不能有抽象的思想，不承認抽象的思想，

----

⑭ 休謨：《人性論》，中譯本，頁 16-17，商務印書館，北京，1983年。

⑮ 金岳霖：《論道》，頁 4。

哲學問題是無法談得通的，因果論當然不是例外。」⑯

「大致說來，休謨底問題是秩序問題。知識所要得到的是
一種客觀的秩序。這種秩序在休謨只能被動地從印象去領
取。印象總是現在或以往的。被動地從印象領取的秩序是
跟着現在和以往的。休謨既正式地沒有真正的普遍，他也
沒有以後我們所要提出的真正的秩序。……他對於因果問
題底困難也就是這樣的困難。本書（《知識論》）底作者
（金岳霖）從前也感覺到這困難。在承認真正的普遍之
後，在承認意念不僅摹狀而且規律之後，這問題困難才慢
慢地解除。」⑰

這一批判表明休謨哲學的毛病很多，但其根本的要害在於它只承
認 "idea" 是具體的，而否認它具有抽象、普遍的性質。休謨本
人確實很巧妙地把抽象概念、想像和經驗結合在一起，進而否認
了 "idea" 的抽象性質。他非常贊同貝克萊對洛克的抽象觀念學
說的批判，認爲「這一點是近年來學術界中最偉大、最有價值的
發現之一」⑱。應該說，金岳霖的批判抓住了休謨哲學的要害。

休謨的哲學未達到抽象意念的高度，而只滯留在具體意象的
境地。於是，金岳霖高揚抽象的大旗，以抽象的意念來構造自己
的哲學體系，又由於他吸取了羅素的分析方法，所以他對意念的
分析其可以說是無微不至。他的意念論可以恰當地稱之爲分析的
思辯的意念論。不能眞正理解他的意念論，便不能說眞正掌握了

---

⑯　同上。

⑰　金岳霖：《知識論》，頁419。

⑱　休謨：《人性論》，中譯本，頁29。

他的哲學體系，因爲他的本體論哲學、知識理論都是對意念的抽象思辯細緻分析的產物。

對休謨哲學的批判引導金岳霖找到了解決休謨問題的途徑。他的入手處便是「思想」這一概念。他把它條分縷析成「思議」和「想像」這兩成分：他認爲，「想像」的內容是意象。意象是類似具體、類似個體、類似特殊的，其對象則是具體的、個體的、特殊的東西；「思議」的內容則是意念或概念、意思或命題，對象是共相或共相的關聯。內容是意念或概念，則對象是共相；內容是意思或命題，對象爲共相的關聯。思議的內容是普遍的、抽象的，對象是普遍的。無論是從內容還是從對象着眼，想像與思議都有很大的區別。

「思議」與「想像」的區別還表現在前者的範圍要大於後者的。可以想像的都可以思議。如金山銀山、金城銀城都是可以想像的，而且也都可以思議。但是，可以思議的不都是可以想像的。如零、無限小、極限……。這些意念或概念根本沒有相應的意象，所以它們都是不能想像的。可見，「想像」的範圍是有限制的，不是普遍的；而「思議」只要遵守邏輯，任何東西都在思議的範圍之內。「思議」的範圍就是邏輯，它的限制是矛盾，只有矛盾的才是不可思議的。邏輯是就可能世界立論，它決不限於我們生活於其中的現實世界。而「想像」的內容絕大部分限制在現實世界之中或可以在現實世界找到根據的。可見，「思議」的世界遠較「想像」的世界來得廣濶。

「思議」與「想像」的另一重要區別在於「想像」是私的，不是共的；而「思議」的內容只要達於理或共相，它就是共的，就是普遍的。因此，「想像」的內容即意象不能構成客觀的知識，

只有「思議」的內容即意念才能構成客觀的知識。

　　「思議」與「想像」的上述區別實質上就是意念和意象的區別。休謨哲學中的 "idea" 只是意象，而在金岳霖的哲學中，"idea" 則成了意念。因此也可以說，上述的區別，從根本上說，也就是金岳霖的意念論與休謨的觀念論的實質區別。雖有如此巨大的區別，然而這兩者仍有聯繫，即金岳霖的意念論是從改造休謨的 "idea" 而得到的。

　　思想與想像雖有如上的區別，但它們又是有聯繫的。金岳霖認爲，抽象的東西是從具體的東西中得到的，離開了具體的東西，抽象的東西就成了無源之水、無本之木。從抽象普遍的意念形成說，具體的東西是它產生的基礎。可見，抽象與具體並不是截然對立的，「思議」總時時要寄託於「想像」。

　　「思議」與「想像」有聯繫這一事實並不能因此掩飾它們之間的區別。抽象的要高於具體的，意象的世界只是形而下的世界，滯留在這樣的世界，哲學便不可能。只有從具體的意象昇華到抽象的意念的世界，才可以說進入了形而上的哲學境界。可以說，哲學的世界就是意念的世界。無意念就無哲學。這就是金岳霖對哲學的看法。他說：

　　　「反對抽象意念本身沒有什麼要緊。可是，如果我們意識
　　　　到，在此情形下沒有知識底可能，沒有科學底可能，也沒
　　　　有哲學底可能，否認抽象意念的哲學，就說不通了。」❶⑨

這與其說是金岳霖對哲學性質的看法，還不如說是他對意念性質

<hr>
❶⑨　金岳霖：《知識論》，頁334-335。

的看法。這一席話是針對休謨而發的。休謨與貝克萊一樣竭力反
對抽象的意念，他們都是「以意念爲意象，以意念爲象，它當然
不能抽象，因此他們也不能不反對抽象的意念」⓴。休謨既只滯
留於具體的意象之上，他的哲學「就說不通」。在金岳霖看來，
他的因果說、歸納說都有毛病。這等於說休謨的哲學問題都是假
問題，因爲如果休謨果眞具有了抽象的意念，他的上述問題都不
應成爲哲學上的難題。所以，休謨要解決因果、歸納問題，「他
非放棄一部分的哲學思想不可。別的不說，他對於意念底看法非
放棄不可。他既沒有放棄這些思想，對於這些問題當然毫無辦法」
⓵。

　　現在金岳霖發現了休謨問題的癥結之所在，而且他又有了抽
象而又普遍的意念，所以從他本人看來，因果、歸納問題在他的
「思想上也許不成一重大問題」。金岳霖這樣來解決這些問題是
否有效是一個值得探討的理論問題。但有一點是可以肯定的，卽
他對休謨哲學的批判促成了自己的意念論的建立，使他對"idea"
的性質的看法與休謨相比，發生了根本性質的變化。

　　對休謨哲學的批判表明了金岳霖的哲學觀與休謨的是截然相
反的。休謨不同意抽象的意念，因此在他看來，本體論哲學是不
可能的。而金岳霖則緊緊抓住本體論哲學不放，認爲無抽象的、
普遍的意念就沒有哲學。對於哲學的這一看法時時頑強地表現在
他的知識理論之中，可以說他的《知識論》一書就是建築在他的
意念論或本體論之上的。

　　金岳霖對哲學或對意念的這種看法與黑格爾的思辯哲學十分

　⓴　金岳霖：《知識論》，頁334。
　⓵　同上，頁417。

酷似。黑格爾認為，哲學的目的在於追求認識那不變的、永恒的、自在自為的真理；哲學就是關於真理的客觀的科學，是對於真理之必然性的科學；真理是在知識裏，但我們只有在反省時，不是在走來走去時，才能認識真理；真理就是理念；理念不能通過直接的感性形式去把握，只有通過那自身包含個別的特殊在內的概念的一般才能把握。因此，可以說哲學是「概念式的認識」，「哲學的目的即在於用思維和概念去把握真理」❷。無獨有偶，金岳霖認為，他的知識論也是追求認識那不變的、永恒的理或共相的關聯。而理或共相的關聯只有通過抽象的、普遍的意念或概念的形式才能得到。沒有意念，就無哲學。

金岳霖的意念論與黑格爾哲學的相同處還表現在，他們兩人都承認意念或概念是形式與內容的統一。

黑格爾認為，概念是包含特殊的個別在內的一般，它當然也就是有內容的形式。他說：「概念無疑地是形式，但必須認為是無限的有創造性的形式，它包含一切充實的內容在自身內，並同時又不為內容所限制或束縛」❷。黑格爾把概念看成是有內容的形式的思想，顯然是針對康德的先驗的概念論而發的。在康德那裏，知性的概念或範疇只是一種具有嚴格的普遍性和必然性的空洞的形式，其內容則由感性材料來提供。康德割裂了形式和內容之後，再企圖把它們合起來時充滿着種種的困難，這就迫使黑格爾把概念的形式和內容結合起來。

---

❷ 參見黑格爾：《哲學史講演錄》，第一卷，中譯本，頁 17-18、頁 24，商務印書館，北京，1981年；又見黑格爾：《小邏輯》，中譯本，頁327，商務印書館，北京，1980年。

❷ 黑格爾：《小邏輯》，中譯本，頁328。

在《知識論》一書中，意念或概念也是形式和內容的統一，這是由金岳霖知識論的目標所決定了的。因爲它要追求認識知識之理或共相的關聯。理或共相的關聯是外在的，意念是內在的，我們只有通過意念才能達於理。顯然，意念不只是形式，而是有內容的形式。對於意念或概念與共相的關係這一問題，金岳霖就明確表示過，概念「描寫所與之所呈現的共相底關聯，它是此關聯底符號」❷。他又從意念的所謂和所指來說明意念是形式和內容的統一。他說：

「意念或概念均有所謂，此所謂就內容說是意念或概念底結構，就對象說，它是共相底關聯。……可是，意念不僅有所謂而且有所指。意念或概念底所謂是普遍的，所指是特殊的。」❷

意念的所謂類似於內涵，而所指則類似於外延。

金岳霖的意念論與黑格爾的思辯哲學的上述種種相似，表明金岳霖接受了黑格爾哲學的影響。事實上，金岳霖早期就曾從其師 T.H. 格林那裏受到了新黑格爾主義思想的影響。後來由於受到休謨哲學與羅素哲學的影響，他於是「在思想上慢慢地與 Green 分家」，而採用羅素的哲學分析的方法。但從金岳霖哲學的性質來看，他似乎從來就不是羅素哲學的忠實信徒，儘管他非常佩服羅素的哲學。休謨哲學對金岳霖的影響表現在他始終把休

❷　金岳霖：《論道》，頁7。

❷　金岳霖：《知識論》，頁485。

謨的哲學問題看作是他的哲學探討的主題，然而卻強烈地反對他
的某些哲學主張。這樣，我們就可以對金岳霖的知識論或其整個
哲學體系形成如下的看法，卽金岳霖哲學的主題是休謨的哲學問
題；其方法是採自羅素的哲學分析的方法；其哲學的核心內容是
抽象思辯的意念論；而構造體系的原則是黑格爾哲學的思辯原則
加上邏輯原則。金岳霖的知識論是多種哲學思想的結合之產物，
其表現得最爲突出的特色就是它始終富有思辯的色彩。

金岳霖的意念論接受了黑格爾思辯哲學的影響，這是事實。
但在哲學的基本立場上，兩人卻有不同的看法：如金岳霖堅持外
在世界不依賴於意念，而意念不過是對它的反映；而黑格爾則認
爲，概念的東西先於外在世界而存在，後者只不過是前者的外在
的表現形式。又如，黑格爾的概念是包含特殊的個別的一般，而
金岳霖的意念是排除了特殊性的絕對的一般，如此等等。但兩人
最根本的不同似乎表現在，黑格爾認爲概念不是得自於經驗，而
是相反，它是邏輯地先於自然界、社會和人類的。與此截然不
同，金岳霖則認爲，意念得自「所與」。這一區別表明，金岳霖
的意念論除了具有唯理論的或黑格爾思辯哲學的特色外，它又富
有經驗論的色彩。

我們在前面已經指出，金岳霖的意念得自「所與」的思想十
分類似於洛克。其實，與其說它類似於洛克的，不如說它更近似
於休謨的觀念起源論。因爲洛克在觀念起源論上是一個「二重經
驗論」者，他在承認外物作用於感官而引起觀念的同時，又承認
了由反省而得到的觀念；而休謨則更強調感覺印象是產生觀念的
唯一泉源，這樣他也就徹底地克服了天賦觀念論，堅持了嚴格的
經驗主義的立場。

　　洛克在說明觀念的起源上陷入了「二重經驗論」，通常認爲，這是洛克在觀念起源論上的一個矛盾：它表明了洛克未能堅持徹底的經驗論的反映論的原則，而接受了笛卡爾「天賦觀念論」的影響。對之，孔狄亞克和愛爾維修早有批判。他們抛棄了洛克的內省說，而堅持了觀念起源於感覺的徹底的經驗主義觀點。

　　他們對洛克的批判是否合理，是一個可以在理論上值得深入探討的問題。如從經驗論的反映論的立場着眼，他們的批判是對的，而洛克卻表現出了某種動搖。然而，應該看到，一切觀念都起源於感覺的經驗主義立場是狹隘的、片面的。因爲它至少不能說明知覺、懷疑、思想、信仰、推論等觀念的來源。心理學告訴我們，這些觀念顯然是不能以外在世界存在的種種事物爲其直接的對象，它們不是對外在事物的種種屬性的概括和總結，而只是對人類複雜的心理活動的性質、特點的概括和總結。而且徹底的經驗主義立場，如休謨的，在邏輯上必然會導致不可知論。如從這些方面着眼，我們可以說，洛克的二重起源論觀念有其合理性。這種合理性表現在洛克突破了經驗論者對「經驗」這一概念的狹隘的理解，反對把「經驗」的內容僅僅限制在對外物的感知活動之上，主張把人的心理活動及其內容也包括在「經驗」的內涵之中。應該說，洛克對「經驗」的這種理解拓寬了「經驗」的領域，豐富了經驗的內容，在經驗中加進了理性的內容。這種對經驗的理解顯然是感覺與笛卡爾所發明的心的結合之產物。笛卡爾所發明的心爲以後的哲學家們提供了一個新的立足點，開闢了一個新的探索的領域。可以說，如果沒有笛卡爾的心的發明，便沒有萊布尼茨的單子論，更不會有康德的純粹理性和黑格爾的絕對理念。就笛卡爾的心的哲學的內容來說，任何人可以懷疑「我

在懷疑」，然而我卻不能懷疑「我在懷疑」，否則就會陷入自相矛盾。「我思故我在」就是笛卡爾找到的新的起點。 從這樣的立足點可以推出確實可靠、清楚明白的知識，至少笛卡爾本人堅信是如此的。對笛卡爾的哲學可以進行批判，但他開闢的新領域卻不容忽視。只有這樣，哲學才能進步。洛克超越笛卡爾的地方恰恰在於他充分重視了笛卡爾的工作。

如果對洛克的觀念起源論的分析是正確的， 那麼它便為我們進一步分析金岳霖的意念起源論提供了一個較好的基礎。我們就可以有理由指出，意念得自「所與」的理論只是一種狹隘的經驗主義的理論。這種理論不能充分而有效地說明人類複雜的思維活動， 也不能說明知覺、懷疑、信仰、推理等意念的形成。顯然，這些意念並不得自「 所與」，除非把我們內心中包括思維在內的心理活動內容統統稱之為「所與」。然而，金岳霖的「所與」只是指外物或外物的一部分。他的知識論只是關於外物的知識論。而且，他也明文地表示他的知識論不願意談 「心」 的問題。 他說：

> 「本書（《知識論》）根本不願意用『心』這一字，不用這一字似乎可以減少許多問題，同時不用這一字，『物』字底問題也可以撇開。既然如此，哲學上心物之戰，當然用不着討論。這不但省事，而且本書以為，知識論根本用不着解決這樣一個問題。」❷⑥

進而， 他用分析的方法把「 心 」 解釋為「 思想能力 」，否認了

---
❷⑥　金岳霖：《知識論》，頁292。

「心」是一實體。這種辦法未必妥當，因爲任何一種能力都不是懸空的，而且哲學上的心物之爭僅靠語言分析的方法也是不能解決的。但是，不管怎麼樣，避開「心」的問題是金岳霖知識論的一大特點。從此着眼，我們可以指出，金岳霖的意念得自所與的理論要落後於洛克的觀念起源論。

洛克的觀念論重視由反省而得到的觀念，重視對認識主體自身的各種心理活動的研究。他的這一看法實質上一直爲以後大多數的哲學家所繼承，貝克萊、休謨總是聯繫着主體自身的狀況來談認識對象，他們的缺點在於知心不知物。康德認識論的主要任務就是要在認識過程開始之前批判地考察人類的認識能力、人的理性能力適用的範圍，反對誤用人的理性。從現代知識論着眼，包括思維活動在內的心理活動的內容及自我仍是知識論的主要對象之一。例如，羅素在其《哲學問題》一書中就認爲，認識者的特殊思想和感情是具有原始可靠性的材料，它們是我們開始對於知識追求的堅固基礎。又如，艾耶爾在《語言、眞理與邏輯》一書的第七章〈自我與共同世界〉中用旣不是心理的，又不是物理的感覺材料來分析自我，構造他人。他的後期主要著作《知識問題》一書的最後一章〈自我及他人〉討論我們相信自我及他人存在的確鑿的證據是什麼，自我與他人同一性的標準是什麼，關於他人心靈的陳述的分析及證明等重要的哲學問題。他所討論的總傾向是一種現象主義的觀點，但他並未忽視對主體自身及其包括思維活動在內的心理活動的探討。總之，一個沒有自我及他人的世界是荒誕的世界，一個不談主體及其內在心理活動的哲學是令人費解的。金岳霖知識論的不足恰恰在於它見物而不見人。

認識發展的歷史也告訴我們，當我們還不能清楚地分析與認

識自我及內在的包括思維活動在內的心理活動的機制，我們也就必然不能構成對外部世界的眞正的知識。所謂認識，便是主體對自身及外在世界的認識。主體對於自身的表象、情感、信仰、欲望、知覺、行爲、懷疑在內的這一切，如不能有淸晰的認識，那麼客體也必定陷在一片混沌迷霧之中。而且，在此情形下，可以說也根本不存在主客、心物之分，因爲沒有一條明確的界線能幫助我們作這種區分。但除非我們有此區分，我們就不可能對外在世界有深刻的認識。原始人對自身缺乏科學的認識這一事實，決定了他們不可能對自身生活於其中的自然界形成科學的知識。可以說，正是隨著人類對自身內在世界認識的不斷深入，我們對外在世界的理解也在逐步地加深。當然，對外在世界的深入探討，反過來也有助於對人類自身內在世界的認識。對這兩個世界的認識是互相影響、互相促進的。但這兩者不能互相代替，或者將其歸結爲一個。從根本上說，沒有認識主體也就不可能有認識活動，也就不可能形成客觀的知識。這就充分地說明了對主體自身的認識應是認識論的一個主要的任務。

從古希臘時代起，哲學家們就開始了對人自身的探討。如柏拉圖討論了人的「靈魂」問題。由於時代的限制，這類探討總括來講是很幼稚的、天眞的，而且它主要地還不是立足於哲學的基礎之上。眞正對自我的哲學探討開始於笛卡爾的心的發明，而洛克則進一步將感覺和心結合在一起，形成了他的觀念論，並在此基礎上構建他的知識大厦。可以說，認識自我乃是哲學探索的最高目標之一，它已被證明爲是哲學上的「阿基米德的點」。然而就已掌握的知識體系來說，人類的各種知識中，最有用而又最不完備的就是關於「人」的知識。因此哲學的研究，尤其是知識論

的研究，應重視對人的探討、對主體的探討。對主體自身的認
識，無疑是認識論的一個重要內容。但金岳霖的意念得自「所
與」的理論恰恰忽視了這一點。可以斷定，金岳霖即使能夠形成
關於外在世界的知識體系，這個體系也必定是不完全的，因為他
的知識論的出發題材過於狹隘。

　　意念得自「所與」，「所與」是外物或外物的一部分。感覺經
驗是意念或概念形成的唯一來源。若如此，科學知識的一大部分
就將不可能。如我們對於紫外線輻射、超聲波可以形成非常好的
意念或概念，然而我們卻永遠也不可能去感覺它們。除非我們斷
定迄今所形成的全部天文學知識都是假的，我們就不得不承認天
文學的大部分知識不是直接得自於感覺經驗的。其實金岳霖本人
也未能徹底地堅持他的意念得自於「所與」的經驗論立場，因為
他承認了邏輯學、數學方面的命題都是先天的命題。而先天的命
題「是『所與』底必要條件，是『所與』所不能不遵守的形式。
……假如這些命題不是真的，『所與』根本不可能，『所與』既不
可能，我們當然不能有經驗」❷。先天命題既然是「所與」之所
以可能的必要條件，它當然不是源於「所與」的。雖然可以說我
們於何時何地得到這類命題，但這類命題既是先天的，它們根本
就不存在於何時何地。此外，金岳霖又承認了先驗的意念「式」，
顯然這一意念也並不得自「所與」。這就表明了，果真要嚴格地
堅持意念得自「所與」的理論，金岳霖的知識理論體系的構造，
就碰到不少的理論上的困難。

　　《知識論》一書中的先天命題不是得自「所與」，這是金岳

---

❷　金岳霖：《知識論》，頁406。

霖明文承認的。他的知識論中的其它意念，似乎也不是得自「所
與」，而是得自「所與之爲所與」。所與是特殊的，所以它是一去
不復返的，是不可言說的。意念既得自「所與」，就得論「所與」。
然而所論的「所與」不就是「所與」，這是很明顯的；因爲所論
的「所與」失去了特殊性，而成爲了「所與」的一般。「所與」
的一般顯然不同於特殊的「所與」。實際上，金岳霖本人也明確
地承認這一事實。他說：

> 「呈現或所與，嚴格地說，是無法說的。我們在這本書談
> 呈現或『所與』，是就呈現之爲呈現或『所與』之爲『所
> 與』而說的，至於這一呈現或那一呈現，我們實在無法可
> 說的。」㉘

金岳霖意識到了「所與之爲所與」和「所與」之間的區別，但他
對之並未給予充分的注意，而只是一筆帶過，這是沒有理由的。
因爲可說的「所與之爲所與」與不可說的「所與」有性質上的差
異。可說的「所與之爲所與」已經不是經驗中的特殊的「所與」，
而已成了一般，此所以我們可以說它、分析它。金岳霖的「意念
得自所與」論中的「所與」如果是這類可說的「所與之爲所與」，
那麼他的意念起源論離經驗論也就實在太遠了。他的問題在於把
「所與之爲所與」混同於「所與」，有把特殊的「所與」意念化
或概念化的傾向。

　　洛克認爲，複雜觀念在於人心對簡單觀念所施加的聯合、並

㉘　同上，頁517；又見頁518。

列和分開的作用而形成的。金岳霖則認爲，意念的產生依賴於意象向意念的「一跳」。「這一跳是由類似具體的跳到完全抽象的」❷。洛克未看到簡單觀念和複雜觀念間的區別，金岳霖則認爲意象和意念有質上的差異。但如洛克一樣，金岳霖也沒有能夠充分地說明意念是如何形成的。他只是簡單地把這一形成過程歸結爲抽象的「一跳」。這「一跳」固然重要，然而更爲重要的，卻在於知識論的任務恰恰在於力圖去說明如何有這「一跳」。顯然，這「一跳」決不是隨意就能發生的。正是在這一重要的問題上，我們看到，與洛克的複雜觀念起源論相比，金岳霖的意念起源論其實也並未前進了半步。

　　意念或概念是如何形成的是認識論中的一個重要而有趣的問題。經驗論者和唯理論者對此曾給了兩種截然相反的答案。現在看來，這些答案都各有其片面性。這樣，這一重要的問題至今仍未很好地得到回答。這裏的困難似乎在於，我們要了解概念是如何形成的，我們只能求助於概念，正如我們要問經驗之外是什麼必須去問經驗本身一樣。如此，我們就會永遠捲入了一場似乎無休止的爭論漩渦之中。這是一個眞正的荒謬，一個永恒的怪圈。

　　然而，似乎也不是毫無一線希望。希望好像存在於對語言性質的深層理解之中。語言是思維的工具、是思想的產物。思維能否脫離語言而進行，這一問題我們大可不必去討論。但有一點是可以充分肯定的，那就是得到高度發展了的思維，尤其是哲學思維是離不開語言的。思維的每一步發展都有相應的語言伴隨。沒

---

❷　金岳霖：《知識論》，頁230。

有語言，思想得不到表達。語言對於人類來說，是一種須臾不可離的工具。迄今爲止還只有人類才擁有語言文字的這一事實，似乎可以進一步得出這樣的結論，卽人類本身就是語言造就成的。人類擺脫不了語言的桎梏。人一出生就注定要生活在語言的世界之中，沒有語言，就寸步難行。對此，馬克思和恩格斯曾評論道：「『精神』從一開始就很倒霉，注定要受物質的『糾纏』，物質在這裏表現爲震動著的空氣層、聲音，簡言之，卽語言」[30]。德國哲學家恩斯特·卡西歐也正是在此意義上把人看作是「符號動物」[31]。他認爲，人與動物的不同，表現在動物直接生活在物理宇宙之中，而人不再生活在一個單純的物理宇宙之中，而是生活在一個符號宇宙之中，語言就是這種符號，它處在人與外在的物理世界之間，或毋寧說，人本身就被包圍在語言這一符號形式系統之內。因此，可以說「符號化的思維和符號化的行爲，是人類生活中最富有代表性的特徵」[32]。卡西歐以符號來說明人的本性，對此我們不必表示贊同。但他的這一思想很有啓發意義，因爲我們在此的目的就是試圖利用語言來說明抽象的意念是怎樣形成的。

我們都知道語言是表達思想或情感的工具，但通常都不曾注意到語言有這樣一種神奇的性質，卽它能從根本上改變語言所指涉的對象的性質，使它消除特殊性而具有普遍的規定性。比如，

---

[30] 《馬克思、恩格斯選集》，中譯本，第1卷，頁35，人民出版社，北京，1972年。

[31] 參見恩斯特·卡西歐：《人論》，中譯本，第二章，上海譯文出版社，1985年。

[32] 同上，頁35。

當我說「這是一枝筆」的時候，我所實際表達的毋寧說是一個完全一般的東西，只要它不是別的東西的話。而「任何一枝特殊的筆」這一表述顯然也是普遍的、一般的。更嚴格地說，「這是一枝筆」這一表述實際上是指我在實際經驗中，在某時某地見到的「屬於某人的筆」。然而卽使是這樣的表達也不能符合某一枝眞正特殊的筆。可見，在利用語言文字，以達到眞正特殊的個體是不可能的，除非我們附加另外一些相干的條件。這樣，我們似乎可以進一步得出這樣的結論，卽語言所表達的，永遠僅僅是一般的東西或共相。因此，當我說「這是一枝筆」的時候，語言的這一性質，已使我把這一表達所指稱的特殊的東西改變成了某種一般的東西。除非當我說「這是一枝筆」的時候，又同時用我的手指涉某一枝筆，我們就不能用語言表達眞正特殊的東西。但在純粹用語言或符號進行抽象思維的哲學領域中，不可能有這樣類似的經驗性的附加條件。

　　上面的分析告訴我們，當我們使用語言來表達某種特殊的東西的時候，語言並不能成功地完成只有它才能承擔的這一任務。可見，語言又是一種危險的工具。當它在表達某些東西的時候，它又在同時暗中悄悄地改變它所要表達的東西的性質。然而，對於我們來說，語言的這一性質是有用的，因爲我們正可以利用它來說明如何從特殊的個別向普遍或一般過渡。不管如何特殊的東西或轉瞬卽逝的東西，只要我們有能力用語言去捕捉到它，它就成爲普遍的、一般的。瞬間是短暫的，但語言所捕捉到的「瞬間」卻是永恒的。因此，不管你願意或不願意，語言都將強制地把它的一般的或共同的規定性加諸於它所要表達的對象之上。羅素在其名著《人類的知識》一書中，曾具體地說明了語言爲什麼

有這一功能的原因。他認爲，語言「能使我們使用符號來處理與外面世界的關係，這些符號要 (1) 在時間上具有一定程度的永久性，(2) 在空間內具有很大程度的分立性」❸。又說：「語言有兩種互相關聯的優點：第一，它是社會性質的，第二，它對『思想』提供了共同的表達方式，這些思想如果沒有語言恐怕永遠沒有別人知道」❸。語言的這些性質把對象的特殊性、不確定性、短暫性改造成了具有確定性、同一性和持久性。

上面的分析，旨在借助於語言的性質說明概念的形成，它表明了我們是怎樣通過語言而擺脫對象的特殊性，並使它具有了普遍的規定性。還必須進一步說明的是，在語言表達中，詞和句子代替了被感知的對象或情況。我們不是直接地利用被感知的對象或情況，而是直接地利用詞和句子來進行思維的。這種代替一方面使思維成了可能，另一方面也使詞和句子不再只是一種語言形式，而且成了有內涵的概念。比如「紅」這個字不就是紅色的，「方」這個字也不就是方形的，但我們知道「紅」指涉所有紅色的東西，「方」指涉所有方形的東西。這種所謂和所指的結合，就形成了概念或意念。沒有所指，語詞不是概念或意念。總之，我們正是借助於語言這一抽象的符號系統，而使語言所指涉的對象脫離了它的感性經驗的特殊性，並使之帶上了普遍的規定性，進而促使了概念的形成。

以上我們簡略地討論了概念是如何形成的這一問題。事實上，金岳霖的《知識論》一書也花了相當大的篇幅討論了語言的

❸ 羅素：《人類的知識》，中譯本，頁73頁。

❸ 同上，頁71。

問題，也看到了語言所含的抽象成分。但是，遺憾的是，他對語言的討論主要地並不是從哲學的立場著眼。而且他也只把語言看作是表達的工具，這一看法妨礙他對語言作深入的哲學分析。所以他對語言的討論雖詳盡，但並不切題，也並不深刻。

第二節　意念的後驗性與先驗性並重

金岳霖意念論的重點是意念的規律成分或先驗性，而意念的摹狀成分或後驗性卻在於試圖說明意念先驗性的根據。

意念得自「所與」，得自「所與」的意念又被用來接受「所與」。每一意念都是接受「所與」的方式。不管「所與」如何來，我們總有方法去應付。這應付的辦法就是意念。意念能夠接受「所與」，這是意念先驗性的表現。意念先驗性的作用表現在它能夠「上規既往」、「下規將來」。無論何種「所與」之來，它們都無所逃於意念的天地之間。金岳霖把意念接受或整理「所與」的這種過程稱之為意念的規律。他解釋道：「所謂規律，是以意念上的安排，去等候或接受新的所與」❸❺。以意念去接受所與是《知識論》一書的中心思想，也是把知識的材料轉變成為知識的對象的必經途徑。所以，沒有意念去接受「所與」，便不可能形成知識。因此，金岳霖花了《知識論》一書的絕大部分篇幅討論作為接受方式的意念。這樣的章節包括第七章、第八章、第十章、第十一章、第十二章、第十三章。第十四章講以意念去接受「所與」後所形成的事實。最後三章是在意念接受「所與」以形

---

❸❺　金岳霖：《知識論》，頁364。

成事實的基礎上，討論命題及其真假問題。

金岳霖關於意念的規律成分的思想無疑是受了康德哲學的影響。康德認識論的主要思想表現在如下的理論上：他預先設定了自我和物自體這兩類實體的存在。自我具有先天的認識能力及其先驗的概念形式。而物自體雖不具備任何性質，但它卻是形成人類的認識不可缺少的。它的作用表現在它對人的感官的刺激作用，一方面在人心中引起感覺印象，提供了知識的感性材料；另一方面喚醒自我的認識能力活動起來，以其純概念的形式來接受感覺材料，把它們整理、安排成關於對象的知識。感性直觀提供的材料是雜亂無章的，概念形式的作用就在於把自身的秩序給與它們。在康德的知識論中，以概念來整理感性的材料是一個主要的環節。同樣，在金岳霖的知識論中，意念接受所與也是一主要環節。

金岳霖意念規律的思想得自於康德。但兩人在這一問題上有較多的分歧。如康德把時空視為感性直觀的純形式。空間是「外感覺」的形式，即感知或直觀一切外部對象的形式；時間是「內感覺」的形式，即感知或直觀主體內部狀態的形式。而金岳霖則認為，時空是兩意念，它們都是用來接受「所與」的。主體內部的狀態在金岳霖的知識論中根本不是討論的對象，所以當然也就不是意念接受的對象。又如康德，以知性先天具有的十二範疇對感性對象進行綜合聯結。但當他把範疇或純概念只看作十二種的時候，他實際上把人的認識能力凝固化了。而且他對這些範疇間的關係也只作了機械的排列組合，未對之作深入的辯證的研究。與此不同，金岳霖則認為，接受「所與」的意念或概念並不限於十二種。接受有總則，即歸納原則。在此總則之下有大綱、有細

則：時空、性質、關係、東西、事體、變動、因果、度量等為大綱；山、水、土、木、蟲、魚、鳥、獸……都是細則。接受「所與」的意念，其數量是沒有限制的。這就意謂著知識者的認識能力是無限的，不是凝固的。與康德的十二範疇相比，這無疑是一個進步。

進步還表現在金岳霖的意念論中，意念與意念是互相關聯的。每一意念都不是簡單的、孤立的。分析每一意念我們總可以得到其它種種相關的意念。所以說，每一意念都是一圖案或一結構。而且它本身也在意念的圖案或結構之中。這就比較正確地看到了意念之間的辯證聯繫。

又如在康德那裏，範疇表是靜止的。金岳霖則認為，意念對「所與」既有靜的安排，也有動的安排。外在世界是有變動的，要反映這變動的世界，意念之間不能只是一種靜止的關係。這也應該說是對康德知識論的形而上學性的一個突破。

但金岳霖與康德的根本分歧卻在於，康德假定了人的理性先天地具有純概念形式，而金岳霖則認為意念得自「所與」。康德把範疇叫作「純概念」，它們不是來自感性對象，不包含任何經驗成分，它們是人的理性先於經驗而有的。他說：「範疇唯源自知性，而與感性無關」⑯。金岳霖則堅決主張，一切意念都來自「所與」。他說：「抽象的意念總是直接或間接地從『所與』中抽出來」⑰。比如在談到時空意念的形成時，他指出，時空意念不是先天的，「時空意念是直接由收容與應付『所與』底情形中得

---

⑯　康德：《純粹理性批判》，中譯本，頁 107，商務印書館，北京，1982年。

⑰　金岳霖：《知識論》，頁630。

來的。……至於時空意念，我們把它們視爲和別的許多的意念同樣，它們也是從所與抽象地摹狀所與而來的」❸。意念來自「所與」，這是意念的後驗性。在金岳霖的知識論中，意念的先驗性並不是與後驗性互相排斥的。金岳霖認爲，沒有意念的後驗性也就沒有意念的先驗性。意念旣有先驗性又有後驗性，而康德的概念只具有先驗性。

　　說意念有後驗性，也就是說意念有「摹狀」成分或形容作用。所謂「摹狀」，「是把『所與』之所呈現，符號化地安排於意念圖案之中，使此所呈現的得以保存或傳達」。這是說，「摹狀」就是把客觀的呈現抽象地安排在意念的圖案之中。客觀的呈現是特殊的，意念圖案是抽象的、普遍的。呈現被安排在意念圖案之後，也就從特殊上升爲普遍的。經此安排之後，呈現才能保存下來或傳達給他人。未經安排的呈現是特殊的，特殊的旣不能保存也不能傳達。如當現有 x、y、z 三「所與」，我們根據 x 顏色之深淺，把它安排在 y 與 z 之間。我們可以把 x 的顏色叫做 y 與 z 的居間色。這樣的安排不是摹狀，它是以特殊去形容特殊。除非我們親自見到這三者的顏色，我們就旣不知道 y 與 z 爲何種顏色，也不知道 y 與 z 的居間色到底是什麼顏色。可見，這樣的安排不能傳達當前的「所與」。而且也不能保留它，因爲它是特殊的。怎樣做才能旣保留又傳達「所與」呢？回答就是抽象的「摹狀」。如假設 y 爲紅，z 爲黃。「紅」與「黃」爲抽象的意念。x 旣居於 y 與 z 之間，x 的顏色就是紅與黃的居間色，卽它爲桔紅或桔黃。任何未見過 x 所與的人都能因此摹狀而輕易地知道 x 爲

---

❸　同上，頁575。

何種顏色，這就是傳達。「x 所與」一去不復返，　而桔紅或桔黃卻永遠保留了下來。這就是「摹狀」。這一分析告訴我們，「摹狀」實在是在「描寫『所與』之所呈現的共相底關聯」[39]。在上面所舉的「摹狀」例中，「紅與黃」爲意念圖案，　而桔紅或桔黃是經過摹狀之後所得到的意念。這一意念又可以用來接受「所與」，所以它有先驗性。然而，它旣是經過「摹狀」後所得到的，所以它無疑地也同樣具有後驗性。

在意念的問題上，金岳霖旣反對了唯理論者，也反對了經驗論者。笛卡爾、萊布尼茨只承認概念的先驗性，康德接受了他們的這一看法，他也只滿足於指出純概念是人的理性先天具有的這一點。金岳霖卻在承認意念先驗性的同時，又承認了意念的後驗性，強調意念得自「所與」。在意念的來源問題上，金岳霖堅持了經驗論的立場。他雖在意念來源問題上採取了經驗論的立場，但他卻突破了經驗論者只承認意念後驗性的狹隘的看法，而主張意念的先驗性。如他反對休謨對意念的看法，認爲休謨哲學說不通，因爲「他只承認意念底後驗性，結果是他對於許多的問題毫無辦法」。由於堅持了意念有先驗性的看法，金岳霖認爲他對於因果、歸納問題不是毫無辦法的。

我們在上面指出，在意念問題上，金岳霖旣反對了唯理論者，也反對了經驗論者。其實更確切地說，他反對唯理論者只承認意念的先驗性而否認其後驗性的理論，也反對經驗論者只承認意念後驗性而否認其先驗性的立場。或者說，在這一問題上，他想兼收二者之長處，而捨棄他們的不足，卽強調意念同時具有先

---

[39]　金岳霖：《論道》，頁7。

驗性和後驗性。但這一兼收並蓄的立場，卻帶來了新的理論問題，卽意念中的後驗性與先驗性之間是一種什麼樣的關係，及如何來論證它們之間的關係。

金岳霖認爲，意念的後驗性與先驗性是不能分的，是密切相聯的。他是從論證「摹狀」與「規律」二者不能分這一點入手來說明這一關係的。他認爲，無論就時間上的先後或就非時間上的先後，摹狀與規律二者「根本無先後問題」。他論證道，如果一個人吃了香蕉，從此他得到了香蕉的味道，假定他也因此得到了「香蕉」這一意念。現在，他要把他對於「香蕉」的感覺傳達給他人。要做到這一點，他首先必須懂得「香蕉」這一意念的所指，卽他要了解「香蕉」這一意念與這一意念所指涉的對象。如果他只知道「香蕉」這一意念的所謂，而不知其所指，他沒有眞懂「香蕉」這一意念。這就意謂着，他要傳達於他人，他必須自己首先能以這一意念去接受這一意念所指涉的對象，然後他才能向他人摹香蕉之狀。換句話說，要能「摹狀」香蕉，「香蕉」這一意念對於他必須能規律，亦卽他能以它爲接受方式去接受所與。不僅如此，要「香蕉」這一意念能「摹狀」，還要靠別的意念之能規律，因爲所謂「摹狀」是把香蕉這一「所與」抽象地安排在意念圖案之中，而意念圖案是由數量衆多的意念組成的。如「摹狀」x 的顏色，首先就必須要「紅」與「黃」這兩意念去接受 y 與 z，這就是規律。必須這樣，我們才能以桔紅或桔黃「摹狀」z。所以，結論便是「無規律不能摹狀」[40]。

同樣，「無摹狀不能規律」[41]。假如有人有某一意念，但此意

[40]　金岳霖：《知識論》，頁377。
[41]　同上，頁380。

念對於他不能「摹狀」，或者說他根本不知道這一意念的所謂與所指的關係，我們就說他根本就不懂這一意念。這樣，他也就不能以此意念去接受類似的「所與」。這就是說，此意念對於他不能規律。而且一意念之能規律也要靠別的意念的「摹狀」。「摹狀」就是用抽象的意念圖案，把某一客觀的呈現由特殊的化爲抽象的。具體地說，就是我們要以桔黃或桔紅去接受「x 所與」，我們就首先必須要知道紅與 y、黃與 z 的關係，並使紅脫離 y，使黃脫離 z，這就是「摹狀」。可見，桔黃或桔紅這一意念要規律，首先要「紅」與「黃」這兩意念「摹狀」。不能以它們去「摹狀」，也就是我們根本不懂紅與黃的所謂，結果當然就是我們不能以此二者的居間色去規律 x。所以，無「摹狀」不能規律。

以上的論證表明「摹狀」與「規律」不能分離。它們是意念中的兩個成分。意念是由這兩成分綜合而成的。沒有這兩種成分或只有其中一種成分，就沒有金岳霖意義上的意念。

意念的「摹狀」表明意念是得自「所與」的，所以意念有後驗性。意念的規律表明意念有先驗性。「摹狀」與「規律」既不能相分，那麼先驗性與後驗性也必須是一意念同時具有的。金岳霖說：

「摹狀與規律既然是二者不能分開的，後驗性與先驗性也是二者不能分開的。只有後驗性，意念毫無用處，只有先驗性，意念也毫無用處，如果意念只有後驗性，則摹狀時的情景也許是活潑潑地呈現於當前，但是以後如何，我們毫無辦法。休謨底哲學說不通，因爲他只承認意念底後驗性，結果是他對於許多的問題毫無辦法。如果意念只有先

驗性，則我們底意念可以完全是空中樓閣，我們雖有一大堆的接受所與底辦法，然而也許根本就沒有引用這些辦法底機會。這些辦法都可以像束之高閣的法律。總而言之，如果意念只有後驗性，它可以實而無效，如果只有先驗性，意念可以完全是空的。無論是二者之中任何一情形，我們對於新所與之來都只好瞠目結舌。要意念不空而又實在地引用，我們非要求它既有後驗性而又有先驗性不可。」㊷

意念的「摹狀」與「規律」說是金岳霖意念論的核心，它標明了金岳霖超越了經驗論者和唯理論者的概念論。他的意念的「摹狀」與「規律」的綜合，或意念的後驗性與先驗性並重的理論，在哲學史上是獨到而又新穎的，達到了一定的高度。而且他對意念的「摹狀」與「規律」的關係的論證既深刻、細緻，又富有很強的思辯性。

「摹狀」與「規律」綜合或先驗性與後驗性並重的理論，進一步表明了金岳霖的意念論與洛克的觀念論在許多方面的分歧。

洛克站在經驗論的立場反對笛卡爾的「天賦觀念論」，否認人心中有與生俱來的天賦觀念。這樣，洛克就得說明人心中的觀念從何而來的問題。對此，他明確地提出了他的經驗論的「白板說」。他說：

「一切觀念都是由感覺或反省而來的——我們可以假定人

心如紙似的，沒有一切標記，沒有一切觀念，那麼它如何
又有了那些觀念呢？ 我可以一句話答覆說， 它們都是從
『經驗』而來的，我們的一切知識都是建立在經驗上的，
而且最後是導源於經驗的。」⓸

一切知識都導源於經驗，是洛克認識論的基本立場。金岳霖不同
意洛克的「白板說」，指出：

「我們也沒有『空白的心』（talula rasa）被動地讓所與
去印花紋。如果我們讓所與印花紋，印了一次之後，馬上
要擦去預備下一次再印，不然的話，下一次的所與旣沒有
地方印花紋，對於官覺者就毫無影響了。」⓸

這一批判的要點，在於指責洛克的「白板說」缺乏抽象的成分。
「所與」或所印的花紋都是特殊的，所以它們不能保留、不能傳
達。洛克的「白板說」未看到意念的普遍性和抽象性。金岳霖則
認爲意念總是普遍的，想起它雖在某時某地，得到它雖在某時某
地，而它本身無所謂在某時某地。

　　金岳霖與洛克的另一分歧在於，金岳霖否定了洛克所說的我
們的心是「空白的」的說法。果然是空白的，我們就不可能形成
意念，意念也不可能有先驗性。這一點在金岳霖看來是不言而喩
的，因爲他所謂的「摹狀」就是要把「所與」之所呈現，抽象地

⓸　洛克：《人類理解論》，頁68。
⓸　金岳霖：《知識論》，頁403。

安排在意念的圖案之中，沒有意念圖案就不能抽象地安排「所與」，其結果也就不能說明意念的產生。換句說話，某一意念之能形成，就是我們已有意念的圖案。說「意念圖案」者實在是表示「意念不能單獨地摹狀」❹。要「摹狀」就得有意念圖案或多數意念的先在。既已有意念圖案在「心」中，當然我們的「心」不是「空白的心」。現在的問題是，我們「心」中先在的意念圖案是怎麼形成的呢？如有這一問題，我們只得說，我們必然先有另外的意念或意念圖案，才能形成此意念圖案，如此等等，無窮倒退。但不管倒退到什麼境地，根據金岳霖「摹狀」的定義，我們也決不會倒退到「沒有一切標記，沒有一切觀念」的一片「空白的心」。果真心是空白的，我們就不會有任何的意念，只要我們牢牢記住金岳霖「摹狀」的定義，這一點並不難以理解。其實，這一點也實實在在地表明，金岳霖以意念的後驗性與先驗性的綜合說，反對洛克的意念只有後驗性的理論。

　　金岳霖的意念論反對意念只有先驗性，但他在這一點上並不徹底。他堅決地承認有先天的命題，如邏輯命題，有先天的意念，如「式」。先天命題、先天意念只有先驗性或先天性，因為它們肯定一切「可能」為可能，而不斷定任何事實。然而，金岳霖也在某種程度上承認，「先天先驗」都沒有「不從經驗而來」的意思❹。又說：「任何知識決不能先於經驗而得，我們得到『式』底知識也靠經驗❹。」千萬不要誤解，以為金岳霖又回到了洛克「白板說」的立場上去了。因為他的這些說法絲毫也沒有

❹　同上，頁356。
❹　金岳霖：《論道》，頁58。
❹　同上，頁35。

否定先天命題、先天意念的純粹的先天性、先驗性。這些說法只是意謂着，我們對這些命題和意念的認識是從經驗開始的，但它們的正確性並不依賴於經驗。毋寧說，在這裏金岳霖又曲曲折折地回到了康德的立場。康德在《純粹理性批判》導言中，一開始便說：「雖然我們的一切知識都以經驗開始，但是並不能說一切知識都來自經驗❹❸。」在康德的哲學中，這一說法是很自然的，因爲他認爲任何知識都是由具有嚴格的普遍性與必然性的純概念與感性直觀提供的雜多的結合而形成的。這樣，在他承認一切知識都是從經驗開始的時候，他也並不因此就否認了純概念的先驗性。金岳霖對「先天先驗」的解釋採取了康德上述的看法。問題是金岳霖的意念得自「所與」的理論能否容納康德的這一看法。我想是有困難的。但我們不準備討論這一問題。總之，金岳霖的意念論否認了洛克的「空白的心」的說法，這一點是很清楚的。

　　金岳霖對洛克「白板說」批判的第三方面，表現在他對簡單意念的否定之上。洛克旣採取「白板說」，承認一切觀念得自於經驗，那麼他得承認意念有一個從簡單到複雜的發展過程。他認爲簡單觀念得自於經驗，它們的綜合就形成複雜觀念。承認了簡單觀念也就勢必否認觀念之間的聯繫。其實，意念並無簡單與複雜的區別。對任何一個意念加以分析，我們總可以得到另外的意念。對之，金岳霖作了深入的分析。他說：

　　「一意念之能摹狀，也要別的意念之能規律。……這一點

---

❹❸　康德：《純粹理性批判》，中譯本，頁1。

非常之重要，它表示意念總是多數的，或者說意念總不是
單獨的。它就是說，我們在我們底知識經驗中，決不至於
在某時某地只有一意念。我們的抽象工作，決不是最初
抽出第一意念，然後抽出第二意念，然後抽出第三意念
……。我們現在不管『最初』問題，假如有『最初』的時
候，在那時候，我們也不會有單獨的意念最初出現。意念
之來，總是挨着擠着而來的。同時我們也要說，不僅我們
沒有單獨的意念，而且也沒有所謂最簡單的意念。說沒有
最簡單的意念，也就是說，沒有不是別的意念構成的意
念。果然如此，一意念在思議歷程中出現，也就是別的意
念出現。」❹

否認單獨的意念和最簡單的意念的存在，是金岳霖「摹狀」與
「規律」並重或意念的後驗性和先驗性綜合說的必然產物。而承認
了「白板說」也就得進一步承認單獨意念和最簡單的意念。這是
金岳霖與洛克在意念論上的又一個分歧。洛克指出簡單觀念「是
單純而非混雜的」；而金岳霖則否認簡單觀念。應該說，在這一
問題上，金岳霖要比洛克進步、高明。

在否認了有單獨意念、有最簡單意念的基礎上，金岳霖又進
一步提出了「意念圖案」說。他認為，一意念總可以分析成其它
的意念。不過分析成分有多有少。分析成分多的，我們叫做意義
深的意念；分析成分少的意念，我們叫做意義淺的意念。所以
說，意念不至於完全簡單。一意念自身可以分析成其它的意念，

❹ 金岳霖：《知識論》，頁378。

而且一意念與它之外的別的意念有關聯。不過所關聯的意念有多有少。關聯多的意念，叫做豐富的意念；關聯少的意念，叫做貧乏的意念。總之，每一意念都與其它的意念有關聯，而且每一意念本身又可以分析成其它的意念，所以「意念總有圖案」[50]。「意念圖案」說正確地看到了意念不是孤立的、靜止的，而是處於相互關聯、相互滲透的普遍聯繫之中。「意念圖案」說是金岳霖意念論的重要內容之一，是它的又一重要特點。它是金岳霖關於意念後驗性、先驗性及其相互關係理論的必然產物。

以上從三個方面分析了在意念論上金岳霖與洛克之間的分歧。它表明金岳霖的意念論已大大地超越了洛克的觀念論。

意念的先驗性與後驗性或意念的「摹狀」與規律的理論，是金岳霖意念論的核心。金岳霖從這一核心引導出了意念的一系列的規定性。這一點我們在上面已有分析。現在我們就來進一步看看摹狀與規律之間的關係。

金岳霖認為，「摹狀」與「規律」這二者是不可分割的。他在分析了「摹狀」、「規律」及其相互之間的關係後，總結道：「以上已經表示摹狀與規律不能分離，它們彼此是彼此底必要條件，它們也是彼此底充分條件」[51]。這是說，無「摹狀」不能規律，無規律不能「摹狀」，前者是後者的必要條件；能規律就能「摹狀」，能「摹狀」也能規律，在這裏前者是後者的充分條件。事實上，這是在以「摹狀」說明規律，以規律去說明「摹狀」。在金岳霖的思想體系中，意念既來自「所與」，以「摹狀」說明規律或以

---

[50]　金岳霖：《知識論》，頁775。

[51]　同上，頁383。

後驗性說明先驗性，是順理成章的。因爲「摹狀」說明意念的形成，無意念當然也就不能規律。承認了這點也就是承認了後驗性是先驗性的必要條件。這從邏輯上講是正確的。但在哲學史上，能否以後驗性說明先驗性是一個重大而又困難的問題。我們暫且不討論這一問題，而首先來看看，能否以規律說明「摹狀」。

金岳霖的意念「摹狀」說，其本意在於指出意念是得自「所與」的。這是意念的後驗性。但是，「無規律不能摹狀」的說法，實質上是以規律或先驗性爲摹狀或後驗性的必要條件。這裏牽扯到兩者的先後問題，雖無時間上的先後，但有邏輯上的先後。承認意念的先驗性（規律）爲必要條件，也就是承認無先驗性就無後驗性（摹狀）。無後驗性當然也就不能「摹狀」，不能「摹狀」又怎麼能說明意念是得自「所與」呢？金岳霖以規律說明「摹狀」原意是要說明意念之爲意念必須同時具有「摹狀」、規律兩成分。但他這樣做實質上就是以先驗性來說明或規定後驗性，而這又恰恰混淆了這二者之間的區別，給他的意念的後驗性理論帶來了很大的困難。這困難表現在兩個方面：

一方面，「摹狀」是要把特殊的「所與」安排在「意念圖案」中以形成意念。比如，把「ｘ所與」安排在紅與黃之間，形成「桔紅」或「桔黃」這一意念，這就是「摹狀」。摹狀後得「桔黃」或「桔紅」意念。但是，「無規律不能摹狀」是說，必須能規律，才能「摹狀」。具體說就是，還未得到「桔紅」或「桔黃」意念之前，我們就必須首先以它爲接受方式，去接受類似ｘ的「所與」。這無疑是說，一意念雖未形成，但它已經是接受方式了。這顯然是不對的。這個困難似乎可以通過柏拉圖的「回憶說」或萊布尼茨的「天賦觀念論」來擺脫。但採用這兩人的說法也就

是站到了「唯主方式」的立場上去了。金岳霖顯然不會同意的。

　　另一方面，就一意念的「摹狀」要靠別的意念的規律說，金岳霖的意念先驗性邏輯在先的思想表現得更爲明顯。因爲要別的意念規律，首先就得肯定別的意念或「意念圖案」的先在。如在摹狀「x 所與」而形成「桔紅」或「桔黃」一例中，假使沒有「紅」與「黃」這兩意念的先在，對「x 所與」的摹狀是不可能進行的。其結果，「桔紅」或「桔黃」的意念也不可能產生。在「桔紅」或「桔黃」意念產生後，它要「摹狀」，它也要靠別的意念的規律。總之，如無別的意念或「意念圖案」，一意念的「摹狀」根本就不可能進行。這裏的在先已不僅是邏輯的在先，而且也是時間的在先。這樣，肯定別的意念或「意念圖案」之先在，肯定它們的規律成分，實質上無疑是以別的意念的先驗性來規定某一意念的後驗性。而且別的意念圖案的先驗成分對於某一意念的摹狀來說旣是必要的又是充分的，因爲無此「意念圖案」，摹狀不可能；有此「意念圖案」，「摹狀」就可能。總之，金岳霖在這裏是在用別的意念或「意念圖案」來說明如何從「所與」中抽出一意念。這乃是指在說明意念怎樣的同時，他又假定了意念的存在。

　　那麼上述的困難是怎樣產生的呢？它產生於金岳霖意念的後驗性與先驗性的綜合說。他承認意念必須同時有後驗性和先驗性，而同時又以先驗性來限制或規定後驗性。但是，我們應該看到，金岳霖的意念得自「所與」的理論只允許他以意念的後驗性來限制或規定先驗性，卽具有普遍性、必然性的意念來自「所與」，卻不允許他以意念的先驗性來限制或規定後驗性。這樣一來，他就得承認只有後驗性而無先驗性的意念。於是，他就不得

不退回到休謨的意念論的立場上去了。然而，這樣的意念對於金
岳霖的知識論體系毫無用處，因爲它不能被用來接受或整理「所
與」，它「實而無效」。他需要的意念是具有普遍性、必然性，又
是從經驗得來的。這一需要迫使他必須承認意念同時具有後驗性
和先驗性。但是，我們上面的分析卻表明，這樣做又勢必肯定意
念的先驗性邏輯地先於後驗性。這是與金岳霖意念論的初衷相衝
突的。

金岳霖意念論的重點是意念的規律成分或先驗性，而意念的
後驗性在於解決先驗性的來源問題。他認爲，要意念成爲接受
「所與」的方式，它必須本身是得自「所與」的，「有所得才能
還治，無所得不能還治」❷。他堅持道，先驗的概念或「純理意
念不能應付所與」❸。這一主張顯然是反對康德的概念論的。

我們在上面已經指出，在哲學史上，能否以意念的後驗性來
說明意念的先驗性是一困難的任務。顯然，笛卡爾以來的唯理論
者，對這一問題取否定的態度。休謨認爲，經驗中只有個別、特
殊，來自經驗的一切概括並不具有普遍性、必然性，它們只具有
或然性。康德同意了休謨的這一看法，同時他又採取了唯理論者
的認爲具有必然性、普遍性的概念是先驗的說法。他認爲，只有
用具有普遍性、必然性的先驗概念對感性材料進行加工整理，才
能形成具有必然性、普遍性的知識。美國哲學家 C.I. 劉易斯在其
《心靈與世界秩序》（1929年）一書中，堅持了康德哲學的基本
立場，認爲概念或範疇來自於人的心靈，是人的「思想活動的產

---

❷　金岳霖：《知識論》，頁244。

❸　同上。

物」，它們不是來自經驗。正因爲它們來自於心靈，它們才具有必然性。凡先驗的東西不能來自經驗，源自經驗的東西只具有或然性。這是哲學史上，大部分哲學家的共識。這樣，金岳霖的任務就不能只是簡單地指出「純理意念不能應付所與」，而是應該詳盡地說明，得自「所與」的意念爲什麼能接受「所與」。

金岳霖指出，意念所以能接受「所與」的根據就是因爲它得自「所與」。這毋寧是在承認，意念先驗性的根據恰恰就是它本身所具有的後驗性。這就涉及到一個很根本的問題：意念得自「所與」，它從「所與」中抽象到的是什麼？「所與」是特殊的、一去不復返的、不可言說的。這是金岳霖反覆強調的「所與」的特性。但這只是「所與」的一個方面的特點。根據金岳霖的本體論哲學，共相寓於個體界，它獨立於任何一個與其相應的個體，但它不能獨立於與其相應的所有的個體，共相表現於與其相應的所有的個體。這就告訴我們，另一方面，「所與」中又有一般。如金岳霖認爲，「所與」中有關係殊相，「所與」中也有「關係共相」[54]。此「關係共相爲收容工具所收容成爲關係意念或概念」[55]。就性質說，「所與」中無疑有性質殊相，但「所與」中也「有性質共相」[56]，我們所擁有的「性質意念得自性質共相」[57]。他認爲，時空、因果、事體、變動等意念都是得自「所與」所表現的共相或「共相關聯」。可見，收容「所與」中的共相或共相的關聯便形成意念或概念。意念或概念「摹狀」或描寫所與之所

---

[54]　金岳霖：《知識論》，頁258。

[55]　同上，頁259。

[56]　同上，頁265。

[57]　同上，頁264。

表現的共相的關聯，它是「所與」中的共相「關聯底符號」，它「代表共相」。而從「共相又不能無彼此底關聯著想， 概念總是有圖案的或有結構的或有系統的」⑱ 。 意念是共相的符號，「意念圖案」的根據是共相的關聯。共相的關聯爲理。理是固然的，任何事物都不可能逃出理或共相的關聯之外，這就是共相關聯的必然性、條理性 。 它是秩序井然的， 因爲它是由邏輯組織起來的，所以共相與共相之間無衝突。意念或概念作爲對共相關聯的反映，當然也是有條理、有秩序、有必然性的。金岳霖的意念的先驗性的根據就是共相。他說: 「不變的意念當然是有根據的。它底根據是『共相的關聯』，是『理』。大化流行本來是有理的」⑲ 。

金岳霖的上述看法表明了他的意念論或者說他的知識論都是建立在他的本體論哲學的基礎之上的。因爲對於我們是如何知道「所與」中有一般或共相的問題，本身就是知識論所要解決的一個中心問題。顯然，這一問題的答案我們只能在追求知識的全部過程的終點上才能找到。然而，金岳霖在追求知識的過程中就預設了它的肯定的答案， 並把它看成是知識所以可能的一個決定性的成分。我們在此不得不指出，這是金岳霖《知識論》的一個嚴重的缺點， 卽它犯了「預期理由」的錯誤。他把待證的東西當作已證明了的東西， 並以之來論證自己的知識論。這在方法上是不允許的 。 這在認識論上也是不允許的 。 認識開始於特殊的「所與」。認識的過程就是從認識個別到認識一般 。 一般的獲得是在

⑱　金岳霖: 《論道》，頁7。

⑲　金岳霖: 《知識論》，頁395。

認識過程的終點上。

　　當然，我們在此並不反對「所與」中有共相。我們承認，共相和殊相及其相互關聯是哲學研究的主要問題之一。但假設「所與」中有共相卻是本體論或形而上學的課題，轉到知識論的立場，問題馬上就發生了變化。我們現在要問的是，我們是如何知道「所與」中有共相或共相的關聯？我們知道有共相的根據是什麼？等等。知識論要回答的正是這些問題。然而，我們在回答這些問題的過程中決不能預設答案。

　　金岳霖在研究知識形成的過程中，預設了「所與」中有共相或共相關聯。我們說，這是「預期理由」。與此相聯，金岳霖的另一「預期理由」，表現在他必須肯定我們收容「所與」中的共相或共相關聯所得到的意念，就是對共相或共相關聯的正確反映。意念能否正確地反映共相或共相關聯是一個需要證實的問題。但金岳霖必須預設它的肯定的答案。否則，他的意念的先驗性（規律成分）就大有疑問。果真如此，意念就不能用來接受「所與」。結果是，他的知識論構造不起來。可見，正是體系的需要迫使他再一次地犯了「預期理由」的錯誤。

　　他可能意識到了這一方面的困難。這表現在他區分了意念和概念。它們的區別在於，意念可以有矛盾，而概念決不允許有矛盾❻⓪。意念可以有矛盾，卻不必有矛盾。這樣，意念與概念的關係便是：所有的概念都是意念，而意念則不一定是概念。或者說，「概念本身就是無矛盾的意念」❻①。從意念、概念與其對象

---

❻⓪　金岳霖：《知識論》，頁341。

❻①　同上，頁351。

的關係來說，概念能達於理，不包含矛盾的意念也能達於理。可見，概念和不包含矛盾的意念並無性質上的差異，問題是有矛盾的意念，有矛盾的意念就是邏輯上不可能的意念，它當然處於被排除捨棄之列。由於意念和概念有這些區別，意念圖案和概念結構也有類似的區別。

從表面上看，由於意念不同於概念，似乎就存在著如何從意念或「意念圖案」向概念或概念結構過渡的問題。但實際上，在金岳霖的知識論中，不存在這一問題。因為無矛盾的意念本身就是概念。我們所要做的工作就是排除有矛盾的意念。而排除的工具就是邏輯。矛盾律就是用於排除意念中的矛盾的。金岳霖認為，經驗也是保留與淘汰的工具，但其作用只限於決定某一意念與一既定的「意念圖案」是否相關，相關就保留，不相關就捨棄。它主要的不是排除矛盾意念的工具，而是組織意念圖案的「積極」工具。邏輯不是組織「意念圖案」的積極工具，但它是排除有矛盾的意念的主要工具。所以，意念與概念雖有以上的區別，但在《知識論》一書中，並沒有從意念向概念如何過渡的問題，有的只是憑藉邏輯排除有矛盾的意念的問題。而且，事實上，金岳霖經常的做法是直截了當地把意念看作就是表達共相或共相關聯的工具。所以，他雖區分了意念與概念，但他並沒有因此而避免了「預期理由」的錯誤。

金岳霖在意念論上的這些失誤，說明他對意念先驗性的規定，缺乏充足的根據。這就使他不能很好地說明意念為什麼具有必然性這個在哲學史上充滿激烈爭論的問題。

金岳霖意念的先驗性要求意念是不變的。意念的不變性是其先驗性的表現，否則意念就不能作為既定的方式去接受所與。金

岳霖認爲，意念是抽象的、普遍的，所以意念不能變。意念的抽象性、普遍性是意念先驗性的主要成分，它們決定了意念是不能變的。他指出：

> 「意念根本是不能變的，它根本無所謂變與不變。它是抽象的、普遍的。從它是普遍的著想，它當然不能變，這顯而易見，變是在特殊時空中的，而普遍的根本不在時空中。其實從抽象這一方面著想，情形同樣。引用意念於所與或個體，我們實在是以不變治變。必如此，我們才能有經驗，才能有官覺。不變的意念當然是有根據的。它底根據是共相的關聯，是理。大化流行本來是有理的。」[62]

爲了強調意念是不變的這一思想，金岳霖又進一步區分了意念的不變和我們對意念的改用這兩個不同的問題。他認爲，我們對於某一意念有取或捨的問題。對於一類「所與」，有時用某一意念去接受，有時改用另一意念去接受。我們對於意念雖有取捨，而意念本身是無所謂變化的。「意念底取捨是我們底改用而不是意念底改變」[63]。

總之，意念是不變的。意念不變的最終根據又恰恰在於它所代表的共相的永恆性。顯然，這樣的說法缺乏認識論上的充分理由。因爲：(1)在認識過程中，我們沒有根據說「所與」中有共相的關聯；(2)我們沒有標準來斷定意念所反映的就是「共相的關

---

[62]　金岳霖：《知識論》，頁395。

[63]　同上，頁386。

聯」。意念是不變的理論的一個更嚴重的困難是， 它表明對認識
對象的把握， 無論是正確的或錯誤的， 都是一次性的或終極性
的。 這一說法無疑是完全不符合人類認識的實際過程。 哲學史
上，一個思想體系被另一個思想體系所代替是屢見不鮮的事實。
而在科學史上，這種更迭替換更是習以爲常的慣例了。人類的認
識正是通過這樣的概念體系的更迭，而逐漸接近於眞理的認識。
總之，小而至於對一具體事物的認識，大而至於對宏觀宇宙的認
識，都處在一個永恒的無止境的過程之中。對於任何對象的認識
都不可能是一次性的、終極性的、絕對性的。當金岳霖說意念是
不變時，他實質上是否認了意念自身的不斷豐富、不斷發展的辯
證的過程。這顯然是錯誤的。但在《知識論》中，意念作爲接受
「所與」的方式，它又必須是不變。以上就是金岳霖意念論的又
一個困難。

　　金岳霖關於意念的後驗性和先驗性的理論充滿著 種 種 的 困
難。這困難源自於他的後驗性與先驗性並重的理論。在不能成功
地解決如何從經驗中得到普遍或一般的情況下，後驗性與先驗性
並重的理論是站不住腳的。而金岳霖的意念論僅以從意象到意念
的「一跳」來說明抽象、普遍的意念的產生，它沒有能解決從特
殊到一般的過渡問題。這正是休謨以後哲學家企圖解決的一個重
要的哲學問題。

　　要擺脫金岳霖意念論上的種種困難，似乎只有走康德哲學的
路，因爲康德直率地承認了具有普遍性、必然性的概念不能來自
經驗，它們只能是人的理性先天具有的。但他又陷入了另一困境
之中，卽毫無經驗內容的形式又怎麼能用來規定、範疇經驗材料
呢？劉易斯的「純粹概念」亦來自心靈的活動。他認爲， 來自經

驗的東西必不具有先驗性。他對先驗性的說明不同於康德，認爲
先驗性先於經驗，而又不脫離經驗。但劉易斯仍把概念看作是心
靈的產物。他也只說明了從經驗中不能產生具有先驗性的東西，
卻沒有充分地說明，爲什麼從心靈中就能產生具有先驗性 的 東
西。總之，康德、劉易斯的哲學雖能避免金岳霖意念論所遭遇到
的種種困難，然而它們又爲自己設置了種種的其它困難。意念的
後驗性與先驗性的關係問題仍在迷霧之中。

　　至此，金岳霖完成了對「所與」和意念的討論。「所與」是
知識的材料，意念是接受「所與」的方式。意念接受「所與」的
結果就是事實。「所與」和意念是事實中的兩個成分。事實的形
成標志著金岳霖知識論的直接對象的建立。現在要討論的關鍵問
題就是，事實是如何具體地形成的，事實具有哪些特點。金岳霖
認爲，意念接受「所與」形成事實的過程，是一個歸納的過程，
卽歸納形成事實。意念接受「所與」必須遵循總的規則，此總則
便是歸納原則。歸納與事實便是下一章的主題。

第三章　歸納與事實

第一節　歸納原則是接受總則

「所與」是知識的最基本的材料。意念得自「所與」，如果意念是正確的，它們所反映的就是「共相的關聯」；得到「共相的關聯」又恰恰是金岳霖知識論的目標。目標既已得到，知識論的任務似乎也就完成。這在康德以前的哲學家看來是正確的。如洛克認為，知識是人心對兩個觀念之間的契合或矛盾而得到的一種知覺。斯賓諾莎則認為，知識是從對於事物的特質具有共同概念和正確觀念而得來的觀念。但在金岳霖看來，得到了意念只完成了認識任務的一半。要形成知識還必須以意念為接受方式去安排「所與」形成事實。而事實由命題表達。與事實相應的命題為真命題，有真命題就是有知識。這反映了金岳霖對知識的看法受了康德哲學的影響。康德首先主張知識是以判斷的形式表現出來的。他的《純粹理性批判》討論的中心問題就是先天綜合判斷是如何可能的。對表達知識形式的這一看法，決定了金岳霖必須進一步討論事實的形成、事實的特點等問題。

什麼是事實呢？金岳霖說：「我們接受所與就是化所與為事實，而引用意念於所與而又引用未錯底時候，就是接受所與。可見，所謂事實一方面是所與，而另一方面是我們底意念」

❶。顯而易見，事實是由「所與」和「意念」這兩大成分組成。以意念接受「所與」也就是化「所與」爲事實。這一過程，金岳霖又稱之爲「化自然爲事實」。這一化的過程是由歸納來完成的，或者說「化」就是歸納。「歸納就是以種種方式去接受所與或呈現❷。」「歸納是化自然的呈現或所與爲事體、東西或事實的。呈現或所與對於歸納是原料，事實對於歸納是出品❸。」這一「化所與爲事實」是認識過程中的又一階段。

這樣，我們看到，從本然的個體或客觀的外物到事實的形成經過了兩個階段，卽官能化本然爲自然的呈現或「所與」，而歸納則化自然的呈現或「所與」爲事實。對這兩個階段的討論，占去了《知識論》一書整整八章的篇幅。「事實」這一範疇在金岳霖的知識論體系中占有舉足輕重的地位。「所與」是知識的基本材料，而不是知識的對象，而「事實是知識直接對象」❹。

金岳霖把事實的形成或以意念去接受「所與」，看作是歸納的結果或歸納。這反映了他把歸納看作「客觀的知識底唯一的來源」的思想。對歸納的這一看法，表明金岳霖在相當大的程度上受到了經驗主義哲學的影響。從培根到新實在論者的羅素都有這同樣的看法。其中穆爾（John Stuart Mill）更爲強調歸納的地位，他主張一切知識，包括邏輯和數學都由歸納得出。他的這一看法後來遭到邏輯經驗主義者的反對。後者認爲關於邏輯和數學的知識是先天的或先驗的，而一切經驗的知識卻仍源於歸納。

---

❶　金岳霖：《知識論》，頁468。
❷　同上，頁736。
❸　同上，頁516。
❹　同上，頁470。

　　事實是以意念接受了的「所與」。事實中有客觀的材料，也有理論的成分。這種對於「事實」的看法顯然是符合現代科學哲學對事實的看法。如美國的科學哲學家庫恩，便認爲事實和理論是「密切糾纏在一起的」。沒有一種新的規範理論，任何一種現象都不會成爲新的科學事實。他以氧的發現爲例，來爲自己的理論辯護。十八世紀七〇年代早期，有幾位化學家在自己的試管中得到過這種濃縮氣體而不知其爲何物。對氧的發現最有合法權利的似乎是英國的科學家和牧師約瑟夫‧普里斯特利和法國科學家拉瓦錫。普氏對紅色氧化汞加熱，把所釋放的氣體收集起來。他發現這種氣體有維持燃燒的獨特性能，而且還是動物呼吸所必需要的。但他的氣體樣品並不純，更爲重要的是，他於 1774 年認爲這種氣體是笑氣。1775年他又把它看作是去燃素空氣，而不認它爲氧。而拉瓦錫則宣布這是另一種氣體，是大氣的兩種主要成分之一。所以，人們傾向於認爲拉瓦錫有資格取得氧的發現權。究竟誰最有資格擁有氧的發現權不是我們關心的問題。我們所注意的是，這一科學史上的爭議清楚地表明，沒有一種新的科學理論，任何一種現象都不能成爲新的科學事實。因此，庫恩總結道：

　　　「發現某一類新現象必然是椿複雜的事件，裏面既包括認清事物是那個東西，又包括認清它是什麼東西。……只有一切有關的觀念範疇都事先準備好，也即現象根本不屬於新類，發現那個東西和發現它是什麼東西才會毫不費力地同時一起實現。」❺

---

❺　庫恩：《科學革命的結構》，中譯本，頁 46，上海科學技術出版社，1980年。

就氧的發現來說，必須有一次重大的理論規範的修改才能使人看到拉瓦錫所看到的東西。

理論規範的調整也是促使倫琴發現X射線的主要原因。實際上，看到倫琴所看到的現象的科學家為數不少。但他們卻什麼也沒有發現。如庫恩指出的那樣，起碼還有另外一個研究者看到過那種光，使他後來大為懊惱的是，他什麼也沒有發現。用金岳霖的話說，這位研究者是「視」而未「見」。要「視」而能「見」，就必須引用意念於現象材料。金岳霖的這一思想類似於庫恩的下述論點：

> 「吸收一類新事實要求更多地調整理論，直到調整好 —— 科學家學會以另一種方式看待自然界 —— 新的事實才會成為科學事實。」❻

庫恩思想的合理性在於他與波普爾一樣，否認傳統經驗主義的「精神水桶說」，即「全部經驗都由通過我們的感覺而獲得的信息構成」❼，主張任何觀察、試驗並不開始於純粹的感覺經驗，而同時伴隨有理論的指導。如果說，任何觀察、試驗都伴隨有理論，那麼這些理論知識又從何來的呢？庫恩等人的目的，只在於合理地說明或描述科學發展的模式，而無需對此給出答案。但知識論卻必須說明這些理論知識的來源，並且還必須指出事實中的理論或意念與感性材料是以何種方式結合的。對於第一個問題，

❻ 同上，頁43-44。
❼ 卡爾‧波普爾：《客觀的知識》，中譯本，頁64，上海譯文出版社，1987年。

金岳霖已給出答案；而第二個問題正是金岳霖的事實理論所要回答的。

從歷史上看，在以什麼方式使意念或概念與感性材料結合的問題上，有三種典型的答案：一是康德的「先驗構架說」；一是劉易斯的「實用效果說」；一是金岳霖的「歸納說」。但這三者在以意念或概念去接受或安排「所與」這一理論框架方面卻是共同的，即它們都是康德式的。金岳霖的「意念規律說」或以意念接受「所與」而形成事實的理論，表明他的知識論受了康德哲學很大的影響。

康德認為，範疇是「純概念」，是先驗的，它們與經驗毫無關係。金岳霖批判了康德的這一說法，指出：

> 「康德底先天形式似乎完全是我們底或完全是『心』底，如果所謂先天形式完全是我們底，我們至少有兩方面的問題：一方面是『閉門造車而出門不合轍』底問題。……另一方面我們接受所與是以不變治變。我們底意念雖無所謂變與不變，而因為我們是具體的，我們老在那裏變。如果形式完全屬於我們，則形式會跟著我們底變而變，果然如此，則我們底形式不足以治變。所謂『心』，也許是無所謂變或不變。說這些形式完全是屬於『心』，也許可以解決後一方面的問題，但是，仍不能解決前一方面的問題。」❽

這一批判集中在康德「純概念」的先驗性上。但這一批判未

---

❽　金岳霖：《知識論》，頁464-465。

擊中要害。因爲在康德哲學中來自物自體的現象質料毫無秩序、毫無條理，所以它不能拒絕有秩序有條理的先驗形式的安排與整理。因此，康德的先天形式並沒有「閉門造車而出門不合轍」的問題。只有在下述情況下，才有這樣的問題：卽感性直觀提供的材料有自己的秩序、條理，哪怕是最低限度的條理秩序。金岳霖的知識論體系中就有這樣的問題。因爲他認爲意念是有圖案或結構的，而「所與」也有條理秩序。雖然前者來自於後者，但又怎麼能保證前者與後者的條理秩序又一定是一致和諧的呢？

康德哲學的眞正問題在於，先驗的純概念毫無經驗內容，所以它與感性直觀提供的材料毫無共同之點。只有同質的東西才能發生相互的關係或影響。只有從經驗中來的才能反過來運用到經驗中去。康德的「純概念」既毫無經驗內容，它就是與經驗完全不同質的東西，它又怎麼能將其普遍有效的形式加諸經驗材料之上呢？

康德意識到了這一點，並同時著手解決它。他說：

> 「但因為知性純概念的確與經驗直觀、與所有的感性直觀根本不同，不可能在任何直觀中遇到它們。沒有一個人會說，範疇，例如因果，能通過感性被直觀到，它本身包含在現象中，那麼，直觀的材料包括在純概念之下，範疇應用於現象又是如何可能呢？……
> 很明顯，這裏必須有某種第三者，一方面與範疇相一致，另一方面又與現象相一致，這樣才使前者可能應用於後者。這個中間表象必須是純粹的，這就是沒有任何經驗內容，同時它必須一方面是知性的，另一方面是感性的。這

樣一種表象便是先驗構架。」❾

康德在這裏指明了聯結知性與感性的先驗構架必須同時具有感性和知性的特點，或者說它是一種抽象的感性結構。通過它，知性將其具有普遍有效的先天形式加諸具體的感性材料之上。可見，先驗構架是溝通知性和感性的一個中介或關鍵。康德認爲作爲這樣的中介或關鍵的先驗構架，來自於一種先驗的創造的想像力之綜合活動，是先驗的想像的成果。這樣，構架和創造想像成了聯結感性和知性的橋樑。先驗構架的作用表現在，一方面使範疇應用於現象而具有現實性，另一方面又在認識過程中約束範疇，使之不超越感性經驗之外。同時承認先驗構架的知性和感性的特點，是康德知識論的需要。承認構架的先驗性是無可非議的。但實質上眞正使範疇能適用於感性材料的卻只是先驗構架的感性特點。也就是說，康德用構架的感性約束了知性的範疇。這在某種程度上也就否認了純概念是完全獨立於感性經驗的，這是康德哲學中的一個困難。這也是一切割裂物自體和純意識的二元哲學的困境。其根本失誤恐怕在於對概念先驗性的規定上的理論錯誤。這就導致了美國哲學家劉易斯在構造其知識論體系時，便首先對概念的先驗性作了重新的界說。

劉易斯知識論的特點，表現爲一種概念論的實用主義。他繼承了美國實用主義哲學傳統，突出強調概念的實際效用和功能。但他的理論架構卻主要取自於康德的哲學，這充分表現在他承認概念和「所與」的二元對立之上。他說：「知識中的兩個需要區

---

❾　參見中譯本：《純粹理性批判》，頁142–143。

分的要素是概念和感性所與: 前者是思想活動的產物; 而後者是
獨立於這類活動的。……純粹概念和所與的內容是互相獨立, 並
不互相制約的」❿。但在對純粹概念的先驗性的規定上, 劉易斯
卻顯得不同於康德。他說:

> 「先驗者……乃先於經驗, 差不多和目的之為先驗, 具有
> 同樣的意思。目的不是由所與的內容來指定, 而是我們自
> 己的。不過目的必須通過經驗而具體化, 而得以實現; 所
> 與的內容不是和目的無關的。無所應用的目的將要消失。
> 與此相仿, 凡屬先驗而出於心靈者, 都先於所與的內容,
> 可是在另一意義上又不獨立於一般的經驗。」⓫

先驗性表現在它先於經驗而又不能脫離於經驗。概念與「所與」
的關係就是這種如卽如離的關係。概念是先驗的, 但其先驗性又
恰恰只有在它對「所與」的構造、解釋的功能中才能體現出來。
這種對先驗性的新的解釋的真正用意, 在於承認「所與」和概念
各有不同的來源時, 又企圖把這兩者緊緊地捆在一起。如此, 就
無必要在中間插入一個第三者以聯結它們。其實, 劉易斯對先驗
性的規定十分含糊, 而且這種規定性也並不能改變概念和「所
與」的不同質這一狀況。

劉易斯的知識論在用概念解釋或構造「所與」時, 碰到的另
一個問題是選擇什麼樣的概念系統運用於「所與」。我們在後面
也將看到金岳霖的意念論也有同樣的問題。這個問題的產生, 是

❿ C. I. Lews, *Mind and world order*, p.37.

⓫ 同上, 頁24。

由於劉易斯承認概念並不是孤立的。他認爲，並不存在內在的簡單性和不可定義的東西，「所有的意義都是關係」❷。所以，一切概念都互相關聯著。這樣，對於同一「所與」，可以運用不同的概念系統進行解釋，而這些解釋可能同樣是客觀的、合理的。但在實際上，我們只能運用一概念系統進行解釋。果眞如此，我們就面臨一個選擇的問題。而選擇總是自覺或不自覺地以實用爲基礎的。這是用後果來說明某一選擇是否最佳，這顯然是不正確的。這樣做無疑承認理論在事先的無力，因而選擇就有一定的冒險性。

在運用概念系統來說明感性材料或「所與」上，康德和劉易斯的這兩種說法很有代表性。它們都有各自的片面性。總的說來並不是很成功的。之所以敍述康德、劉易斯這方面的理論，就是爲了使我們容易看到金岳霖的知識論在這一方面的特色。

金岳霖把運用意念去接受「所與」以形成事實的過程叫作歸納。如我們面前有某呈現 x，我們以「紅」和「花」這兩意念去接受，這樣，我們就視 x 而見一「紅花」。如無意念的接受，我們就會視而不見。爲了敍述的方便，我們以 x、y、z……表示呈現或「所與」，以 A、B、C……表示意念，以 a、b、c……表示以意念 A、B、C……去接受呈現或所與 x、y、z……而形成的事體、東西或事實。

以意念去接受「所與」就有意念符合不符合「所與」或「所與」能不能接受意念的問題。金岳霖說：

「在任何官能區中，有 x，y，z……呈現或所與。這些

---

❷　C. I. Lews, *Mind and World order*，頁107。

所與或呈現，也許都是我們所有的以上所說的Ａ，Ｂ，Ｃ
……等等所能接受的，也許一部分是Ａ，Ｂ，Ｃ……等等
所不能接受的，也許完全都不是。……在日常生活中，
ｘ，ｙ，ｚ……等等大都是我們能以Ａ，Ｂ，Ｃ……去接
受的，決不至於完全是Ａ，Ｂ，Ｃ……等等之所不能接受
的。後者只是一可能而已，在日常生活中不會發生。我們
想一想Ａ，Ｂ，Ｃ……等等之中有好些是負的接受方式，
有些是消極的接受方式，例如『稀奇』，例如『古怪』，我
們就會感覺到ｘ，ｙ，ｚ……等等決不會完全是Ａ，Ｂ，
Ｃ……等等所不能接受的。結果是，ｘ，ｙ，ｚ……等
等，總有好些是我們所能接受的。」**⓭**

這些引語說明了兩個問題：第一，直截了當地肯定意念能引用於
「所與」。其原因當然在於意念得自「所與」，意念同時具有後驗
性與先驗性。意念的後驗性保證了意念之能運用於「所與」。於
是，康德的問題消失了。第二，肯定了「所與」大都是意念所能
接受的，但也承認了部分接受、部分不接受的情況。發現並解決
這些問題是歸納的任務。另外，引用意念於「所與」有我們的判
斷。判斷錯了，引用也錯。這樣，就有改用意念的問題。意念取
捨的根據之一就是歸納方面的證據。總之，歸納形成事實。

從表面上看，意念是普遍的抽象的，所以引用意念於「所與」
以形成事實是一個從一般到個別的過程。其實，化「所與」爲事
實這一過程，是從特殊的「所與」到特殊的事實的過程。所以它

⓭　金岳霖：《知識論》，頁454-455。

是一個歸納的過程。更進一步說，「所與」不是孤立的，而是連續不斷湧現的。如果我們以A，B，── （代表關係意念）意念去接受x、y，得a ── b。如果同類的「所與」在不同的時間內不斷呈現，而我們繼續以A、B、── 接受，我們就連續得到 at_1 ── bt_1，at_2 ── bt_2，at_3 ── bt_3……at_n ── bt_n。在這樣衆多的例證中能否得出A ── B這樣的普遍命題呢？顯然，A、B、── 意念的確定性、普遍性不能提供保證。它只能從上述的特殊的例證中去概括出來。這也說明了引用意念於「所與」形成事實是一個歸納過程。

把事實的形成看作是一個歸納過程的理論顯然不同於劉易斯的概念實用主義，因爲它不是用實際的效果來說明意念是如何運用於 「所與」 而形成事實的。要使歸納推論合法的最有效的途徑，就是去充分地說明歸納原則的有效性，這是唯一的途徑。歸納原則是歸納推論得以進行的根據。歸納原則失效，一切歸納推論也將是不可能的。因此要使化「所與」爲事實這一歸納過程得以成功地進行，就必然首先要論證「歸納原則」的合理性。事實上，金岳霖也十分重視歸納原則在其知識論中的地位。他把歸納原則稱爲意念接受所與的「接受總則」[14]。他認爲「意念底引用都是歸納原則底引用」[15]。這表明在如何聯結意念和「所與」這一問題上，金岳霖走着一條與康德、劉易斯完全不同的道路。這是金岳霖在哲學理論上的獨創性的表現。

歸納原則旣是意念接受「所與」的根本原則，爲了保證接受

---

[14]　金岳霖：《知識論》，頁453。

[15]　同上，頁456。

的有效性和正確性，就必須要首先說明歸納原則的正確性。金岳霖認爲，歸納原則是永眞的。

在說明歸納原則是永眞的之前，金岳霖首先限定了歸納原則討論的範圍：

第一、他對歸納原則的討論將侷限在知識論領域之內，而主要地不是從歸納邏輯着眼。他說：「我們底主要問題是歸納原則之爲接受總則，而不是我們如何歸納或我們在歸納所用的方法是如何的方法」[16]。目前有些文章討論金岳霖的歸納原則，其重點不在知識論方面，所以它們的討論和評價顯得較爲片面。

第二、「大概問題撇開」。金岳霖撇開歸納原則的或然性問題有兩個方面的原因：(1)他對於歸納原則中的或然性問題「沒有特別的研究，有好些方面根本不懂，所以也不能提出討論」[17]。(2)他認爲「主要問題是歸納原則是否永眞，能否爲將來所推翻。……假如將來推翻以往，也推翻歸納原則，則大概推算問題根本不發生，因爲大概不經推算我們已經知道它等於零了。從別的方面着眼，大概問題也許重要，然而從本章底討論，大概問題不重要」[18]。其實，討論歸納原則而不談大概問題是不妥的。古典歸納原則的表述與現代歸納原則的主要區別，恰恰在於後者充分重視了「大概」或「或然性」在歸納原則中應有的地位。而且，「假如將來推翻以往」，歸納原則也未見得被推翻。我們現在斷定「假如將來推翻以往」，所斷定的不是現實性，而只是可能性而已。因此其中仍有大概問題。因爲很明顯，可能性只是可能性，

---

[16] 同上，頁419。

[17] 同上，頁420。

[18] 同上。

它不是現實性，除非在現在「將來已推翻以往」，而這是不可能
的。再者，金岳霖把對歸納原則的討論侷限在歸納原則要麼成立，
要麼被推翻這樣的二值範圍之內也是不妥的，因爲這樣的限制
排除了大槪在歸納原則中的地位。總之，在歸納原則的現代表述
中，或然性是一個很重要的成分。而且事實上，撇開這一問題給
金岳霖討論歸納原則帶來不少麻煩。

　　討論的範圍旣已限定，下一步就是如何表述歸納原則。金
岳霖把它表述爲「兩（或多數）類不同的東西或事體，如果在多
數例證中有某關聯或情形，則大槪它們『老有』『那樣』的關聯
或情形」❿。他認爲歸納原則用「如果 —— 則大槪」式的命題表
示。用符號表示如下：

$$a_1 \text{ —— } b_1$$
$$a_2 \text{ —— } b_2$$
$$a_3 \text{ —— } b_3$$
$$\vdots \qquad \vdots$$
$$a_n \text{ —— } b_n$$

$$\text{則（大槪）} A \text{ —— } B$$

　　爲什麼上列的表述是歸納原則呢？金岳霖認爲有兩點理由：
(1) $a_1, b_1, a_2, b_2, \cdots\cdots$ 是特殊的東西或事體。這是說，此原則不
是從「所與」或呈現說起，而是從接受了的「所與」或事實說
起。記住這一點，對於我們的討論至關重要。(2) A —— B是一

---

❿　金岳霖：《知識論》，頁424。

普遍命題，其範圍超出了前面所列的所有特殊例證的範圍。如這
一命題是眞的，則其效用不但及於過去、現在，而且一定達於未
來。換句話說，它是超特殊時空的。這就排除了把所謂的完全歸
納叫做歸納的說法，因爲完全歸納的結論的範圍，只限於前提中
所列的特殊例證的範圍。

　　我們還得格外注意的一點就是 A ── B 這一命題之前的「則」
和「大概」的前後位置的問題。「 如果 ── 則 」是充分條件的假
言命題。其邏輯含義爲前件眞，後件亦眞，則這一命題爲眞，前
件蘊涵着後件。以「如果 ── 則」式的命題來表示歸納原則，就
得考慮演繹與歸納的區別，就得要在這命題形式中放進「大概」
的字樣。問題是放在何處。金岳霖堅持要把它們放在「則」字之
後，認爲歸納原則

　　　　「沒有說『如果……大概則……』，它說的是『如果……則
　　　大概……』，如爲前者，則前件眞，後件不一定眞，旣爲
　　　後者，則前件眞，後件也眞，和普通的『如果 ── 則』命
　　　題完全一樣。這原則底眞假問題和普通『如果 ── 則』命
　　　題底眞假一樣，只要前件眞，而後件假，這原則就是假
　　　的。」[20]

在「則」和「大概」的前後位置上，金岳霖表現了某種武斷的態
度。他並沒有充分的理由說明爲何一定要「則大概」而絕不是
「大概則」。其實他的眞正用意，是要用演繹推理中的假言推理

[20]　同上，頁436。

形式來保證歸納原則的永眞性。在上述的引文中，他已把歸納原則的眞假問題和「普通如果 —— 則命題底眞假」視爲一樣。麻煩的是「大概」問題：「大概」問題既可撇開，則二者之間也就並無區別。我們知道，假言命題形式爲 p→q。肯定前件，也就肯定後件。肯定前件式爲（p→q）∧p→q，這是演繹。按上述金岳霖對歸納原則的表述，那麼它也是歸納了。這樣來處理歸納原則顯然是不妥當的。

看到了歸納和演繹之間的聯繫是對的，但因此而忽視這二者之間的區別則是不應該的。金岳霖的這一疏忽有種種原因。其中之一是和他忽略「或然性」或「大概」在歸納原則中的位置有關；另一原因似乎在於他沒有看到如下一點，卽假言命題是一複合命題，前件是一命題，後件也是一命題。前後件位置不一，但卻是同質的。與此截然相反，在歸納原則中，前後件卻是不同質的。後件是一普遍命題；而前件堆滿的則是特殊的例證。特殊加特殊仍是特殊。這一相加的過程可以永遠延續下去，而其結果則是肯定的，卽它是特殊的。因此，如何從例證的特殊性向結論的普遍性過渡的問題，絕不能僅靠演繹推理的形式得到解決。

歸納原則是歸納推論的根據。金岳霖認爲，在推論中，歸納原則爲大前提，例證爲小前提，A —— B爲結論。如果例證都是正確的，則推論的正確性就依據於歸納原則。

以上是就金岳霖對歸納原則表述的討論。至於這一原則是否永眞，我將在下一節中討論。

下一個要討論的問題就是，金岳霖歸納原則表述的根據。可以說，這一根據是現成地得自於羅素的。金岳霖歸納原則的文字表述是直接譯自於羅素《我們關於外在世界的知識》（1914年）

一書第八講對歸納原則的表述的。這一講主要討論因果觀念及其
與自由意志的關係，並未對歸納原則作任何稍微具體的分析。只
是在討論因果律能否在將來依然有效時，羅素認爲這一問題的答
案只能從歸納原則中去尋找。他把歸納原則表述如下：

「Of, in a great number of instances, a thing of
a certain kind is associated in a certain way
with a thing of certain other kind, it is probable
that a thing of the one kind is always similarly
associated with a thing of the other kind; and
as the number of instances increase, the probab-
ility approaches indefinitely certainty.」 ㉑

這一原則分爲兩個部分： 前一部分說：「如果在大量的例證中，
某類的一事物與另一類的一事物以某種方式相聯繫，那麼這類中
的另一事物則大概總是以同樣的方式與另一類中的另一事物相聯
繫。」後一部分說：「隨着例證數目的增加，或然性無止境地接近
必然性。」前一部分是以「如果 —— 則 ——」式的命題表述的。
金岳霖的歸納原則的表述就是依據於這一部分。

　　在此應該指出的是， 金岳霖引用羅素的這一表述是不 確 切
的。因爲前者的後件是一普遍命題，而後者的後件仍是特殊的例
證。更具體地說，金岳霖所引用的羅素這一表述，只能夠用於證

㉑　Bertrand Russell, *Our Knowledge of the External World*,
　　p.222, London, 1914.

驗我們對單個新例證的預料，而不是他所說的是對類和類，如
A和B，或對普遍規律的預料。所以，從羅素歸納原則的前半部
分，得不出金岳霖歸納原則後件中的普遍命題式的結論。是不是
金岳霖對歸納原則的看法不同於羅素呢？似乎不是。羅素在《哲
學問題》(1912年)一書中，對歸納原則有兩個表述：一個是針對
於單個新例證的，另一個是針對於普遍規律的或然性的。針對於
單個新例證的原則與上述的原則類似。針對於普遍規律的原則分
爲兩個部分❷：

(a) The greater the number of cases in which a
thing of the sort A has been found associated
with a thing of the sort B, the more probable
it is (if no cases of failure of association are
known) that A is always associated with B. 〔(a)
如果發現A類事物和B類事物相聯的事例的數目越多，則
A和B總是相聯的或然性也就越大（假如不知道有不相聯
的事例的話）。〕

(b) Under the same circumstances, a sufficient
number of cases of the association of A with B
will make it nearly certain that A is always
associated with B and will make this general
law approach certainty without limit. 〔(b) 在同樣
的條件下，A和B相聯的事例的數目足夠多時，便幾乎可

---

❷　Russell, *The Problems of Philosophy*, p.37, London, 1976

以確定Ａ和Ｂ總是相聯的，並且可以肯定這個普遍規律將無限止地接近於必然性。〕

這一關於普遍規律或然性的原則，顯然不同於針對單個新例證的原則的。金岳霖的歸納原則的表述應是根據於羅素的這一歸納原則的表述，而不是他所引用的羅素的另一表述。

羅素的貢獻在於他接受了 J.M. 凱恩斯概率論的影響，首先在知識論的領域內將概率和歸納初步結合起來，對歸納原則作了經典的表述。這使他的歸納原則的表述，大大不同於從培根以來直到穆勒時的歸納原則的表述。這個不同，主要在於他首先在歸納原則中引進了「或然性」問題，儘管此時他還未着手對之進行定量的分析。羅素歸納原則表述的另一重要特徵，在於他雖然認爲歸納所得的或然性能無止境地接近於必然性，但他又指出，它永遠也不能完全達到必然性。因此，或然性才是歸納原則所應當追求的全部目標。可見，在羅素看來，正是或然性才是歸納原則的核心內容❷。在這一問題上，金岳霖的看法顯然不同於羅素。

由上可見，金岳霖的歸納原則表述主要是受了羅素的影響。這不但表現在他接受了羅素歸納原則的前半部分思想，而且還在於他也如羅素似地把歸納看成知識形成的主要途徑❷。但在《人類的知識》(1948年)一書中，羅素放棄了把歸納法作爲形成知識的主要途徑的看法。理由是，歸納法沒有合理的基礎，爲歸納法本身找出根據是不可能的，因爲我們可以證明歸納法導致虛妄和

❷　參見上書，頁36。
❷　參見上書，第六章。

導致眞理是同樣常見的。因此，必須另外尋求一些公設來保證科學知識的有效性。儘管如此，羅素仍認爲，歸納法作爲一個增加概率性命題的概率的手段仍適合於「適當的實例」。可見，金岳霖主要是受了羅素早期的歸納理論的影響。

在《我們關於外在世界的知識》一書中，羅素只是提到了歸納原則是因果推論的基礎，然而對歸納原則本身未做任何具體的分析。他的《哲學問題》一書的第六章專講歸納法，而且七、八、九等章也涉及了歸納原則的根據等問題。但總的來講，羅素並未對歸納原則作過很深入細緻的分析。他本人後也承認《哲學問題》一書對歸納原則的表述「很粗疏」[25]。而金岳霖在羅素歸納原則的基礎上做了具體、深入的分析。

這一具體、深入的分析表現在如下兩點上：（1）以符號表示；（2）引入了時間。金岳霖歸納原則表述的一個很明顯的特點，是他特別注重前件例證的時間性。原則的前件須列舉所能得到的全部例證。由於引入時間，歸納原則就應表述如下：

$$甲: \quad at_1 \longrightarrow bt_1$$
$$at_2 \longrightarrow bt_2$$
$$at_3 \longrightarrow bt_3$$
$$\vdots \qquad \vdots$$
$$at_n \longrightarrow bt_n$$
$$則（大概）A \longrightarrow B$$

但時間不會停留。隨着時間的流逝，新例證會不斷地到來。然而

---

[25]　參見羅素：《我的哲學的發展》，中譯本，頁91，商務印書館，北京，1985年。

新例證之成爲例證必須具有現實性，這樣它才會有與以往是否相同的問題。新例證只可能有兩種情況， 卽它不是正的， 就是負的。新例證無論是正的抑或是否的，只能列入前件之中。所以，新例證的到來，只有以下兩種情況：

乙: at_1 —— bt_1 丙: at_1 —— bt_1
　　at_2 —— bt_2 　　　　　　at_2 —— bt_2
　　at_3 —— bt_3 　　　　　　at_3 —— bt_3
　　at_n —— bt_n 　　　　　　at_n —— bt_n
　　at_{n+1} —— bt_{n+1} 　　　$at_{n+1} \not{\quad} bt_{n+1}$
　　則 A —— B 　　　　　　則 A $\not{\quad}$ B

以上是金岳霖對歸納原則所作的具體分析：

甲表示由前件的正的特殊例證得一普遍命題 A —— B。乙表示在新例證 at_{n+1} —— bt_{n+1} 到來時，結論仍爲 A —— B。金岳霖認爲，這樣的新例證當然更增加 A —— B 的大概性或可能性。然而這樣的看法似乎值得商榷。因爲所有的例證都是特殊的，而結論是一個嚴格的全稱命題或普遍命題，所以無論前件中的特殊例證重複多少次，它還是一個有限數，它不能通過有限相加的方式而達到普遍命題的無限蘊涵。從數學的觀點看，有限加有限其概率仍等於零。從哲學的觀點看，一個特殊例證加上另一個特殊例證，如此重複地相加下去，也永遠到達不了普遍。因此，對於一個普遍命題來說，前件中新的例證的增加， 並不增加其概率。然而，對於一個特稱的命題來說，每一個新例證的到來，便會不斷增加其概率。

丙表示，當新例證爲 $at_{n+1} \not\!\!-\!\!- bt_{n+1}$ 時，　則後件爲A$\not\!\!-\!\!-$B。金岳霖認爲「有負的例證在前件，原來的後件推翻」。這一說法顯然是站不住腳的。我們先來看看甲所表示的原則：

如果 $at_1 \!\!-\!\! bt_1$, $at_2 \!\!-\!\! bt_2$, $at_3 \!\!-\!\! bt_3$, ……$at_n \!\!-\!\! bt_n$

則（大概）A $\!\!-\!\!$ B

後件「（大概）A $\!\!-\!\!$ B」的眞正意思是說「A $\!\!-\!\!$ B可能是眞的」。當新的例證 $at_{n+1} \not\!\!-\!\!- bt_{n+1}$ 來時，它所推翻的決不是前件中所列舉的那些特殊例證，它們已成爲歷史，是無法推翻的。它所能推翻的只能是「A $\!\!-\!\!$ B」這樣的命題的眞值，而決不是「（大概）A $\!\!-\!\!$ B」這樣的命題。道理很簡單：

(1)「（大概）A $\!\!-\!\!$ B」命題的或然性是相對於新的負例證到來之前的前件的材料而說的。既然金岳霖認爲 $at_{n+1} \not\!\!-\!\!- bt_{n+1}$ 推翻的不是前件的例證，那麼我們也就隨之得承認它也不能推翻由這些例證支持的「（大概）A $\!\!-\!\!$ B」命題已取得的或然性。所以，新例證 $at_{n+1} \not\!\!-\!\!- bt_{n+1}$ 不能推翻「（大概）A $\!\!-\!\!$ B」這一命題。

(2)「（大概）A $\!\!-\!\!$ B」這一命題的實質是說「A $\!\!-\!\!$ B或眞或假是可能的」。若如此，新的負例證又怎麼能推翻它呢？只有在特稱命題並有可能對其或然性作定量分析的情況下，新的負例證才能對「（大概）A $\!\!-\!\!$ B」的或然性有影響。但即使這樣，它也不能推翻「（大概）A $\!\!-\!\!$ B」這樣的命題，而至多只能影響其概率。

金岳霖之所以根據一個新的負例證就貿然斷定「（大概）A $\!\!-\!\!$ B」被推翻，其原因之一就是他撇開大概問題；另一個原因在於他用演繹三段論的推導形式來處理歸納問題而得出A$\not\!\!-\!\!-$B

的❷。他把歸納原則視爲歸納推論的大前提，而把前件的內容視爲小前提，A —— B爲結論。這一推論可表示如下：

如果 at_1 —— bt_1，at_2 —— bt_2，at_3 —— bt_3 …… at_n —— bt_n，at_{n+1} $\not\!\!\!\text{——}$ bt_{n+1}

則 A $\not\!\!\!\text{——}$ B

at_1 —— bt_1，at_2 —— bt_2，at_3 —— bt_3 …… at_n —— bt_n，at_{n+1} $\not\!\!\!\text{——}$ bt_{n+1}

則 A $\not\!\!\!\text{——}$ B

如以大前提中的前件爲 $\neg$ p，後件爲 $\neg$ q，小前提爲 $\neg$ p。這一推論爲：

$$(\neg p \longrightarrow \neg q) \wedge \neg p \longrightarrow \neg q$$

所以結論爲 A $\not\!\!\!\text{——}$ B。

從推論形式上看，這是一個肯定前件式。但問題是歸納推論與演繹推理有著質的不同。簡單地用演繹推理的形式去處理是不妥當的。因爲這樣做時，一個負的例證實質上否定的不僅是結論，而且它也否定了以前的所有的例證。就它否定以前的例證而言，它是錯誤的。

上面的分析表明，金岳霖對歸納原則的表述存在著種種的問題。但他在這方面所做的艱苦、細緻的探討工作仍是有意義的。

第二節　歸納原則永真嗎?

金岳霖並未滿足於對歸納原則的表述做具體的分析，他更進

---

❷　金岳霖：《知識論》，頁436。

一步試圖對這一原則的正確性作出說明。這一工作就是對歸納原則的辯護。它始於英國哲學家休謨。他給的答案是，歸納推理的辯護是不可能的。

休謨認爲，我們沒有充分的理由擔保從特殊的經驗事例中得到普遍陳述的合理性，不管這類特殊的事例如何的多。儘管我們觀察到的一事物與另一事物相聯的事例是無限的多，我們仍沒有理由預料這兩者在未來某時又相連。我們有什麼理由爲這類推論作辯護呢？休謨認爲，這樣的辯護只能訴諸於兩個方面，一是邏輯，一是經驗。但他本人馬上就有力地否定了這兩個辯護。

休謨說：

「一個人如果說：『我在過去的一切例證中，曾見有那些相似的可感性質和那些秘密的能力聯合在一起。』同時他又說：『相似的可感的性質，將來總會恒常地和相似的秘密能力聯合在一起。』那他並沒有犯同語反覆的毛病，而且這兩個命題不論在任何方面都不是同一的。你或者說，後一個命題是由前一個命題而來的推斷。不過，你必須承認，那個推斷不是直觀的，也並不是解證的。」[27]

這兩個命題不是同語反覆，所以兩者間無必然聯繫。說它們之間有推斷的關係，那麼這一推斷既不是直觀的，也並不是解證的。不是直觀的，就否認了這一推斷的自明性；不是解證的，也就是認爲這一推理不具有確定性和明白性。休謨堅持道，解證的推論

---

[27]　休謨：《人類理解研究》，中譯本，頁36-37。

198 金岳霖

只限於各觀念間的關係，而這裏的推論，涉及的卻是實際的事實或存在，所以它只是或然的。他對這一推論的辯護的否定，是從邏輯方面著眼的。他指出這兩命題之間並不具有演繹推理的必然性。這表明他正確地看到了演繹和歸納之間的嚴格區別。

這兩個命題之間的聯繫既不根據於邏輯，那麼它是否根據於經驗呢？休謨也斷然否認了這一點。他指出：

> 「說它是根據實驗的，那就是把未決的問題引來作為論證。因為根據經驗而來的一切推斷，都假設將來和過去相似，而且相似的能力將來會伴有相似的可感的性質——這個假設正是那些推斷的基礎。如果我們猜想，自然的途徑會發生變化，過去的不能為將來的規則，那一切經驗都會成為無用的，再也生不起任何推斷或結論。因此，我們就不能用由經驗得來的論證來證明過去是和將來相似的。因為這些論證統統都是建立在那種相似關係的假設之上的。」㉓

這一反駁清楚地表明了對歸納原則的經驗辯護會立即陷入循環論證之中。其實，休謨的這一反駁也反對了後來的哲學家以「自然齊一」原則為歸納作辯護的立場。這一立場假定了過去、現在與未來的可能經驗都有一種均勻一致的秩序。事實上，休謨的哲學已摧毀了這樣的自然律的假設，因為他已指出自然的途徑會發生變化。所以，當後來穆勒提出要以自然過程的齊一性原則來為歸納法辯護時，他應注意到休謨對之早已否定了。而且，從理論上

㉓　同上，頁37。

講，　要使自然齊一原則能說明歸納法，　它本身必須首先得到說明，而唯一能夠用來說明自然過程齊一原則，恰恰就是歸納原則本身。這又是循環論證。

休謨在否定了對歸納法的邏輯和經驗的辯護之後，便提出了他自己對這類推論的心理學的假設。他認為，當人們看到一個事物總是和另一事物相伴隨，而沒有發生例外，於是人們就會期望在下一次例證中，它們也會必然地聯繫著。對這種必然聯繫的期望，這種推論的根據，不能來自對象本身，因為特殊例證無論重複多少次，人們也永遠不能發現對象之間的必然聯繫。它也不是理性的結果，而是對象的恒常會合在人心中自然形成的一種「習慣」。「因此根據經驗而來的一切推論都是習慣的結果，而不是理性的結果」㉙。所以，「習慣就是人生的最大指導。只有這條原則可以使我們的經驗有益於我們，並且使我們期望將來有類似過去的一串事情發生」㉚。在此，休謨為歸納法提供了一個心理學的辯護。不能說他否認了對歸納推理的一切辯護，他所否認的，只是對之所作的邏輯的和經驗的辯護。但當他把歸納推理建立在主觀的習慣和信念之上時，他也就徹底地摧毀了這一推論的有效性和合理性的基礎，因為主觀的習慣和信念，如同任何經驗一樣，並不是恆常的，它們之間也並無必然的聯繫。從這個意義上，可以說，休謨確確實實徹底地否定了對歸納推理可以給予任何合理的辯護。

休謨關於歸納法的理論受到許多哲學家的重視。如康德在其《未來形而上學導論》一書中說：「休謨無可辯駁地論證說：　理

㉙　休謨：《人類理解研究》，中譯本，頁42。
㉚　同上，頁43。

性絕不可能先天地並且假借概念來思維這樣一種含有必然性的結合」㉛。有的哲學家認爲， 休謨對歸納問題的看法已成定論。如斯特勞森曾樂觀地說：「如果……有歸納問題， 而且……休謨提出了它， 那麼就應該補充說他解決了這個問題」㉜。斯特勞森的這一看法表明， 他不僅贊同休謨對歸納法的邏輯的和經驗的辯護的否定態度，而且也支持他對歸納問題的心理學的解決方案。以反歸納法而馳名於哲學界的哲學家卡爾·波普爾也贊同休謨的歸納理論， 他反對歸納的基本理由幾乎都可以在休謨的歸納理論中找到。

這樣， 在休謨之後，哲學家們不得不考慮另闢蹊徑， 爲歸納問題尋求新的根據。羅素就曾做了種種嘗試。他是基本上同意休謨的觀點的， 認爲休謨的「議論所證明的是 —— 我以爲這證明無法辯駁 —— 歸納是一個獨立的邏輯原理， 是從經驗或從其它邏輯原理都推論不出來的， 沒有這個原理， 便不會有科學」㉝。他支持休謨對歸納問題的邏輯的和經驗的辯護的否定， 但不同意他把歸納推論建立在個人主觀的習慣和信念之上。他爲歸納問題已找到了一個新的根據， 這一事實便充分地說明了這一點。

羅素認爲， 歸納原則不能經由邏輯得到證明， 而且也不能由經驗證明和反對。至此， 他是和休謨完全一致的。那麼， 歸納原則的根據又在那裏呢？如果不能充分地給歸納原則以根據， 那麼一切經驗推論將是無效的， 因此科學的知識也將是不可能的。所

㉛ 康德：《形而上學導論》，中譯本， 頁 6，商務印書館， 北京，1978年。

㉜ 轉引自卡爾·波普爾：《客觀的知識》，中譯本，頁12。

㉝ 羅素：《西方哲學史》，下卷，中譯本，頁 212，商務印書館，北京，1976年。

以，必須爲它尋求一個牢固的基礎。他認爲這一基礎便是共相。
他論證道：

> 「歸納原則對於以經驗爲根據的論證的有效性都是必要的，
> 而歸納原則本身却不是經驗所能證明的，可是大家居然毫
> 不遲疑地信仰它，最低限度，實際應用到各方面時是如
> 此。有這些特點的不僅歸納原則，還有許多別的原則，經
> 驗既不能證明又不能反對，然而在那些從被經驗到的事物
> 出發而做的論證中的確運用這些原則。」㉞

他稱這些原則爲普遍原則，它包括歸納原則、邏輯命題、數學命
題、倫理學命題等。它們都是先驗的命題，關於它們的知識都是
先驗的知識。一切知識，包括那部分在邏輯上不依賴於經驗的知
識，都是由經驗抽繹出來的，由經驗造成的。但這並不影響我們
承認有些知識是先驗的，先驗的意思是說「叫我們去思考它的那
種經驗，並不足以證明它，而僅僅是使我們注意到我們可以無需
任何經驗上的證明就能明瞭它的眞理」㉟。先驗的知識由經驗而
得到，但其正確性或眞理性却不依賴於經驗，卽它們既不能爲經
驗所證明，也不能爲經驗所反對。那麼，先驗的知識如何可能呢？
他說：「事實似乎是：我們的一切先驗的知識都是和一些實體有
關的，但恰當地說，不論在心靈的世界裏或在物質的世界裏，這
些實體是不存在的」㊱。先驗知識的根據就是這些實體。這些實

㉞　Russell, *The Problems of Philosophy*, p.39.

㉟　同上，頁41。

㊱　同上，頁50。

體就是共相。他指出：「一切先驗的知識，都只處理共相之間的關係。這個命題非常重要，它大可解決我們過去有關先驗知識方面的種種困難」❸⑦。至此，羅素已爲歸納原則找到了新的根據，即共相。共相是歸納原則的先驗性的基礎。這一論證充分地表明了羅素的新實在論的立場，它同時承認經驗事實的存在和共相世界的實在。然而，前者只不過是後者的淡淡的影子，而後者是前者的眞正的依據。前者是轉瞬卽逝的，而後者卻是永恆常駐的。人們生活於經驗世界之中，卻熱烈地嚮往著這共相的世界。

羅素爲歸納原則找到了本體論的或形而上學的根據。這是在爲歸納原則作先驗論的辯護。我們要看到，這是羅素在理論上在走投無路的必然歸宿。他要麼放棄歸納，要麼爲它找一個新的基礎。他不願意放棄歸納，而情願給它一個本體論的根據。這樣做又恰恰適合他早期作爲一個新實在論的意趣和情懷。但恐怕休謨不會同意他對歸納的這種本體論的辯護，因爲他的哲學所要反對的，正是這種對實體理論的強烈支持。而事實上，羅素的這一理論也並未在解決休謨問題，而毋寧說在柏拉圖式的共相世界中迴避了這一問題。

上面的簡單回顧旨在闡明，在歷史上，對歸納原則的邏輯的、經驗的、心理的和先驗的辯護都存在著不少問題，都是不成功的。它們的結局不外是或者陷入懷疑論的困境，或者跌入循環論的泥潭，或者栽入先驗論的懷抱。歸納原則辯護的這種歷史遭遇，促使相當一批哲學家採取反歸納的立場。這一歷史回顧爲我們分析評價金岳霖對歸納原則永眞性的論證作了舖墊，它讓我們

---

❸⑦　同上，頁59。

能較清楚地看到他在這一問題上提出了什麼樣的獨到的見解。

　　金岳霖認爲，對歸納原則的邏輯辯護是不合理的。從表面上看，其理由與休謨等人的略有不同。他指出，邏輯所以不能擔保歸納原則是因爲：「邏輯命題是完全消極的，所以它是先天的命題，此所以它不能擔保經驗底繼續下去」❸。所謂消極是說邏輯命題對於我們生活於其中的這個世界既不肯定，也不否定，所以它才無往而不眞，所以它才不會假。但我們這個世界卻必須服從邏輯，然而只服從邏輯也不會有我們這個世界。這兩句話表示了先天的意思。可見，金岳霖認爲，純邏輯是就可能世界立論的，它是現實世界的本體論的根據，他對邏輯的這一看法顯然不同於休謨，後者只把它看作是觀念之間的聯繫。但它類似羅素在《哲學問題》一書中對邏輯的看法，卽邏輯的根據是共相。然而不完全相同；在金岳霖那裏，邏輯是先於共相的，因爲他認爲共相是邏輯中的形式或框架與物質性的質料相結合的產物。雖然在具體看法上略有差異，但在否認對歸納原則作邏輯的辯護這一點上，金岳霖與休謨、羅素完全是一樣的。

　　經驗也不能擔保歸納原則。金岳霖認爲，以往和現在的例證不能引用來證明歸納原則，因爲歸納原則是用來指明以往、現在與將來的某種關係的。這一理由很有力量。其實，我認爲還應補充兩點說明經驗不能擔保：（1）歸納原則是一普遍的原則，所有以往和現在的例證都是特殊的，所以後者不能擔保前者；（2）引用任何以往和現在的例證來說明歸納原則，都隱含著歸納原則的運用。這就是惡性循環。

---

❸　金岳霖：《知識論》，頁422。

　　金岳霖認爲，也不能以歸納原則來擔保歸納原則。道理是顯而易見的。這樣做會犯「預期理由」的邏輯錯誤。

　　至此，金岳霖的看法大體上是和休謨、羅素等人相一致的。

　　在排除了上述三種辯護之後，金岳霖開始著手說明歸納原則的永眞性。這說明分爲三個方面：（1）分析歸納原則形式本身的眞假值；（2）以時間延續說明歸納原則爲眞；（3）歸納原則是先驗原則。

　　（1）我們先分析第一方面的說明：

　　爲了易於說明問題，金岳霖運用另一套邏輯符號來表述歸納原則。後件 A —— B 寫成如下：

　　　　$(a,b) \cdot \varphi(a,b)$　　　　　　　　　　　　　　　　　　　　　　（一）

至 t_n 時的前件爲：

　　　　$\varphi(at_1, bt_1) \cdot \varphi(at_2, bt_2) \cdot \varphi(at_3, bt_3) \cdots\cdots \varphi(at_n, bt_n)$　（二）

而 $(a, b) \cdot \varphi(a, b)$ 等於：

　　　　$\varphi(at_1, bt_1) \cdot \varphi(at_2, bt_2) \cdot \varphi(at_3, bt_3) \cdots\cdots \varphi(at_n, bt_n) \cdot$

　　　　$\varphi(at_{n+1}, bt_{n+1}) \cdots\cdots \varphi(at_m, bt_m) \cdots\cdots$　　　　　（三）

金岳霖認爲，如果（二）則大概（三），或如果（二）則大概（一）。這就是說：

　　　　$\varphi(at_1, bt_1) \cdot \varphi(at_2, bt_2) \cdot \varphi(at_3, bt_3) \cdots\cdots \varphi(at_n, bt_n) \cdot$　和

　　　　（大概）$(a, b) \cdot \varphi(a, b)$　　　　　　　　　　　　　　　　（四）

或者

　　　　$\varphi(at_1, bt_1) \cdot \varphi(at_2, bt_2) \cdot \varphi(at_3, bt_3) \cdots\cdots \varphi(at_n, bt_n) \cdot$ 和

　　　　（大概）

　　　　$\varphi(at_1, bt_1) \cdot \varphi(at_2, bt_2) \cdot \varphi(at_3, bt_3) \cdots\cdots \varphi(at_n, bt_n) \cdot$

　　　　$\varphi(at_{n+1}, bt_{n+1}) \cdots\cdots \varphi(at_m, bt_m)$　　　　　　（五）

(四)是(二)和(一)相加之和。(五)是(二)和(三)之合。

如果有新的例證到來，則(二)成為：

$$\varphi(at_1,\ bt_1)\cdot\varphi(at_2,\ bt_2)\cdot\varphi(at_3,\ bt_3)\cdots\cdots\varphi(at_n,\ bt_n)\cdot$$
$$\varphi(at_{n+1},\ bt_{n+1}) \qquad\qquad (六)$$

如果新的例證是負的，卽 $at_{n+1} \not\rightarrow bt_{n+1}$，那麼(二)則成為：

$$\varphi(at_1,\ bt_1)\cdot\varphi(at_2,\ bt_2)\cdot\varphi(at_3,\ bt_3)\cdots\cdots\varphi(at_n,\ bt_n)$$
$$\sim\varphi(at_{n+1},\ bt_{n+1}) \qquad\qquad (七)$$

而(七)等於：

$$\sim(a,\ b)\cdot\varphi(a,\ b) \qquad\qquad (八)$$

如此，則「如果(七)則(八)」一定是真的，這就是說

$$\varphi(at_1,\ bt_1)\cdot\varphi(at_2,\ bt_2)\cdot\varphi(at_3,\ bt_3)\cdots\cdots\varphi$$
$$(at_n,\ bt_n)\cdot\sim(at_{n+1},\ bt_{n+1})和\cdot\sim(a,\ b)\cdot\varphi(a,\ b) \qquad (九)$$

金岳霖認為，「如果(二)則大概(三)」或「如果(二)則大概(一)」，「如果(六)則大概(一)」或「如果(六)則大概(三)」，「如果(七)則(八)」，這三者表達的都是歸納原則，它們都是真的。其根據是什麼呢？

如果(二)則大概(三)或如果(二)則大概(一)這一原則為真的根據是部分與全體的關係。(二)是(三)的部分，(二)也是(一)的部分。部分真，則全體可以真。(二)真，則(三)或(一)真。他說：「(二)是(三)底一部分，部分真，全體雖不必真，然而可以真。如果引用『大概』這一意念，我們的確可以說如果部分真，則全體大概真。歸納原則就是這樣的命題，它就是(五)。它當然不是一邏輯命題，然而我們可以說它是一真的命題，理由顯而易見」[39]。理由就是「部分真，全體大概真」。這就是歸納原則為真

[39]　金岳霖：《知識論》，頁445。

的根據之一。

應該指出的是「部分眞則全體大概眞」是歸納原則可能爲眞的根據，而不是歸納原則爲眞的根據。這是歸納原則在這種條件之下的眞假値不能超越的限度。超出這一限度是不合法的。其理由也是顯而易見的。因爲全體眞，部分必眞，而部分眞，全體雖可以眞，然而不必爲眞，卽部分眞、全體爲假是可能的。可見，以部分與整體的關係說明歸納原則之爲眞是有限度的。它只能說明歸納原則大概眞，而決不能充分地或必然地說明歸納原則的永眞性。所以，金岳霖的這一說明是不成功的。

其次，從金岳霖的表述來看，他的「部分眞，全體大概也眞」所側重的是量或量的關係，認爲整體與部分的差異只在量上，所以部分的量之總和等於整體。其實，部分之總和要小於整體。而且，進一步說，歸納原則的後件是一無限蘊涵。這樣，任何特殊部分數量之增加，都不會達到它的極限。這也就是說，歸納原則前件中的例證與後件的普遍命題之間的區別，不僅僅是量的差異，而且有質上的根本不同。因此，歸納原則所應側重的主要不是量，而是質。它要解決的是，如何從單稱的陳述向普遍的或全稱的陳述的過渡。總之，以「部分眞，全體大概也眞」來說明歸納原則之爲眞並不充分，退一步說，這樣的說明充其量只能達到可能眞的極限。

金岳霖又進一步說明，在新的例證 at_{n+1}，bt_{n+1} 到來之時，歸納原則是永眞的。新的例證無非是兩種情形，卽 at_{n+1} —— bt_{n+1} 或 at_{n+1} —/— bt_{n+1}。如果新例證爲 at_{n+1} —— bt_{n+1}，則「如果（二）則大概（三）這一歸納原則得到了更強的支持」。然而，對於一普遍命題來說，這一說法是不妥當的。其理由我們已在上

節說明了，此處不贅。

如果新例證爲 $at_{n+1} \not\longrightarrow bt_{n+1}$，則歸納原則的後件被推翻，即 $(a，b) \cdot \varphi(a，b)$ 成爲 $\sim(a，b) \cdot \varphi(a，b)$。後件雖被推翻，歸納原則並不因此就假，它仍是眞的。因爲歸納原則是以「如果——則」式的命題表示的。充分條件的假言命題只有在前件眞、後件假的情況下才是假的。這就是說，前件假、後件假，這一命題仍是眞的。$at_{n+1} \not\longrightarrow bt_{n+1}$ 雖推翻後件，而歸納原則仍是眞的。

金岳霖關於負例證到來時的歸納原則眞假值的討論很有值得商榷的地方：

第一，不能說（七）等於（八），因爲（七）是部分，（八）是整體；（七）是特殊例證，（八）是一普遍的結論。所以，無論從質說，還是就量說，（七）都不等於（八）。從眞假值說也不一樣。（八）是一負的命題。而（七）不是，首先它不是命題，其次，負例證僅爲一例，而其餘都是正例，所以（七）不是負的命題，除非一負的例證否定了全部以前的正例，而這是不可能的。總之，（七）不等於（八）。果眞如此，說「如果（七）則（八）」一定是眞的就是毫無道理的。

第二，一個新的負的例證能改變 $(a，b) \cdot \varphi(a，b)$ 的眞假值，而不能改變（大概）$(a，b) \cdot \varphi(a，b)$ 的值。金岳霖充分地意識到了這一點，所以他說：「如果（七）則（八）或如果（七）則（九）」[40]。但他因此就撇開了「（大概）」兩字是不對的。這與他以前對歸納原則的表述是不一致的。

---

[40]　金岳霖：《知識論》，頁446。

第三，他說：「如果(七)則(八)或如果(七)則(九)這一命題不但是歸納，而且是演繹」**❹**。其實它既不是演繹，也不是歸納。從它不是歸納着想，上述第二點已有充分說明。負的例證不能推翻後件已得到的或然性。(八)不是從(七)的負例證歸納得到的。他說，(七)則(八)或(七)則(九)。顯然，(八)或(九)是(七)演繹得來的。這是假言命題的推理。但他這樣處理時，恰恰是在用演繹代替了歸納。所以，它不是歸納。然而，它也不是演繹，儘管給它披上了一件演繹推理的外衣。(七)是(八)或(九)的部分，所以(七)既不蘊涵着(八)也不蘊涵着(九)。如果非得要說它是演繹的，那麼就不得不加上這樣的附加條件，即新的負例證改變了整個前件的性質。但這是不可能的。因為金岳霖認為，新的負例證推翻的不是前件中的例證，那是無法推翻的。它所能推翻的只能是後件。所以，這樣的條件是不可能實現的。這也就是說，如果(七)則(八)或如果(七)則(九)是演繹是錯誤的。前後件不是同質的，所以它們根本不可能有蘊涵的關係。

以上的分析表明，金岳霖通過分析歸納原則的真假值來說明歸納原則的永真的嘗試是不成功的。儘管這一分析是細緻的，這一嘗試也是完全新的。

不成功的原因是多種多樣的：如他忽視了歸納原則的特點便是一個很主要的原因。這一缺點導致了他嚴重地抹殺了演繹與歸納的區別，而且使他往往以演繹代替了歸納。另外一個主要的原因，似乎是他對歸納原則的表述是不成功的。這一點與他的知識理論體系是密切相關的。其明顯的缺點表現在以下幾個方面：

---

❹ 同上。

1. 循環論證:

　　A. 歸納原則前件中的例證不是呈現或所與，而是事實。 事實是以意念去接受了的所與。 在這一表述中是以 A、B、──（代表關係）等意念去接受某「所與」而形成的事實 at_1, bt_1, at_2, bt_2, ……。而任何「意念底引用都同時是歸納原則底引用」[42]，「在收容與應付中無時不引用歸納原則」[43]。可見， 歸納原則前件中的所有例證都是引用歸納原則後所得到的事實。在說明歸納原則永眞的過程中已暗中肯定和引用了歸納原則。這是把待證的原則看作是已證明了的東西， 並以之來證明這一原則自身的永眞。這是一種惡性循環。就此而言， 金岳霖對歸納原則的表述就不如羅素的表述，儘管後者的表述也是「很粗疏」的。金岳霖表述的這一缺點和下述的許多缺點都是由他的知識理論，尤其是他關於事實的理論所導致的。

　　B. 我們發現前件中的例證都是典型的、眞實的， 並從其中抽繹出普遍的結論以構造歸納原則。但我們是怎麼知道這些例證是典型的、眞實的。爲什麼它們分別是 a_1, b_1, a_2, b_2, ……， 並且有 ── 或沒有 ── 關係？請記住，金岳霖本人說:「凡照樣本而分類都是利用歸納原則」[44]。總之， 歸納原則的前件的表述已經肯定並運用了歸納原則。

　　C. 我們發現前件中的例證是典型的、眞實的， 並把它們統統都歸屬於 A ── B， 或 C ── D，……等等普遍

---

[42]　金岳霖:《知識論》，頁456。
[43]　同上，頁458。
[44]　同上。

結論或命題之下，或歸屬於歸納原則的後件之中，我們是根據什麼方法或原則而這樣去做的？回答顯然是肯定的。這樣做的根據又是歸納原則。

2. 羅素對歸納原則的表述區別了演繹的必然性和歸納的或然性，並認爲歸納所追求的全部目標就是或然性。金岳霖的這一表述則混淆了這二者之間的顯著的區別。他有時把歸納原則看作既是演繹的也是歸納的。而且他的表述實質就是企圖以演繹的形式來暗中擔保歸納原則的永眞。

3. at_{n+1} —— bt_{n+1} 或 $at_{n+1} \nrightarrow bt_{n+1}$ 這一新例證並不能清楚地表述出將來與以往的關係。既已成爲例證，它們總是現在的。將來的只是可能，絕不會成爲例證。而歸納原則要問的，恰恰正是根據過去、現在推斷未來的根據是什麼。它要問的不是過去的未來或現在的未來與過去是否相似，而是未來的未來是否和過去的未來相似。金岳霖的表述顯示不出這關鍵的一點。這是他的事實理論的必然結果。所以，歸納原則前件中的內容，永遠只是過去和現在的。這就當然不能清楚地表明未來的未來是否會推翻歸納原則。

4. 這一表述只着重量或量的關係。歸納原則當然要涉及到量的問題。但它絕不只是量的問題，從例證的特殊性到結論的普遍性的過程有量的問題，但主要的是質的問題。所以，只注重量的歸納原則的表述，絕不可能充分地說明個別如何能夠向一般或普遍過渡。

上述的種種缺點表明金岳霖對歸納原則的表述不是好的表述。所以，要在這樣充滿着缺點的或不理想的表述中，去說明歸納原則的永眞是根本不可能的。但同時，我們也應該看到，迄今

爲止，對歸納原則的任何一個表述都存在着這樣或那樣的問題。
理想的表述根本就不存在。這也就是爲什麼歸納的問題遲遲得不
到完滿解決的一個重要的原因吧！一個表述不清的問題很難得到
好的答案。

（2）以時間的延續來說明歸納原則的永眞。金岳霖以反證法
來說明這一點。他以「時間打住」這一假設來看歸納原則是否還
有效。

他認爲，時間打住是無法想像的，但卻可以「思議」。因爲
這樣的假設「爲邏輯所許可，不爲矛盾所限制」[45]。時間打住之
後會出現什麼樣的情形呢？如時間在 t_n 上打住，則前件的例證
到 t_n 時爲止。時間打住對於前件無多大影響，至多沒有新的例
證會來。但它對於後件有影響，因爲它改變了A —— B的性質。
歸納原則的後件是一普遍命題。「引用歸納原則，所得的是超出
例證範圍之外的命題，所要得的不僅是超以往而且超將來的自然
律」[46]。但在時間打住這一假設之下，結論A —— B是與前件中
所有例證相對應的。這樣，它不再是一普遍的命題，而只是一
歷史總結，卽它是對某一範圍之內所有對象的毫無遺漏的觀察結
果。如對某年某月某日某班所有三十個學生的頭髮進行觀察之
後，斷定「某年某月某日某班的三十個學生的頭髮都是黑的」。
這是一完全歸納。其結論是一歷史總結，而不是一普遍命題。因
爲由觀察到結論，沒有引用歸納原則，也沒有根據這一原則做從
以往、現在到將來的推論。金岳霖反覆強調，這種所謂的完全歸
納不是歸納，因爲它所得的結論不是自然律。而運用歸納原則所

[45]　金岳霖：《知識論》，頁446。
[46]　同上，頁448。

要得的是自然律。 自然律是指共相的關聯或固然的理。 然而,
「時間既在 t_n 打住, 絕對不能有超 t_n 的自然律或普遍命題」[47]。
自然律是超時空的。「假如有自然律的話, 它不但在歷史上一定
無時不眞, 而且它底內容不在 t_n 打住。可是, 它是一歷史總結
的話, 它底內容在 t_n 上打住」[48]。 可見, 時間打住, 自然律也
就沒有。在這種情形下, 歸納原則也就是假的。因爲在此假設之
下, 它的前件是眞的, 而後件不能不假。如果承認歸納原則的後
件是自然律或表示自然律的, 而事實上又無自然律, 後件當然就
是假的。前件眞, 後件假, 所以歸納原則也就假。

但是, 金岳霖認爲, 時間不會打住。爲什麼? 因爲: (1) 我
們沒有純理論上的或必然的理由擔保時間不會打住。 但時 間 重
要 , 它「是實在之所以爲實在底最中堅的要素」[49]。(2) 知識沒
有打住, 時間當然也不會打住[50]。因爲知識者繼續地引用歸納原
則, 就表明時間不會打住。果然打住, 他就不能繼續地引用歸納
原則。可見, 時間不會打住。「時間不會打住, 從知識者說, 知
識者總靠得住有所與源源而來」[51]。 既有「 所與 」 繼續不斷而
來, 歸納原則當然也就繼續地引用。只要時間不打住, 歸納原則
就是永眞的。

總之, 時間打住, 歸納原則成假, 時間不打住, 歸納原則就
爲眞。可見, 時間是歸納原則永眞的充分而必要的條件。金岳霖

---

[47] 同上。
[48] 同上。
[49] 同上, 頁449。
[50] 同上, 頁450。
[51] 同上。

從時間的不斷地延續來說明歸納原則的永眞。這一說明確實很新穎，確實發前人之所未發。但這樣的說明卻有商榷的餘地：

首先，金岳霖說，引用歸納原則所要得到的是自然律。「自然律是屬於名言世界範圍之內的。就表示說，它或者是分別地說出來的話或分別地斷定的命題。就所表示的說，它是一條一條的固然的理」❷。固然的理就是共相的關聯，這兩者是一個東西。現在的問題是，在時間打住這一假設之下，自然律能否取消。根據金岳霖的本體論，它不能被取消。因爲「可能」和「能」的結合成共相。所以共相或固然的理的形成並不取決於時間。「自然律是超時空的」❸，但我們得到它卻在時空中。就得到它而言，我們不能脫離時空。雖然得到它不能脫離時空，但它本身仍不在時空之中。否則它就不會有普遍的效用。這也就是說，在時空中得到它並不影響它本身的超時空性。不承認這一點，包含絕對意義的客觀知識根本是不可能的。更具體地說。我們在 t_n 前得到了它，它的普遍有效性並不會因時間打住而失效，至多它只是無所用而已。無所用並不就是沒有或取消自然律，除非我們徹底地否認了自然律的客觀性。

然而我們應該承認如下的一點，即時間果眞打住之後，確實沒有知識者會再得到自然律。因爲得到它是在時間中，旣沒有時間，當然也就得不到它。但是得不到它，並不就意味着它缺乏實在性。

以上表明，只要在歸納原則之下的歸納推論是正確的，所得

---

❷　金岳霖：《知識論》，頁503。
❸　同上，頁448。

到的普遍命題也是正確的，那麼這一命題就能超越以往，現在的特殊時空而達到未來。在時間打住之後，它只是不能運用而已，它並未被取消。在什麼條件之下，自然律被取消呢？要做到這一點，我們除了假設時間打住之外，還得進一步假設我們在t_n前根本就沒有運用歸納原則而得到過任何真正的知識或真命題。果真如此，我們也就永遠沒有把握保證將來我們會得到真正的知識。卽使如此，我們也充其量只能說，從知識論或認識論方面而言，我們得不到自然律，而不能說自然律取消了。若如此，則在時間打住這一假設之下，歸納原則的後件未必就是假的。

其次，時間打住這一假設的真正用意是要指出，在此情形之下，沒有新的例證，無論是正的還是負的。如此，我們就只有所謂的完全歸納，而歸納原則得不到運用，因為結論是觀察前提中的每一對象而概括出來的。在時間不打住的條件下，時間的延續保證了「所與」的源源而來，新的例證不斷地出現。所以歸納原則就能得到運用，其後件的範圍超出了當下的例證，而其效準能達到未來。但要知道，在金岳霖的知識論中，「所與」是官覺經驗的結果，它是感性經驗的材料。這樣，「時間打住，歸納原則假，時間延續，歸納原則真」這一點實質上是說，沒有經驗，歸納原則假；有了經驗，歸納原則真。若如此，就無疑承認了歸納原則旣可以被經驗所證明，也能為經驗所推翻。這顯然是不正確的。而且這一看法與金岳霖本人把歸納原則看作是先驗原則的思想是背道而馳的。

最後，我們退一步承認，在 t_n 時間打住之後，歸納原則成假。但是，在t_n之前時間並未打住。如在 t_{n-20} 時有歸納原則，它就未必是假的。如果它能在其時被證明為是真的，它就是真

的。這就是說，運用此原則之後所得到的普遍命題是自然律，它仍能被運於 t_{n-20} 之後。它不會受時間打住的影響。時間打住之後，它只是不能運用，或更進一步說，根本就沒有歸納原則的眞假問題。沒有這一問題與歸納原則成假是兩個完全不同的問題。金岳霖在此似乎混淆了這兩個問題。

由上可見，金岳霖以時間延續來說明歸納原則的永眞是不成功的。而且他說明時間不會打住的兩個理由也不能確保時間的延續。用知識者繼續引用歸納原則這一事實，說明時間的延續是一個惡性循環，它會導致無窮的倒退。但是有一點是可以肯定的，時間打住就沒有經驗，時間延續就有經驗。金岳霖看到歸納原則是關於經驗的原則是對的。但是承認歸納原則是關於經驗的原則，並不就是同時承認它就是經驗的原則。承認前者就得承認後者，那麼歸納問題的解決就將是輕而易舉的。而事實是，歸納原則是關於經驗的原則，但它的正確性絕不能由經驗得到說明。「時間打住」這一假設的基本立足點仍是落在經驗的範圍之內。這樣，它也就不能說明歸納原則的永眞。

(3) 以先驗的根據說明歸納原則的永眞。與以上兩點相比，這一理由似乎顯得更充分、更有力。歸納原則是一普遍的原則，這一點對於承認此原則的人來說是一共識。因此，我們不能訴諸經驗或時間來說明它的永眞。對此原則本身的眞假值的分析也不能使我們有充分的理由來斷定它的永眞性，因爲這樣實質上是把歸納原則看作僅僅是形式的東西。這恰恰忘記了歸納原則不但是普遍的原則，而且它也是一關於經驗的原則。可見，歸納原則的永眞性旣不能在經驗或時間中去尋求，也不能在表述它的形式中去尋找。歸納原則是一普遍原則，它的效用存在於經驗之中，但

其根據絕不是在經驗之中。因爲我們都只承認經驗中只有個別、特殊，而無一般。如有一般，歸納也就根本不需要了。正是這一情形迫使一些哲學家把眼光投向了先驗論的領域。羅素就是這樣做的。他的理論也直接地影響了金岳霖。金岳霖認爲：「歸納原則爲先驗原則」[54]，這裏的關鍵在於何謂先驗。

金岳霖指出：「我這裏所謂先驗原則，是說無論將來的經驗如何，這原則不至於爲經驗所推翻」[55]。換個說法就是，「只要經驗繼續下去，先驗原則總不會爲將來所推翻」[56]。這是說，只要有經驗，先驗原則就不會被推翻。但他又說：「先驗原則是經驗底可能底必要條件，必承認它爲眞然後經驗才可能」[57]。必承認先驗原則爲眞，然後經驗才可能。於是問題就成了這樣，只要有經驗，先驗原則就不會被推翻；而經驗之成爲可能又必須首先肯定歸納原則爲眞是必要條件。這是一個循環論證。我們很難從中搞清楚先驗原則和經驗這二者之間的關係。金岳霖關於先驗原則的理論在此顯得較混亂。而混亂主要導致於他對必要條件的錯誤解釋，卽他承認先驗原則是經驗的必要條件，又說必承認先驗原則爲眞，然後經驗才可能，這是錯誤的。正確的解釋是，卽使先驗原則爲眞，經驗也未見得有；但如先驗原則爲假，則經驗不可能。反過來說，只要有經驗，先驗原則就爲眞。當然，以上都是在承認先驗原則和經驗之間存在着某種邏輯關係而說的。但有一點是清楚的，卽他認爲先驗原則是關於經驗的原則，它來自於經

[54] 金岳霖：《知識論》，頁451。
[55] 金岳霖：《論道》，頁10。
[56] 同上，頁11。
[57] 金岳霖：《知識論》，頁452。

驗，又先於經驗。先驗原則從經驗得到，但其正確性不依賴於經驗。他說:「我們所謂先天或先驗原則與我們如何得到這些原則不相干」❺⑧。「先天與先驗……都沒有『不從經驗而來』底意思」❺⑨。「我們這裏所說的先天或先驗原則是就原則底性質和眞假值而說的」⑥⓪。這裏所說的先驗不是如笛卡爾所說的清楚明白這樣心理學意義上的先驗，也不是康德的完全獨立於或先於經驗內容的先驗，而是邏輯上的先驗性。就此而言，他與羅素在《哲學問題》一書中對先驗的規定是一致的，也與劉易斯在《心靈和世界秩序》一書中對先驗的理解是類似的。

在說明了什麼是先驗原則之後，金岳霖指出，歸納原則是先驗原則。他說:

> 「歸納原則雖不是先天的原則，然而它是先驗的原則。說它是先驗原則，就是說它是經驗底必要條件，說它是經驗底必要條件，就是說如果說它是假的，世界雖有，然而是任何知識者所不能經驗的。其結果當然就是，無論在任何經驗中，歸納原則總是真的，我們雖可以思議到一種我們根本無從經驗到的世界，然而我們不能想像到一種我們可以經驗而同時歸納原則為假的世界。這就表示歸納原則是先驗的，而不是先天的。」⑥①

這一段引語很清楚地說明了為什麼歸納原則作為先驗原則是

---

❺⑧　金岳霖:《知識論》，頁452。

❺⑨　金岳霖:《論道》，頁58。

⑥⓪　金岳霖:《知識論》，頁452。

⑥①　同上，頁453。

經驗的必要條件。它表明了只要經驗繼續或在經驗中，歸納原則總是眞的。

　　金岳霖對歸納原則的這種解釋，預設了歸納原則和經驗之間的邏輯上的必要條件關係。這是他對先驗性的理解不同於羅素和劉易斯的地方。後兩人把先驗性解釋爲先於經驗又不獨立於經驗。而羅素則更明確地指出先驗原則來自於經驗，但經驗既不能證明也不能證僞它。羅素和劉易斯的先驗理論都未把先驗原則看作是經驗的必要條件。金岳霖則進一步指出，這兩者之間的關係就是邏輯上的必要條件的關係。但他並未對它們爲什麼有這種邏輯關係作任何解釋。這恐怕就是一種先驗的假設吧。這一點倒能清楚地解釋爲什麼金岳霖把歸納原則稱之爲「先驗原則」。邏輯從來只就命題間已有的關係進行論證，而從不問它們爲何有此種關係。但哲學，特別是知識論，卻偏要刨根究底地追問爲什麼它們有這種關係，它們應該有這種關係嗎？如果眞有這類問題產生，我的回答是否定的。

　　第一，這種假設預定了歸納原則和經驗之間的某種邏輯上的關係。這是不妥當的。因爲這樣做實際上是準備從某一邏輯原理去推出歸納原則及其永眞性。如果是這樣，那麼金岳霖表面上否定了對歸納原則作邏輯辯護，而在暗地裏又承認了這一辯護，從而混淆了演繹與歸納之間的嚴格的區別。然而也應看到，要在證明或說明歸納原則的方法論的領域內完全排除演繹邏輯的方法也是困難的。但是，我們也不能因此就忽視這兩者之間的區別。

　　第二，假設歸納原則與經驗之間有邏輯上的必要條件關係，必然會導致一個哲學家普遍不會接受的結論，卽對歸納原則作經驗的辯護是合理的。爲什麼呢？道理很簡單。現在我們設歸納原

則爲p，經驗爲q。p不是q的必要條件，除非「p是假的」蘊涵着「q是假的」。這也就是說，p不是q的必要條件，除非q蘊涵着p。說q蘊涵着p就是說經驗蘊涵着歸納原則。沒有一個普遍原則是任何經驗的必要條件，除非特殊的經驗蘊涵着這一普遍原則。更具體地說，經驗蘊涵着歸納原則是說，經驗存在是眞的，歸納原則就是眞的；經驗永遠存在是眞的，歸納原則永眞也是眞的。這種說法不正是在承認經驗可以證明歸納原則嗎？這不就是分明在爲歸納作經驗的辯護嗎？這種辯護顯然勢必要陷入循環論證。在金岳霖的知識論體系中，這一點表現得更爲明顯。而且，歸納原則既爲經驗的必要條件，那麼在經驗不存在的條件下，歸納原則既可以眞，也可以假。或者說經驗是假的，歸納原則仍是眞的。但金岳霖的「時間打住」的假設卻主張，在經驗不可能的情況下，歸納原則是假的。這也就是在主張，經驗能夠證僞歸納原則。從經驗既能證明又能證僞歸納原則的意義上說，經驗就是歸納原則的充分而必要的條件。如此，歸納原則既來自於經驗，而且又能爲經驗證明或證僞。結論自然就是歸納原則不是先驗原則。這樣，我們就看到從金岳霖對歸納原則的先驗性的規定中導出了歸納原則不是先驗原則的結論。

這一錯誤充分地說明，在歸納原則和經驗之間不能先驗地預設任何一種邏輯關係。我想有一點是可以肯定的，卽歸納原則與經驗之間決無演繹邏輯的關係。否則，歸納原則問題早就無需我們在此爲它說三道四、多費口舌了。然而下面的一點也同樣是清楚的，卽歸納原則和經驗有着密切的關係，它就是關於經驗的原則，但它不只純粹是經驗的。這就是爲什麼歸納問題所以困難重重的原因所在。

　　綜上所述，我們可以看到，金岳霖對歸納原則的先驗性的規定是不成功的，比起羅素的先驗性的解釋來充滿着更多的困難。其實，羅素爲歸納原則提供的先驗的根據也是無可奈何之下的一種遁辭。如果把它放到知識論中，它就犯了「預期理由」的邏輯錯誤。因爲知識論要問的正是我們怎麼知道共相的存在。我們的回答，只能是通過經驗，而在經驗中並無一般。於是，在知識論領域之內，怎樣知道共相的存在這一問題又變得尖銳起來了。歸納原則的問題是傳統知識論的核心問題之一。給它提供形而上的根據實際上等於把它懸置了起來。因此，從這個意義上說，羅素的解決也是不成功的。

　　以上我們詳盡具體地分析了金岳霖的歸納理論，它表明這一理論充滿着種種的困難，它沒有能眞正地解決歸納問題。因此，在金岳霖的《知識論》中，歸納原則仍是一個謎。

　　但金岳霖對歸納問題的理論探討仍有很大的價值。它至少可以向後人表明解決歸納問題應另闢蹊徑。這就從一個方面爲歸納問題的解決或多或少地掃清了道路。哲學史的發展也表明了，妄圖武斷地給任何一個哲學問題提供一個終極的答案是不可能的。哲學的價值不表現在它提供了一套有確定性的知識體系；它的價值表現在對人們普遍關注的問題的永恒地探討過程之中。

　　金岳霖的傑出還表現在中國哲學界中，是他第一個把歸納問題系統地引進到中國哲學，並且他還是對之作具體細緻的分析討論的第一位中國哲學家。這一討論表現出金岳霖作爲哲學家的機智和才華，也表現出了他對這一問題的深刻理解。這在中國哲學界中是空前的。而且可以進一步說，迄今仍未有人達到他所達到的高度。

第三節　「事實」構造的困難

金岳霖未能成功地解決歸納原則問題這一事實對於歸納問題本身並不重要，但對於他的知識理論體系來說卻是致命的。因為要形成事實必須要正確地運用意念於所與。而意念的引用就蘊涵着歸納原則的運用。歸納原則是否永真直接關係到歸納推論是否有效。此原則如是假的，則一切歸納推論都將失效。而意念的引用是否正確也就失去了保證，進而事實的形成也失掉了可靠的基礎。如果我們不能確保事實的形成，事實的形成就是或然的。而事實是知識的對象，這樣，知識也將是或然的，絕不能是確定的。然而金岳霖的知識論追求的是知識的客觀性和確定性。他不能接受知識是或然的這一結論，因為接受這一結論意謂着退回到休謨那裏去。這一情形迫使他要以意念去接受「所與」以形成事實。但是他又未能正確地解決歸納問題。這就進一步引起我們做這樣的思考，即以意念接受所與而形成事實是否必要。

金岳霖早期受休謨哲學的影響，認為理論有必然，事實無必然。他說：「我那時候以為事實就是客觀的所與 (given)」[62]。這樣來理解的事實顯然解決不了休謨的問題。他把休謨的問題化作秩序問題。如果事實是客觀的「所與」，那麼秩序問題根本無法解決。於是他就碰到這樣的問題：

「如果我們假設世界本來是有秩序的，歸納不至於發生問

---

[62]　金岳霖：《論道》，頁5。

題。但是，我們怎樣可以假設這世界是有秩序的呢？我們
怎樣可以擔保明天底世界不至於把以往的世界以及所有已
經發現的自然律完全推翻呢？」[63]

正是對事實與秩序問題的思考引導金岳霖對事實之爲客觀的「所
與」發生疑問。他指出：「某人只有四十歲，青年會到清華園不
過十多里，他底大褂四尺四寸，羅斯福是美國底總統，我欠他五
百元法幣；假如這些話都是眞的，它們都表示事實。可是，純客
觀的所與無所謂『歲』、『里』、『尺』、『寸』、『總統』、
『法幣』。顯而易見地事實不就是客觀的所與。這不是說事實之
中沒有客觀的所與，或事實不是客觀的所與。事實與客觀的所與
是分不開的，但是，雖然分不開，而事實仍不就是客觀的所與。
……所與雖是事實底原料而不是有某種作料的原料，事實是加上
關係的原料而不是改變了性質的原料」[64]。

　　事實不是純客觀的「所與」，而是由原料和作料合成的。「所
與」是原料，意念或範疇便是作料。所以，事實「是引用了我們
底範疇的所與」[65]。

　　事實中「所與」和意念的關係是原料和作料的關係。事實是
加上關係的原料，而不是改變了性質的原料。可見，意念和「所
與」的關係是外在關係。二者的結合雖改變了相互之間的關係，
但各自的性質並不因此就改變。意念和「所與」結合成爲事實。
在事實中的意念只加給了「所與」某種關係，而不是性質。通俗

---

[63]　同上，頁2。

[64]　同上，頁6。

[65]　同上。

地說就是，當一個人是「總統」這一意念所指稱的對象時，這一意念才能引用於它。如果不是，則「總統」這一意念便不能引用；「歲」、「里」等意念也是如此。怎麼知道「總統」這一意念能引用於某一個人呢？其根據便是歸納原則。

　　如果事實中的「所與」和意念的關係如上所述，那麼意念加給「所與」的是什麼樣的關係呢？從表面上看，關係似乎是指意念和「所與」這兩者之間的關係。因為在事實之外，它們無此關係；而在事實之中，它們就有此類關係。其實，意念加給「所與」的不是這類關係，至少金岳霖本人是這樣看的。因為他所要解決的是事實的秩序問題。他說：「如果知識底對象是事實，秩序問題得到了一點幫助，因為事實本來是有秩序的⑥。」這樣看來，意念加給「所與」的是秩序。金岳霖說：

　　　「事實有意念方面的秩序。」⑥

　　　「我們接受所與就是化所與為事實。可見，所謂事實一方面是所與，而另一方面是我們底意念。事實一方面是意念，所以它有意念底結構，意念底結構也是一種秩序。事實既有這樣的結構，當然，也有這樣的秩序。……只要意念有結構，事實總是有秩序的。」⑧

很明顯，意念加給「所與」的是秩序，而不是意念和「所與」之間的關係。

<hr>

⑥　金岳霖：《論道》，頁7。
⑦　金岳霖：《知識論》，頁468。
⑧　同上。

　　事實雖有意念所有的秩序，　但意念並不改變事實中的「所與」的性質。所與「不是改變了性質的原料」。如用金岳霖的關係理論解釋就是，事實中意念和「所與」的關係是外在關係，這種關係並不改變各自的性質，亦即它們的結合不能形成第三者。只有在內在關係下，當一物與另一物結合而相互影響並改變各自的性質時，它們的結合才產生第三物。

　　但金岳霖又明明說，意念引用於「所與」，如是正確的話，就形成事實，「事實是所與和意念底混合物」❻。這無疑是在暗中又承認了意念與「所與」的結合形成了第三者。因此在這種結合中，不是「所與」改變了意念，就是意念改變了「所與」。如果結合後，互不影響或互不改變，那麼意念仍是意念，「所與」仍是「所與」。如這樣，絕不會形成第三者。所以，只有在或者一方改變另一方的性質，或者雙方互相改變對方的性質，或者預先存在著只是抽象形式的第三者的情況下，事實才能合理地形成。這三者中的前兩者屬於同一類型。無論是一方改變另一方，還是雙方互相改變性質，所得的結論只能是，外物進入認識領域就改變了其本來就有的性質，所以我們永遠也認識不到外物的真正的形色狀態，外物是不可認識的。這不正是貝克萊意義上的或康德意義上的唯心主義觀點嗎? 金岳霖竭力反對的正是這種觀點。他認為他的知識論的目標就是掌握外物之理。知識論要對得起外物就不能採取上述的唯心主義立場。現在剩下的只有第三種選擇了，卽假定存在著只是抽象形式的第三者，然後把意念和「所與」塞入其中，意念和「所與」並列存在於這種抽象的空洞的形式之

❻　同上，頁741。

中，它們發生關係，但彼此的性質沒有任何改變，結果是形成事實。顯然，這種選擇看來也是不可接受的。因為：

（1）接受這一選擇就是承認有不來自於「所與」的先驗形式。而且先驗的假設只有在體系構造之前才能被接受。在體系構造的過程中，再根據需要去做先驗的假設，是不允許的。理由很簡單，這樣做只能破壞任何一個體系內部的一致性。再說，金岳霖本人也不會情願去接受這種康德哲學意義上的先驗形式。

（2）即使有抽象的形式，如果意念和「所與」只是外在關係，那麼在此形式中意念還是意念，「所與」也仍是「所與」，它們也並不能真正地結合在一起。如果完全排除了上述的三種可能性，事實就不可能形成。這是金岳霖本人顯然沒有意料到的。

於是，他就碰到了這樣的難題，要麼承認意念和「所與」互相改變性質而共同形成第三者即事實，要麼就否認「事實」這一範疇在其知識理論中的地位。承認前者的結果是或者承認外在世界的不可認識，或者得承認意念不是不可改變的。如承認意念是可以改變的，它就無先驗性，也就無秩序之可言。如此也就無引用意念於「所與」的必要性。但如否認事實，金岳霖的知識論體系就建立不起來。因為他要利用「事實」這一意念去解決休謨的歸納問題和追求知識的確定性的問題。從這一方面說，「事實」這一範疇是《知識論》一書的核心。此書從第一章到第八章講事實如何形成；從第十章到第十三章討論接受方式，其主題仍是事實的形成；第十四章專講事實；第十五章講語言與命題的關係，命題是表示事實的方式；第十六章、第十七章的討論也離不開事實，如無事實命題無法得到證實，如無事實符合論的真理觀也無著落。從上可見，「事實」這一範疇在《知識論》中的重要性。

　　現在，我們在承認事實在金岳霖知識論中的地位的情況下，看看意念有無必要引用於「所與」。前面已經指出，所以要使意念和「所與」結合是爲了保障事實得到一種秩序。如果事實有了這種秩序，休謨的問題就容易解決。但就在這裏產生了一個問題，卽意念所有的秩序來自何處？

　　以意念接受「所與」形成事實。事實是有秩序的。但是，金岳霖未說是意念把秩序加諸「所與」，而是說事實有意念的秩序。事實的秩序主要是意念的結構。可是，我們在上面已經指出，事實是意念和「所與」的混合物。意念如不改變，「所與」就不能形成第三者卽事實。所以說，以意念接受「所與」形成事實並使事實有了意念結構所有的秩序，實質上等於默默地承認了意念把秩序加諸「所與」。如下的一點是很明顯的，卽如果「所與」本身是有秩序的，那就無需架床疊屋去形成有秩序的事實。

　　但從另一方面看，意念把秩序加諸「所與」是不對的。因爲意念得自「所與」。承認了這一點勢必就得承認意念的秩序也是得自「所與」。進一步的結論自然就是，「所與」本身也有秩序。金岳霖本人極爲明確地承認了這一點。他說：「這秩序一方面是意念的，一方面是所與的」[70]。從表面上看，這一看法似乎承認了事實的秩序來自於意念和「所與」這兩個方面。但因爲意念得自「所與」，所以其秩序也必定來自「所與」。他說：「事實底秩序也不是憑空的，這秩序底根據也是所與之所呈現」[71]。「所與本來是有秩序的」[72]。

---

[70]　金岳霖：《知識論》，頁469。

[71]　同上。

[72]　同上，頁466。

金岳霖認爲，「所與」的秩序可以分爲兩個方面：一是「所與」的秩序就是共相的關聯。他說：

> 「表現於所與的是共相底關聯或固然的理，此理也呈現於事實之中。這實在就是說特殊的事實表現普遍的理。事實底相繼地發生，就是所與源源而來，知識者繼續接受。此源源而來的所與也表現固然的理。無論所與如何，它總逃不出固然的理。旣然如此，事實總是有秩序的。」[73]

這段話清楚地表明，共相的關聯或理是通過「所與」而表現於事實之中的。事實的秩序根據於「所與」的秩序，「所與」的秩序源於本然世界的共相關聯。

「所與」的另一秩序金岳霖稱之爲「所與底能覺秩序」[74]。所謂「所與」有能覺的秩序，就是說所與會呈現某種狀態，我們可以以意念去接受之。從反面說，「所與」絕不會呈現某種我們無法以意念去接受的狀態。那麼「所與」這種秩序的根據是什麼呢？金岳霖認爲其根據有兩個：一是邏輯；一是歸納原則。他說：

> 「所與絕對不會有違肯邏輯的呈現，這就是說，我們底接受方式底引用總是可能的。所與也絕不會有違肯歸納原則的呈現，因爲只有時間打住這一情形才取消歸納原則，而

---

[73]　金岳霖：《知識論》，頁469。
[74]　同上，頁466。

> 時間不會打住，所與總源源而來，所與既源源而來它當然
> 不會違背歸納原則。這兩點我們可以擔保，雖然理由不
> 同。這兩點靠得住之後，這一所與與那一所與底接受，完
> 全靠我們底意念底質與量。」[75]

所與的第二種秩序是說，我們完全能以意念去接受「所與」之所
呈現，儘管接受的程度有高低精粗之別。「所與」的這種秩序與
我們討論的關聯不大，而且金岳霖對之所作的說明似乎理由也不
充分。與我們的討論密切有關的是「所與」的第一種秩序。

　　實際上，「所與」的第一種秩序既是事實秩序的根據，而且
也是意念結構或圖案的根據。金岳霖說：

> 「思議底內容，一方面是意念或概念，另一方面是意思或
> 命題。思議底對象是共相或共相底關聯。內容是意念或概
> 念，則對象是共相；內容是意思或命題，則對象是共相底
> 關聯。」[76]

又說：從「共相又不能無彼此底關聯著想，概念總是有圖案的或
有結構的或有系統的」[77]。意思或命題是由意念或概念合成的。
分析每一意念就得一堆命題。只要意念是正確的，它所反映的就
是共相。共相與共相有關聯，意念與意念也有關聯。後者的關聯
就是圖案或結構，它是對前者的反映或把握。可見，共相的關聯

---

[75]　同上。
[76]　同上，頁338。
[77]　金岳霖：《論道》，頁7。

既爲所與所表現，又通過所與爲意念所反映或把握。它是後兩者之有秩序的共同的根據。

以上的分析表明，「所與」有秩序，意念有圖案或結構。果眞如此，麻煩就產生了。既然「所與」和意念都有以共相關聯爲根據而形成的秩序，那麼使它們結合而形成事實有何必要。這是一個很重要的問題，因爲它直接關係到金岳霖的知識論能否站得住腳的大問題。如果事實無必要，他的知識論的直接對象隨之也就不存在了，而歸納理論也無存在必要了。當然，金岳霖本人不會對「事實」的合理地位產生疑問。但我們的分析卻揭示了《知識論》中這樣一個重要問題。前面的討論已稍微涉及到了這一問題。現在此集中討論「事實」在《知識論》中的地位問題。

首先，金岳霖的事實理論是試圖解決秩序問題。我們在上面已指出了這點。僅從秩序著眼，無需意念去接受「所與」，「所與」本身有秩序。

其次，從事實的位置著想，意念是「思議」的內容，以意念接受「所與」而形成事實，事實就成爲了「經驗之內的客觀的事實」[78]。意念的妙用就在於化「所與」爲經驗之內的客觀的事實。由於意念與「所與」處在外在關係之中，所以經驗中的事實與經驗外的「所與」沒有質的不同。這樣一來，事實就有兩方面的位置。「事實是以意念去接受了的所與，就所與說，它是在客的，在外的；就以意念去接受說，它是在我的，在內的」[79]。事實上，這一雙重位置爲金岳霖的眞理符合說提供了可靠的保障，

---

[78]　金岳霖:《知識論》，頁914。
[79]　同上。

因爲命題與事實同在經驗之中，　所以兩者之間無鴻溝。　然而問題是，　金岳霖恰恰忘記了，「所與」並非就是純粹外在的。因爲「所與」本來也有兩方面的位置。它是內容，也是對象：就內容說，它是呈現；就對象說，它是外物或外物的一部分。內容和對象在「正覺」的「所與」上合一。這裏所說的內容就是感覺內容，它當然就是在內的。既然「所與」有兩方面的位置，又何勞意念再把這雙重位置給與事實呢？更何況嚴格地說來，在金岳霖的知識體系之中，並沒有經驗之外的事實。承認經驗之外的事實就是認「所與」爲事實。實際上，他就是認「所與」爲事實的，雖然他未明說。因爲當他說，命題與經驗之內的客觀事實符合爲眞的時候，　其眞正的用意無非是說，　經驗之內的事實與外在的「所與」是同質的，它們的區別只在位置不同而已。此所以說事實是加了作料的原料，亦卽事實是客觀的。如認爲兩者是有質的差異，　則眞理符合說的基礎立卽消失。但如認爲是同質的，　就無疑是在承認意念除了給「所與」以「在經驗之內」這一位置之外，毫無作爲。然而卽使是這一點也不是意念的特權，因爲「所與」就有這雙重的位置。

最後，從事實爲知識的直接對象著眼，事實是必要的，所以以意念去接受「所與」也是必要的。金岳霖認爲「所與」是知識的最基本的材料，然而它不是知識的對象。呈現或「所與」是無法說的。如我們看到一「所與」，我們要讓別人也看到它，我們所能做的只是手指目視，　有時連這點都無法做到。我們對之不能有所言說，一有言說，它就不是那手所指和目所視的「所與」了，它已經有了意念的成分在內。「所與」是特殊的、純感性的、是不能言說的。「所與」的這一特性決定了它不能是知識的直接

對象，但它仍是知識的材料。 要形成知識的對象， 必須對「所
與」進行理性的加工或安排。這類似於康德以知性的十二範疇去
整理感性材料的做法。金岳霖首先是把「所與」安排在時空的意
念之中。經此安排，「所與」就具有了最基本的條理。 然後， 他
進一步用「關係」、「性質」、「 東西 」、「 事體 」、「因果」和「度
量」等意念去安排、整理「所與」。經過接受的「 所與 」已不是
原來的「所與」， 因它有了意念成分； 它也不再是外在的了， 而
且成爲我們的了。雖是我們的， 但它原有的性質並未因此改變。
只要我們的接受、安排沒有錯誤，我們就能按對象的原貌而認識
之。金岳霖曾用比喩說明這一安排的性質，認爲這一安排如海關
驗貨。未驗之前，貨物還沒有進口， 它們都是外來貨。 既驗之
後，打上圖章，它們就成爲內地貨了。顯然， 安排與接受沒有改
變「所與」的性質，而只是使其位置發生了變化。安排的結果就
是事實。它是經驗之內的客觀的事實，但它仍保持「所與」的原
料的性質。以意念去接受「所與」的思想無疑是接受了康德哲學
的影響。但它與康德的哲學卻有根本的不同。在康德那裏， 現象
質料經過感性形式的整理，再進一步經過知性的範疇整理之後，
它就不再具有自身的性質了。金岳霖則認爲， 意念的整理或安排
並未改變「所與」的本性，而只是改變了它的位置，使它具有了
理性的因素， 而不只是純粹的感性材料。「 所與 」是沒法說的，
經過安排的「所與」即事實是可以說的，因爲事實中有意念的成
分。「所與」經過這樣的整理就不只是原材料了， 而成爲歸納的
出品，即成爲知識的直接對象了。

　　根據這第三點的討論，我們可以看到「事實」這一意念在金
岳霖的知識論中確實是不可少的。沒有了事實， 也就沒有了知識

的對象。事實的這種地位與金岳霖對知識的看法直接有關。他認為知識是以命題的形式表達的，而命題又是表達事實的方式。命題直接地與事實發生關係，使一命題爲眞的條件就是相應的事實的存在。

但是我們也已指出，金岳霖的知識論雖需要事實。但它卻不能很好地去構造事實。

上面的分析也表明了，意念對「所與」的接受，除了改變「所與」的關係或位置之外，並不能給「所與」以什麼新的規定性。這就暗示著意念是沒有任何規定性的純抽象形式。因爲如果它有任何性質，那麼在其與「所與」的結合中，便會滲入到對方之中，從而導致雙方互相改變性質。但是要知道，從純粹的感性經驗中，不可能得到沒有任何規定性的抽象形式，除非假設在具體的經驗之外有先驗的形式。承認了這一點，也得必然承認如下一點，卽旣然意念得自「所與」，意念是抽象的空洞的，那麼我們的感性世界也是空洞的。這顯然是荒謬的。

意念是抽象的、普遍的，這是金岳霖再三強調的一點。意念與「所與」結合形成事實，那麼事實是如「所與」一樣是特殊的，還是如意念一樣是普遍的、抽象的，或者它旣有所與的特殊性，又有意念的普遍性。金岳霖認爲，事實旣是以意念接受了的所與，所以事實總有已經或正在的成分。他說：

「事實不但有所與成分，而且有接受成分、安排成分。旣有接受成分，當然總有旣經和正在成分。這就是說，事實總是旣經發生或正在發生，這當然也就是說，事實總牽扯到特殊的時間或空間。旣然如此，事實和個體，東西或事

體相似，就它可以存而不在說，它和別的特殊不一樣，但是就它只在某時某地說，它和別的特殊一樣。這當然就是說，事實不能是普遍的。普遍的事實和普遍的個體在本書是矛盾名詞。我們既不能有普遍的個體，也不能有普遍的事實。假如我們引用普遍的事實這一名詞，事實底已經與正在成分非取消不可。可是本書之所謂事實非有這成分不可。」⑧

「已經」、「正在」成分說明了事實總是以往的或現在的，沒有將來的事實。總之，事實是特殊的。事實中的意念也因此就成為特殊的了或事實中的意念成分也是特殊的了？或者說，經驗改變了意念的普遍性質？但這是不可能的。意念的普遍性和抽象性並不會因事實中的「所與」的特殊性而取消。堅持這一點，我們就應該接著說，事實不只是特殊的，而且也是普遍的，是特殊和普遍的結合，或者說普遍中有特殊，特殊中有普遍。我認為這樣的看法是符合金岳霖知識論的原意的。如金岳霖認為「所與」是特殊的，但又認為「所與」中有共相。這一看法也符合他的本體論哲學，即共相寓於個體界。

意念是從「所與」中抽象出來的，如意念是普遍的，用意念接受「所與」而形成的事實卻只是特殊的，是說不通的。如果這樣的話，他的知識論將碰到難以克服的困難。本然世界有共相，「所與」表現了共相或共相的關聯。然而由「所與」和意念形成的事實卻只是特殊的話，那麼知識的對象也只是特殊的。但知識

---

⑧　金岳霖：《知識論》，頁755。

論的目標是要得到對象中的理。如事實只是特殊的，我們又怎麼能得到對象中的理？金岳霖本人在《知識論》一書中常常講到「事中求理」或「理中求事」。這一說法就間接地說明了理事的關係。理中有事，事中有理，理事是不能相分的。他說：

> 「我們在事中求意念底關聯，這當然也就是說，我們在事中求理，在事中求意念底關聯，所得的關係才不至於落空。在我們求知底歷程中，在事中求理或在事中求意念底辦法，當然重要並且基本。」[81]

這就明確地肯定了事實中有理或意念關聯。只有這樣的事實才能成爲知識的直接對象。得到了這樣的事實也就幾乎具有了有關事實的知識。如果事實只是特殊的，它就不能構成知識的對象。但金岳霖實際上就是認爲事實是特殊的，而且只能是特殊的，否認了事實中的普遍性或一般性。以上表明，金岳霖關於「事實」的理論多有前後不一貫之處。這一缺點來源於他的意念接受論。

在康德、劉易斯的知識論體系中，概念必須用來整理或安排感性經驗，因爲在他們那裏，概念、範疇與物自體或「所與」是二元對立的。既是二元的，就有把它們撮合在一起的必要。而且在他們的哲學中，感性材料不如金岳霖所說的那樣是有秩序的或表現共相關聯的，而是不分彼此、混沌一片，需要概念去做斷開黑暗、開闢混沌的工作，需要它們對之進行整理、安排或解釋、構造。而在金岳霖的知識論中沒有這種二元對立，而且他又認爲

---

[81] 同上，頁778。

本然世界有秩序,「所與」也有秩序。對「所與」的抽象得到意念,意念有圖案或結構,意念是正確的就能反映對象中的理或共相的關聯。認識的任務就是要達到對外在事物的規律的把握。因此,金岳霖的知識論似乎無需用意念接受「所與」以形成事實這一環節。實際上,金岳霖也未能成功地構造起他的「事實」理論。

金岳霖認為,事實中有意念成分,它是經驗之內的客觀的事實。如果一事實在前,我們對之有所斷定,或認它為真或認它為假,這樣就形成命題。命題是「思議內容之斷定事實或道理者」⑧,命題「是表示事實的方式」⑧。要表達事實總得利用命題,但不是任何命題都直接地表達事實。普遍的命題雖有事實以為根據,但它直接肯定的是固然的理。普通的命題直接肯定的也不是一件一件的特殊的事實。表示事實的是真的特殊命題。「事實是特殊的真命題之所表示或肯定。」普遍的命題和普通的命題雖不直接以事實為對象,但是它們總是以事實為根據的。不管什麼類型的命題,總有證實問題。如果一命題與相應的事實有符合關係,它就得到證實,它就是真的。否則,就是假的。有真命題就是有知識。知識就是真命題。這樣,知識論的全部問題就集中在如何得到真命題。

---

⑧　金岳霖:《知識論》,頁831。
⑧　同上,頁185。

第四章　眞與知識

第一節　符合說的歷史難題

金岳霖認爲，有知識就是有眞命題。所以是否有知識就是能否得到眞命題。從這個意義上，可以說論知識就是論眞❶。所以在《知識論》一書中，他反覆強調「眞假問題就是知識問題」，他「對知識論底興趣就是對眞假底興趣」❷。可見，眞之所以爲眞，假之所以爲假，便是《知識論》一書刻意要解決的最主要的問題。

通過前幾章的分析，我們可以很容易地看出，金岳霖的眞理觀取一種符合說的立場，即認爲某一種思想之眞假，取決於它與相應的事實之間是否有符合的關係。他說：「符合是眞假底定義」❸。

眞理的符合說有着悠久的歷史。可以說，古希臘的亞里士多德是這種理論的最早倡導者。他在《形而上學》一書中指出：「凡以不是爲是，是爲不是者，這就是假，凡以實爲實，以假爲

---

❶　金岳霖：《知識論》，頁887。
❷　同上，頁185、頁74。
❸　同上，頁907。

假者，這就是眞」❹。按照他的看法， 命題或判斷是對客觀事物
的性質、狀態或關係的描寫或陳述，因此它們之眞假完全取決於
其是否與對象符合。如果一命題對相關的事實作了如實的描寫，
它便是眞的。否則， 它就是假的。眞理就是命題與相關的事實之
間的一種符合關係。 他更進一步明確地闡述了這種眞理的 符 合
說， 他說：

> 「一個人存在着這個事實，蘊涵着『他存在着』這個命題
> 的正確性。……那個正確的命題絕不能是這個人的存在的
> 原因， 而這個人存在這個事實， 看來才是這個命題之所以
> 爲正確的原因， 因爲命題的正確或錯誤取決於這個人存在
> 或不存在這一事實。」❺

他的這種符合說， 是與他的素樸唯物主義的認識論是合拍的。他
認爲凡是存在於理智中的， 無不先存在於感覺之中，而感覺是由
於某種外在於感覺的東西引起的。獨立存在的客觀事物就是感覺
產生的原因。理性的任務就在於從個別事物中去尋找一般以形成
概念、命題。命題的眞假取決於其是否符合外在事物。亞氏的符
合說對後世產生了相當大的影響。總括來說，他的符合說還是相
當樸素的， 其表述形式也略顯粗糙。而且符合說中的某些重要的
理論問題也未展開。

---

❹　亞里士多德：《形而上學》，中譯本， 頁79，商務印書館，北京，
　　1983年。

❺　亞里士多德：《範疇篇解釋篇》，中譯本，頁46，商務印書館，北
　　京，1959年。

亞里士多德的符合說首先遭到皮浪主義者的攻詰。他們說，那些相信自己發現了真理的人是獨斷論者，特別是亞里士多德、伊壁鳩魯和斯多葛派。他們主要從判斷者、工具和依據什麼這三個方面來論證真理標準的不可能。如在討論憑藉什麼來確立真理標準這個問題上，他們從感覺、理智方面證明真理的獲得是不可能的。他們指出，感覺是不可靠的、沒有確定性的，是虛假的。不同的人有不同的感覺。因此，我們無法相信感官向我們報導的一切。關於人的理智，他們認為人的理智是不可理解的。我們沒有關於理智的確切的知識，我們又如何利用它來判定命題的真假呢？即使理智是可以理解的，它仍不能判斷對象。因為如果它連自己都不能精確辨認，而且它在自己的存在、自己的起源模式以及自己所處的位置等問題的判斷上還存在自相矛盾，它又怎麼能夠精確理解其它東西呢❻？於是，結論自然是「真理不可知」。如果非要說有真理不可，那麼只有一條真理，這就是「我們誰都不知道任何事物，甚至於不知道『我們究竟是知道某物還是什麼都不知道』。」這顯然是一種不可知論的觀點。但他們的論證富有較強的邏輯力量。它們從反面向我們提示了，要發展真理符合說必須對認識主體的本性、外物的可知性及真理的標準等方面的問題進行系統的論述，而不能簡單地重抄樸素的真理符合說。

洛克對符合說作了較系統的闡述。他把觀念分為實在的或幻想的、相稱的或不相稱的、真正的或虛妄的三種。所謂實在的觀念就是指在自然中有基礎的觀念，它們與事物的真正存在或觀念的原型相符合。幻想的是指那些在自然中無基礎的觀念，它們與

---

❻　參見《皮浪主義文集》，中譯本，頁87-112，上海三聯書店，1989年。

它們所指涉的那個原型不相符合。相稱的觀念是指完全表象其原型的觀念。而不相稱的觀念則部分地、不完全地表象它們所參考的那些原型。至於觀念的眞和假，洛克認爲，我們的觀念旣然只是心中一些現象或知覺，因此它們本身不能說是眞的或假的。但如果把它們與別的東西相參照，就可以成爲眞的或假的。這就是看觀念是否和它們與之參照的那些東西相契合，契合的就是眞的，不契合的就是假的❼。可見，洛克所區分的這三種觀念都涉及到觀念與其所反映的客觀存在或「原型」的關係問題，卽如觀念是其相關的原型的「摹本」則就是眞的或實在的。因此洛克的這種眞理論可以稱之爲「摹本說」。他說:「在我看來，所謂眞理，顧名思義講來，不是別的，而是按照實在事物的契合與否，而進行的各種標記的分合」❽。

洛克的眞理「摹本說」存在着種種不徹底性。這表現在:

(1) 他只在簡單觀念層次上堅持反映論的摹本說。他認爲只有簡單觀念是與眞正的存在相應的。所以我們的一切簡單觀念都不能是虛假的，因爲它們契合於那些產生它們的外物。他指出，實體的實在本質不可知，而複雜觀念是指「複雜的實體觀念」，所以他認爲如果把複雜實體觀念看作表象事物的實在本質就是虛假的。至於「複雜的樣式觀念」和「關係觀念」根本就沒有與客觀存在物的直接對應的關係，因此不存在眞假問題，或者說它們都是眞的。而它們之爲眞的標準就只在觀念本身的關係中。在這裏，他已背離了他的摹本說。

---

❼　參見洛克:《人類理解論》，中譯本，第二卷三十章、三十一章、三十二章。

❽　同上，頁566。

(2) 在命題的層次上，他認爲「眞理……只是按照實在事物的契合與否，而進行的各種符號的分合」❾。所謂符號他指的是觀念或文字。這樣，眞理就不再是觀念與對象的契合，而是觀念與觀念之間，或語詞與語詞之間的契合問題了。

(3) 洛克「摹本說」的一個最大缺點在於它是完全消極被動的反映論，認爲簡單觀念是與事物原型一模一樣的。這種「摹本說」就是金岳霖所批判的「照像式的符合」。這種理論在歷史上遭到許多哲學家的批判。

洛克符合說的困難產生於他的哲學的基本立場。他既要堅持經驗主義的立場，又要肯定不可知的實體的存在。承認實體不可知，又要肯定它的存在，這當然是一個矛盾。

洛克的摹本說首先遭到貝克萊的反對。既然實體不可知，我們又如何能知道自己的觀念是否和它相契合呢？他一針見血地指出了洛克符合說的毛病。他說：

> 「人們如果相信有實在的事物存在於心外，並且以爲自己的知識，只有在契合於實在的事物時，才是真實的，那他們當然不能確知自己有了任何實在的知識。因爲我們如何能知道我們所知覺的事物是和那些未曾知覺到的事物相契合呢？是和存在於心外的那些事物相契合呢？」❿

鑑於洛克「摹本說」的這一困難，貝克萊則乾脆提出要取消物質的存在來避免洛克哲學中的矛盾。他斷言，人心之外根本不存在

---

❾　洛克：《人類理解論》，中譯本，第二卷，三十章，三十一章，三十二章。

❿　貝克萊：《人類知識原理》，中譯本，頁58。

什麼客觀的物質。存在就是被感知，物是感覺的複合。由於一切
事物都只不過是觀念，眞理當然也就是觀念之間的契合與否的問
題了。貝克萊的這一立場確實克服了洛克符合說中固有的矛盾，
因爲他從根本上避免了把觀念與存在這不同質的東西進行比較的
困難。但貝克萊的這一立場卻又導致了一系列其它的困難：

（1）他實際上破壞了經驗主義的眞理摹本說。因爲說眞理就
在於觀念之間的契合，就會與認爲眞理就在於思維自身的邏輯一
貫的理性主義的看法合流。而這又恰恰是與貝克萊的經驗主義立
場相悖的。

（2）貝克萊的這一立場又必然導致唯我論的結論。而唯我論
最終又將損壞宗教的基礎。而這又是和貝克萊強烈的宗教信仰相
衝突的。意識到了這些困難，他又趕忙補充道，個人的感覺觀
念仍然是有外界的原因的。不過這原因必須是能動的，而不能是
完全不能自己運動的物質。他斷定，這樣的原因只能是上帝。於
是，他認爲仍可以區別「眞實的事物」和想象中的「觀念」，而
觀念還是「摹擬並表象事物」的。他說：

> 「造物主在我們『感官』上所印下的各種觀念，叫做實在
> 的事物。至於在想像中被引起的那些觀念，則是比較不規
> 則、不活躍、和不固定，因此它們可以叫做狹義的觀念或
> 事物的圖像，它們摹擬事物，並表象事物。」⓫

可見，他仍想堅持摹本說。堅持經驗主義的立場必然要堅持符合

⓫　同上，頁32。

說。爲了避免自己理論中的困難。他又提出了上帝。但這就又肯定了不可知的精神上帝的存在，肯定了上帝所安排的「自然法則」。顯然，這又是與他的只從感覺觀念出發的經驗主義原則相悖的。這就是貝克萊不可自拔的理論困境。

休謨解決貝克萊理論困難的辦法是把貝克萊的主觀唯心主義的經驗主義原則貫徹到底，而達到了不可知論：物質實體不可知，精神實體也不可知。山川大地、日月星辰都只不過是一束知覺之流。這樣，休謨也就徹底地否認了人有獲得關於客觀物質世界的眞理的可能性。這也就在實質上徹底地摧毀了眞理的摹本說。休謨的這一觀點似乎在邏輯上無懈可擊。但大多數的哲學家在感情上都不願意接受。

洛克的眞理摹本說到了貝克萊、休謨那裏已走進了死胡同。這一歷史情形迫使那些試圖堅持符合說的哲學家從各個不同方面來改造洛克的摹本說。美國的實用主義哲學家們就做了這樣的嘗試。他們的眞理觀可以威廉·詹姆士（William James）的爲代表。

詹姆士認爲，眞理是我們的某些觀念的一種性質，它意謂着觀念和實在的符合，而虛假則意謂着觀念和實在的不符合❷。他批評洛克的摹本說只適用於「可感覺事物的眞實觀念」，而不適用於絕大多數的眞的觀念，如過去的歷史觀念、邏輯與數學的眞的觀念等等。這些觀念都不允許我們直接或面對面地去證實。他說：

---

❷　參見詹姆士：《實用主義》，中譯本，頁101，商務印書館，北京，1979年。

「我們對於可感覺的事物的真實觀念，的確是摹擬這些事物的。試閉上眼睛，想想那邊牆上掛的鐘，你所能想像出來的只是那鐘面的一幅真實的圖像或摹本；可是你對於鐘的機件的觀念（除非你是一個鐘錶匠）就不足以成為一個摹本了；……在談到鐘的『計時功用』和發條的『彈性』等等時，那就更難看出你們的觀念所能摹擬的到底是什麼了。」⑬

他從中得出的結論就是「摹寫實在是與實在符合的一個很重要的方法，但絕不是主要的方法」⑭。

詹姆士也正確地看到了摹本說的形而上學性。這表現在，在摹本說中「『真理』的意義主要是一個惰性的靜止的關係」⑮。與此不同，他認為真理不具有固定的、靜止的性質。真理是對於觀念而發生的。它之所以變為真，是被許多事件造成的。「它的真實性實際上是個事件或過程，就是它證實它本身的過程，就是它的證實過程，它的有效性就是使之生效的過程」⑯。真理是個過程，它處於動態的過程之中，而不是凝固不變的。

至此為止，詹姆士對摹本說的批判大體說來是正確的。

詹姆士也持一種真理符合說。在真理意謂着與實在符合這一點上，實用主義者和其他主張真理符合說的哲學家並無二致。但在什麼是符合，什麼是實在等問題上，他們卻與後者有着明顯的

---

⑬　同上，頁102。
⑭　同上，頁109。
⑮　同上，頁102。
⑯　同上，頁103。

不同。

詹姆士把觀念分爲兩大類：一是可感覺的事物的觀念，一是純粹意識的觀念及其關係。眞理是觀念與實在的符合。所以知道了什麼是觀念，就是進一步瞭解實在的含義。他認爲，實在有三種，即「具體的事實」、「抽象的事物與它們之間直覺地感覺到的關係」和已經掌握了的眞理。那麼觀念與這些實在符合究竟是什麼意思呢？

詹姆士認爲，可感覺事物的觀念與具體的事實可以有摹擬關係。但是抽象的觀念與抽象的事物及其相互關係之間，絕不可能存在什麼摹擬關係。於是問題就成爲觀念與這三種實在符合究竟是什麼意義上的符合。對此，他回答道：

> 「廣義説，所謂與實在『相符合』，只能意謂着我們被一直引導到實在，或到實在的周圍，或到與實在發生實際的接觸，因而處理實在或處理與它相關的事物，比與實在不符合時要更好一些，不論在理智上或在實際上都要更好一些！」[17]

這樣，符合基本上變成了引導的過程。這引導是有用的，它引導我們到那些存在着重要事物的地方。總之，

> 「摹寫實在是與實在符合的一個很重要的方面，但絕不是主要的方法。主要的是被引導的過程。任何觀念，只要有

---

[17]　詹姆士：《實用主義》，頁109。

助於我們在理智上或在實際上處理實在或附屬於實在的事
物；只要不使我們的前進受挫折，只要使我們的生活在實
際上配合並適應實的整個環境，這種觀念也就足够符合
而滿足我們的要求了。這種觀念也就對那個實在有效。」⑱

這樣的表述具有明顯的比喻性質，令人困惑。但有一點是清楚
的，卽「符合」被理解爲是實際的，而不僅僅是理智的。顯然，
這種對實在的強調，正是實用主義的主要特色。正是這種特色將
實用主義的眞理觀從觀念與實在的符合說「引導」到了這樣的眞
理觀，卽一個觀念是眞的，因爲它是有用的。「眞觀念是我們所
能類化，能使之生效，能確定，能覈實；而假的觀念就不能」⑲。
這就是說，一個觀念是有用的，它就是眞的，或一個觀念是眞
的，它就是有用的。這就是實用主義者的眞理觀。

詹姆士着重從認識的實際效果來檢驗認識的眞理性，這包含
着合理的因素。他的眞理觀的另一長處在於：他不是簡單地把眞
理和證實等同起來，而是以更加細緻的方式把眞理等同於可證實
性。我認爲，這是很有價值的看法。這就爲眞理留有這樣的餘
地：可能有尙未得到證實的眞理，它們遲早是可以得到證實的，
因而它們仍不失爲眞理。此外，詹姆士對符合說中的觀念、實在
和符合諸環節進行了細緻的討論，使他的眞理觀更系統、更細
緻，這在歷史上也是一種進步。當然，也應看到詹姆士有用卽眞
理的眞理觀從整體上看則是錯誤的。無怪乎他的實用主義眞理論
一問世，當卽遭到了英國兩位著名的哲學家 G. E. 摩爾和羅素的

---

⑱　同上。
⑲　同上，頁103。

激烈反對。

眞理符合說不僅遭到了實用主義的反對，而且也遭到了融洽說和一致說的抨擊。後兩者也是不滿意於符合說而出現的。

持眞理融洽說的人一般說來都反對符合說。如布拉德雷認爲，對局部的認識不可能是完全眞的。因此，對任何一個局部的認識都不可能成爲對整體認識的基礎。所以，他認爲，符合論者主張把感覺經驗看作是全部認識的基礎是沒有根據的，因而符合論也是不能成立的。相反，他主張，眞理是對於整體的認識。這樣的認識只能依賴於理性的推理，從感覺經驗中得不到對整體的認識。而對整體的認識實質上就是對唯一的實在即「絕對」的認識。「絕對」是一種宇宙精神，絕對的實在性就在於其精神性。他說：「在精神之外沒有、也不可能有任何實在，而且任何東西的精神性愈多，它就愈是眞實實在。」「絕對是一個系統，……它是一種單一的、無所不包的經驗，其中和諧地包容了各種不同的局部」[20]。雖然，絕對中的各個部分融洽相處、相互依賴，但部分不等於整體，對部分的認識不就是對整體的認識。在他看來，由於實在是由無數個部分組成的統一的融洽的整體，因此對實在的認識就是對整體的認識。對部分的認識最多只能是部分的眞，而不能是完全的眞，因爲這時我們所認識的只是充滿矛盾的現象，而不是統一融洽的實在自身，這就是他的眞理融洽說。在哲學史上主張融洽說的大有人在，如斯賓諾莎、黑格爾、布蘭夏德都是眞理融洽說的支持者。

---

[20]　轉引自塗紀亮：《英美語言哲學概論》，頁246-247，人民出版社，北京，1988年。

對符合說的不滿，促使另一些哲學家轉而採取一致說。如維也納學派的主要成員、邏輯實證主義者紐納特(Otto Neurath)就對符合論持一種激烈的否定態度。他反對把直接經驗、基本要素或原子經驗看作認識的基礎，看作構造科學的出發點。他還反對把經驗之外的某種「實在」或「存在」看作科學知識的對象，認爲經驗命題的眞理性並非取決於經驗命題與經驗之外的某種「實在」或「存在」相符合，因爲人們不可能越出思想或語言的範圍之外而達到實在，從而也不能在思想或語言之外把我們關於實在的陳述或判斷與實在本身相比較。他由此斷言，符合論是不能成立的。我們不能把某種處於詞和世界之間的符合關係作爲判斷命題的眞理性的基礎。我們只能根據命題之間是否一致，來判斷命題的眞理性。如果某個命題與同一體系內的有關命題相一致，這個命題就是眞的。否則，就是假的。

持眞理一致說的還有爲數不少的科學家。這與科學思想模式的轉變有關。在伽利略 (Galileo) 以前，亞里士多德的自然科學思想統治着西方科學界幾乎達兩千年之久。亞里士多德堅信，人類能夠借助於從自明原則出發的推理而達到理解「實在」的目標。亞里士多德的科學哲學思想是要解釋事物爲什麼發生；而伽利略則開始去解釋事物如何發生。從解釋事物爲什麼發生到解釋事物如何發生的轉變，標誌着亞里士多德科學思想的結束，現代科學的開始。伽利略的實驗方法是控制試驗的方法，它已成了現代科學的調查實驗的基礎。科學確實不能夠解釋電、磁和引力，科學家能夠測量和預見它們的效果，然而現代科學家對於它們的性質所具有的知識，則遠遠沒有超過曾首先探索靜電現象的泰勒斯 (Thales) 所具有的相關的知識。許多現代物理學家拒斥下述

的思想: 卽人們能夠認識這些神秘的自然力量的本性。十九世紀
末和二十世紀初的科學新發現支持了這一看法。新的化合物、新
的元素的發現，不斷打破了被人們視爲定論的對「物質」的終極
看法。把物質看作是最終實在的常識性看法，被認爲是錯誤的。
旣然人們不可能對「實在」、對「物質」形成一個終極的看法，
人們又怎麼能夠去斷定自己的認識與某種沒有確定性質的外在
「實在」符合與否呢？ 相對論的發現、量子力學的建立，強烈地
衝擊着自十七世紀以來牢牢地佔據着科學界統治地位的牛頓力學
的絕對權威。旣然被奉爲神聖的牛頓力學尙且是不完善的，那
麼還有什麼東西可以被看作是決定人們認識的眞理性的絕對標準
呢？ 一切都是相對的，對外界的終極解釋是不可能的。所以符
合說也不能成立。這是當時科學革命時代很自然的結論。雖沒有
決定一切絕對的標準，但是人們總需要樹立一定的標準來評判自
己理論的效準。這標準只能在命題之間去找。眞就是命題間的一
致。

　　眞理一致說在現代西方哲學界和科學界的影響相當大，以至
於有些本來主張符合說的人都轉而對一致說表示同情，而形成把
符合說和一致說結合起來的傾向。

　　上面的簡單回顧說明了素樸的眞理符合說自遭到貝克萊、休
謨、詹姆士等人的批判以來，確實暴露出了不少理論上的困難。
所以上世紀末到本世紀初西方哲學界雖有人仍在提倡眞理的符合
說，但較多的哲學家們卻紛紛轉向了眞理的實用說、一致說和融
洽說。可見要堅持眞理符合說，就必須要回答貝克萊、休謨、詹
姆士、布拉德雷等人向眞理「摹本說」提出的理論難題。這些理
論難題可綜合如下:

　　第一，必須要與眞理論中的照像式的符合說或摹本說劃淸界限，對之進行深刻的批判。摹本說在歷史上已屢遭駁難，已漏洞百出，要堅持符合說就必須超越摹本說，否則就毫無理論價値。要超越就首先要說明與實在符合的思想內容的性質。如果對認識內容的性質不能有比洛克等人更深刻的認識，那麼他仍有可能會再次跌入照像式的符合的泥坑中去。

　　第二，必須對符合說中的「符合」的意義作出新的、更爲淸楚明白的闡述。洛克認爲契合僅僅是摹擬；詹姆士認爲符合不僅僅是摹擬，更主要的是引導，卽觀念能引導我們到實在，或到實在的周圍，他對符合作了主要是實用的解釋，結果走向「有用卽眞理」的道路上去了。這顯然是錯誤的。金岳霖要堅持符合說，那麼在解釋「符合」的意義時，他就必須旣要克服洛克的失誤，也要避免詹姆士的錯誤。

　　第三，認識內容與之符合的「實在」的含義是什麼，這是符合說中的一個重要問題。在洛克那裏，實在的含義是淸楚的，它指獨立存在的客體。但他認爲實體的本質不可知，我們所知的只是它的名義本質（卽現象）。他的經驗主義立場只能使他停留在現象的層面上。可見，他未把摹本說堅持到底。結論是悲觀的，實體的本質不可知，摹本說行不通。貝克萊所理解的實在只不過是感覺或觀念。他因此陷入了唯我論。詹姆士把實在分爲三類，卽具體的事實、抽象的事物及其相互之間的關係、已掌握的眞理。他認爲，如果觀念與第一類實在卽具體的事實符合，那麼觀念的眞理性質還具有客觀性，而如與後兩類實在符合，則觀念的眞理的客觀性質便無踪影，於是眞理只是主觀的任意。因此，金岳霖要眞正堅持符合說，就必須避免上述的哲學家在解釋「實

在」含義時所犯的錯誤。

第四，符合說的最主要的歷史難題是認識內容與客觀實在的關係問題。貝克萊、紐納特等哲學家堅持認爲這兩者之間，存在着不可逾越的鴻溝。認識內容在我在內，客觀實在在物在外。兩者性質截然不同，我們又何從知道認識內容與客觀實在符合與否呢？如果回答不了這一問題，我們就無從知道我們認識內容的眞理性了。貝克萊就向洛克提出過這樣尖銳的問題，他本人也企圖解決它，但其方法是主觀唯心主義的。詹姆士以實際的效果來看認識內容與實在的符合與否的做法也並未解決這一問題。當他斷言觀念與後兩類實在符合與否時，他立即就站到了貝克萊的立場上去了。而且當他訴諸於以一個觀念的實際效果來檢驗觀念的眞假時，馬上又引起了另一個更嚴重的理論困難，即知道一個觀念是否有用或有效，實際上要比知道它是否爲眞更爲困難。羅素就曾經從這一方面批判了詹姆士的眞理觀㉑。總之，認識內容與客觀實在的關係問題是符合說中的一個棘手問題。金岳霖要有效地堅持眞理符合說就不能迴避這一問題。

第五，符合說的標準問題。這個問題就是，我們究竟憑藉什麼而知道觀念與實在是符合的。在古代，皮浪主義者向亞里士多德的符合說提出了這一問題。在現代，胡塞爾的老師布倫塔諾 (Franz Brentano) 也向眞理的符合說提出了類似的問題，不過他的問題提得更爲尖銳了。他認爲在命題和與它有關的客觀實在之間，找不到眞理的標準。這一點只須指出由這種觀點所產生

㉑　參見羅素：〈威廉・詹姆士的眞理觀〉，載《哲學論文集》，英文本，紐約，1966年。

的無窮的追溯就能夠證明。爲了能夠檢驗命題與相應的實在的符合，就需要有關於初始命題的命題和關於這一實在的另一命題，然後才能在二者之間進行比較、鑑別。但是爲了弄清楚這些命題及它們相互之間的關係，又必須在初始命題和與它有關的命題之間、在關於實在的第二命題和實在本身之間、以及在檢驗的第一階段所產生的兩個命題之間等等進行比較。如此類推，以至無窮。這說明了僅僅在命題與實在之間找不到一個眞理的標準來說明兩者的符合。鑑於符合說的這一困難，布倫塔諾拋棄了符合說而轉向眞理的自明性的哲學立場❷。所以，爲了堅持眞理的符合說，就必須完善眞理標準說。

上述的五個問題並不是符合說面臨的全部歷史難題，但它們卻是主要的，而且它們與討論金岳霖的眞理有着密切的關係。符合說的歷史難題主要的還有如下一些：

第一，有一些科學，它們的某些眞命題並不必涉及存在着的事物，如幾何學、數學、邏輯學。但是，如果根本沒有與之相符合的實在，那麼說某個命題之眞就在於與之相符合，就是毫無意義的。

第二，有些表達悖論的命題，它們的「眞」，決然不能以它們是否與相關的實在的符合爲標準，如「說謊者悖論」。當克利坦的埃皮米尼德宣稱：「所有的克利坦人都是說謊者時。」如果這句話是眞的，那麼他所說的這句話便是假的；如果這句話是假的，那他所說的這句話便是眞的。人們在探討這類命題時，往往陷入

---

❷　參見施太格繆勒：《當代哲學主流》，中譯本，上册，頁 47-50，商務印書館，北京，1986年。

自相矛盾的境地。作爲命題，它肯定有其眞假值。要完善眞理符
合說，就必須爲這類命題的眞假值找出答案。

　　符合說似乎無法解決第一個問題。第二個問題爲波蘭哲學
家、邏輯學家阿爾弗雷德·塔爾斯基 (Alfred Tarski) 於1933
年在一篇題爲〈形式化語言中的眞理概念〉一文中得到了解決。
塔爾斯基的眞理論被認爲是眞理符合說所能取得的最高成就。金
岳霖的知識論沒有討論這兩個問題，所以它們也就不是我們所要
關心的問題了。現在我們要看看金岳霖是如何解決上述的五個難
題的。

第二節　符合是真的意義

　　我們在上面已經看到，眞理的「摹本說」在西方哲學史上遭
到了貝克萊、詹姆士、布拉德雷等人的種種詰難，暴露了許多理
論上的漏洞。要堅持眞理符合說，就必須改造符合說中「摹本
說」。金岳霖把這種符合說叫做照像式的符合說。他認爲照像式
的符合說不通，並不等於符合說說不通。他堅持道，眞理的符合
說不容易放棄，也不應該放棄。說「它不容易放棄，因爲放棄它
的人常常無形之中仍然保留它；放棄也許只是在明文的表示上的
放棄，而保留是非正式的骨子裏的保留」❷。他堅持符合說的理
由是：

　　「因為符合說是最原始的真假的說法。所謂原始的說法，

---

❷　金岳霖：《知識論》，頁895。

　　　是說一方面在思想及工具未發達的時候，　我們只有此說
　　法；另一方面，別的說法都根據於此說法。」❷④

　　當然更主要的理由是他的知識論的實在主義立場。這一立場使他
必須採取真理符合說，而反對真理實用說、一致說和融洽說。

　　他指出實用主義真理觀的一個明顯的理論上的缺點，在於混
淆了「真」和「用」這兩個概念，從而否認了真的普遍絕對的性
質。沒有普遍永恒的用，用總是相對於一時一地，相對於特殊的
事體的。沒有對於任何要求都有用的東西，也沒有隨時隨地皆可
用的東西。實用主義的真理觀認為有用即真理，實質上是把用和
真等同起來。這樣，真的性質無疑要受用的影響。但問題是，用
相對於要求，真是不是也相對於要求？用不是隨時隨地的用，真
是不是隨時隨地的真？如果真即用，那麼真是相對於時間。一時
有用，另一時不必有用；一時真的，另一時不必真。金岳霖認為
這種對真的性質的瞭解顯然是錯的。他指出，真的性質具有絕對
的確定性。一命題只要是真的，它就永遠是真的❷⑤。它不會因時
間空間的改變而改變其性質。這實質上是說，真是獨立於特殊時
空，具有普遍絕對的性質。他認為真和用雖有聯繫，但其間的差
別不容忽視。他承認「也許真的命題都有用」，但同時他又承認
「有用的不必都真」❷⑥。這種批判應該說是正確的、深刻的，它
抓住了實用主義真理觀的要害。

❷④　同上，頁896。
❷⑤　同上，頁950。
❷⑥　同上，頁890。

　　實用主義眞理觀的另一缺點在於，它否認了眞理的客觀性質。金岳霖指出：「重用也免不了以人類爲中心或以自我爲中心；以這二者爲中心，免不了特別地注重於意志。把意志和眞聯繫起來，眞又和我們底意志相對待。」眞是相對於意志的，那麼「順於意志的信仰是不是眞呢？逆於意志的命題是不是假的呢？特別地注重意志也免不了要注重選擇。眞假是不是相對於選擇呢」[27]。眞如相對於人的意志，相對於人的選擇，眞理的客觀性質也就蕩然無存。眞理只不過是主觀的一廂情願，只是意志的創造。而事實上，詹姆士就是如此主張的。他認爲，法律、語言和眞理這些東西在歷史中是「我們一面前進，一面創造出來的」，「它們絕不是推動這過程的本原，而只是其結果的抽象名詞」[28]。眞理是人造的，這無疑是否認了眞理的客觀性。

　　金岳霖又進一步揭露了實用主義眞理觀的來源。他認爲，實用主義產生的土壤，就是它「以自我或人類爲中心的，它似乎特別地注重生活，及生活中的要求和它們底滿足。它注重嘗試、注重試驗。這試驗不求之於離我或離人的實，而求之於相對於要求的有效或無效」[29]。

　　金岳霖對實用主義眞理觀的批判是正確的、深刻的。他的批判的本意，在於堅固自己的眞理符合說的陣地。這一批判表明了他自己對眞的看法。「眞」是客觀的、普遍的、絕對的。用他本人的話說就是，「眞假不相對於特殊的時地」[30]、「眞假不相對於

---

[27]　金岳霖：《知識論》。

[28]　詹姆士：《實用主義》，中譯本，頁123。

[29]　金岳霖：《知識論》，頁889。

[30]　同上，頁901。

256   金岳霖

知識類」❸、「眞假不是虛妄構造」❷。

　　金岳霖認爲，作爲眞理說的融洽說，也是困難重重的。他指
出，融洽說的形而上學的味道太濃。這種理論追求眞的完整性、
整體性。只有對整體的認識才能是完全的眞，而對部分的認識充
其量只能得到部分的眞。這就說眞假有程度的問題。對任何部分
的認識不十分眞，也不單獨的眞，因爲部分依賴於整體，而部
分之間又相互依存，所以對部分的認識不能有完全的眞。金岳
霖認爲，這種眞理觀是說不通的。眞就是眞。一個命題如是眞
的，它就是眞的，而不能說它是百分之六十或七十是眞的，或它
不夠非常之眞，或不那麼眞。金岳霖對融洽說的這一批判顯然是
受了羅素的影響❸。這一批判在邏輯上是無懈可擊的。它否認了
眞理包含謬誤的說法。但問題是，承認了這一批判，也就勢必要
否認認識的相對性。如一個命題是眞的，它便永遠是眞的。這樣
對某一對象的認識也就是終極性的了。然而承認了眞假有程度的
說法卻也必然得出荒謬的結論。「假如眞假有程度的話，我們只
能說甲比乙眞些，乙比丙眞些，我們沒有法子說一命題百分的
眞。可是，甲比乙眞些並不表示甲眞，乙比丙眞些也不表示乙眞」
❸。這樣的眞理觀引用到命題上去「總有不大對題的情形」，卽
「如此類推沒有一命題本身是眞的」❸。果然如此，當然麻煩。
可以稍微修改一下金岳霖的話，卽融洽說認爲眞命題是有的，但

---

❸　同上，頁904。
❷　同上，頁906。
❸　參見羅素：《哲學論文集》中的＜一元論之眞理觀＞一文。
❸　金岳霖：《知識論》，頁901。
❸　同上。

只有一個，這就是關於「絕對」本身的命題才是完全的真。這也就是說，真理只有一個。可見，真理融洽說實質上是真理的一元論或形上的真理論。這樣的真理觀不符合金岳霖的要求。他所要的是「形下的單獨發現的一命題底真，並且要求它隨時隨地可以得到；這樣的真不能有程度，說它有程度就是取消它底能夠單獨發現性，而一命題底真就不能隨時隨地可以得到了」❸。總之，他要的是「一條一條或一絲一絲的」命題之真，而不是唯一的綜合大全之真。他對真的這一看法，實質是以真理的多元論反對真理的一元論。這種真理多元論在本世紀可上溯到詹姆士和羅素等人。尤其是羅素曾撰文〈一元論之真理觀〉具體而詳盡地批判了一元論之真理論。相比之下，金岳霖的這一批判顯得不夠有力，他沒有充分地說明為什麼一元論的真理觀必須要由多元的真理觀取代。從這一點說，他對融洽說的批判不如對有效說的批判顯得深刻。但對我們來說，這樣做已經夠了，因為我們已從中看到了他對真的另一層理解，即(1)真是形下的真；(2)真沒有程度問題；(3)真是一條條、一絲絲的命題之真。

　　現在輪到金岳霖要對真理一致說展開批判了。他首先從命題和命題間的不一致着眼，指出如果兩命題不一致，那麼可以肯定，這兩者聯合起來納入一系統之中是說不通的。但如果兩個命題雖不一致，而它們分屬於兩個不同的系統，我們就不能說一命題為真，而另一命題為假。然而如果它們一致而又屬於同一系統，則其中必有一假，而另一為真。不一致的命題有真有假，可是誰真誰假，顯而易見不能靠一致去決定。他認為「不一致的確

───────────

❸　金岳霖：《知識論》，頁901。

有堅決的影響」❸。接着，他指出，命題之間的一致就沒有同樣
的影響。爲什麼呢？因爲眞命題的確一致，但一致的命題不見得
就眞。假的命題可以一致，而且「假如我們給一套命題加以範圍
把它們圈起來，假的命題還可以一致地假」❸。應該說，金岳霖
對一致說的批判具有很強大的邏輯力量。他的這一批判無疑是受
了 C.I. 劉易斯的影響。劉易斯早在 1929 年就指出：「如同在別
處一樣，在哲學中，一致也只是眞理的消極的標準；儘管可能
性很小，但仍有可能一致地假❸」。他不僅認爲命題可以一致地
假，而且可以有一致地假的邏輯。金岳霖不同意劉易斯的後一看
法。但在承認可以有一致的假的命題上，兩人的看法是相近的。
這可以說是擊中了一致說的要害。要堅持一致爲眞的標準至少要
求一已知爲眞的命題。這樣，與這一命題一致的命題才能爲眞。
問題是如何去發現這一眞的命題。一致說在這一問題上就顯得一
籌莫展了。可見，一致不是命題爲眞的充分條件。

　　從金岳霖對眞理有效說、融洽說和一致說的批判中，我們可
以看到：⑴他堅持眞理的符合說；⑵他所理解的「眞」是形下
的、一個一個命題之眞，而不是形上的、綜合大全之眞；眞沒有
程度問題，它不相對於特殊的時間地點，不相對知識類。這也就
是說，「眞」就是命題與事實之間的符合；「眞」是多元的，而
不是一元的；「眞」是絕對的；「眞」是客觀的。這就是金岳霖
所瞭解的「眞」。

　　金岳霖認爲眞是命題的值。眞是符合，它是命題與事實的符

---

❸　同上，頁893。

❸　同上，頁928。

❸　C. I. Lews, *Mind and World order*, p.22.

合。命題是「思議」的內容，它是完全抽象的。抽象無象。他堅持符合說的立場，但不同意照像式的符合，認爲它的確令人無法接受。如從印象、記憶、想像著想，照像式的符合還能說得過去。但它不能引用到命題上去。命題雖有時有直接的意象上的寄託，但是它的眞假和意象並無符合與否的關係。因爲: (1)命題有正負，負命題也有眞假。然而眞的負命題不能有相應的意象; (2)有些命題牽扯到沒有直接的意象上寄託的意念或概念，例如無、無量小、無量等等。由這些概念或意念組成的命題根本就沒有照像式的符合; (3)抽象能力大的人也許用不著意象上的寄託，對於他們來說，根本無需照像式的符合。此外，金岳霖又指出，科學知識推廣到了微觀世界之後，科學的對象根本就沒有意象能夠表示它們，但對於它們仍然可以形成斷定其性質的命題，而許多這樣的命題是眞的。這樣的眞仍是符合，然而這種符合決不是照像式的符合。總之，命題與它所斷定的實在之間，根本就沒有照像式的符合。

金岳霖就是通過把眞假嚴格地規定爲命題的值這一做法，較成功地避免了照像式的符合的毛病。這種以命題的形式表達知識並把眞假看做命題的值的思想源於邏輯經驗主義。

在《知識論》一書中，金岳霖把命題分爲兩大類，先天命題和綜合命題: 前者是指邏輯與數學方面的命題; 後者是指邏輯與數學之外的有關經驗事實的命題。那麼表達知識的是先天命題還是綜合命題呢？

金岳霖認爲，邏輯命題是必然的眞的，因爲「邏輯命題是分別承認所有可能底命題; 這就是說在任何可能之下，它都是『眞』

的，這也就是說它不必表示或肯定任何一可能」❹。 邏輯命題既然不肯定或表示任何一可能，當然也不肯定或表示任何事實。金岳霖認為，這樣的命題「無積極性」，所以它才無往而不眞， 所以它才不能假。但由於這樣的命題不肯定任何的經驗事實，所以從這樣的命題中，得不到關於事實的知識。顯然這樣的命題不是知識論所需要的命題。排除了先天命題，剩下的唯一選擇就是綜合命題。 綜合命題就是關於經驗事實的命題， 所以也叫經驗命題。這種命題才是知識論所需要的命題。所以金岳霖宣稱「知識論所需要的命題是綜合命題」❹， 「綜合命題底眞假才是我們要談的眞假」❹。由於這類命題斷定或表示經驗事實， 所以它們就不是必然的眞，就不具備無可懷疑性，也就是說它只是或然的。

金岳霖對命題的劃分及其性質的看法，受益於邏輯經驗主義者。其實，關於分析命題和綜合命題的區分，並不是邏輯經驗主義者首先提出來的。 這一區分可一直上溯到萊布尼茨。 萊氏認為，數學眞理是分析眞理，因為它的謂語包含於其主語之中，自然科學中的事實眞理則為綜合眞理，其謂語不包含在它的主語之中，因此其眞理性必須要有充足理由律的支持，需要得到經驗事實的證實。之後，康德在《純粹理性批判》一書中對分析判斷和綜合判斷的區分作了詳細具體的論證。他認為分析判斷的謂詞蘊涵在主詞之中，所以它必然是眞的。而綜合判斷的謂詞不包含於主詞之中，所以它不必然是眞的。但它擴充了主詞的內容。康德認為，這兩者都不是表達科學知識的形式。於是他提出了一個問

❹ 金岳霖:《知識論》，頁79。
❹ 同上，頁80。
❹ 同上，頁53。

題 —— 是否存在著一種既具有上述兩種判斷的優點，同時又沒有它們的缺點的新判斷？他認爲這種新判斷便是先天綜合判斷，它就是表達知識的形式。

　　邏輯經驗主義者否認了康德的先天綜合判斷，他們認爲命題果然是綜合的，它們就不是必然的或先天的；果然是必然的或先天的，它就不是綜合的。但他們卻接受了他對分析判斷和綜合判斷所作的區分，然而又拒絕了他對這一區分所作的論證。如艾耶爾認爲，康德並沒有在這一區分上提出一個統一的標準，而是提出了兩個不同的標準，這兩個標準不是等值的。如康德主張命題「7＋5＝12」是綜合命題，其根據是「7＋5」的主觀內涵不包括「12」這個主觀內涵，這時他運用的是一種心理學的標準。而他主張「一切物體是有廣延的」是一分析命題，其依據是矛盾律，這時他運用的是邏輯的標準。康德認爲這兩個標準是等值的。但是事實上，一個命題按照前一標準是綜合的，按照後一標準則可能是分析的。因此，康德的這種區分是混亂的、無效的。於是，艾耶爾提出了自己劃分這兩類命題的標準。他說：

　　　「我認爲，我們能夠保存康德區分分析命題與綜合命題的
　　邏輯意義，而在同時避免那些損害康德實際說明這種區別
　　的混亂，如果我們這樣做的話，這就是：當一個命題的效
　　準僅依據於它們所包括的那些符號的定義，我們稱之爲分
　　析命題，當一個命題的效準決定於經驗事實，我們就稱之
　　爲綜合命題。」❸

---

❸　艾耶爾：《語言、眞理與邏輯》，中譯本，頁85。

這一標標準普遍地爲邏輯經驗主義者所接受。

金岳霖沒有對他所使用的先天命題和綜合命題的區分作論證， 他大體上沿用了邏輯經驗者對於分析命題和經驗命題的看法。 但他與後者在這一問題上存在著細微的差別。 金岳霖同艾耶爾一樣， 都認爲分析命題對經驗世界不作任何斷定， 所以它們不能在經驗中被反駁。但艾耶爾卻認爲分析命題的必然性在於我們對其中所使用的各個符號意義的約定。這種說法源於彭加勒 (Poincaré) 的約定論。 與此不同， 金岳霖則認爲分析命題如邏輯命題的必然性存在於它肯定了所有的可能爲可能。另外， 在綜合命題上， 兩人也不盡相同。艾耶爾認爲， 任何綜合命題都不能做到在邏輯上不容懷疑。因爲經驗命題都是在實際感覺經驗中可能被肯定或否定的假設。任何一個經驗的假設最後還是必然地要被抛棄的。否則， 它就不是一個眞正的假設， 而是一個定義了， 或者說「它不是一個綜合命題， 而是一個分析命題」[44]。金岳霖也同樣承認綜合命題不是必然的， 因爲它們對經驗事實有所斷定。正由於此， 它就一定不是必然的或先天的[45]。他認爲並不是所有的綜合命題都是眞的， 但同時他又認爲得到了證實或證明的綜合命題便永遠是眞的。金岳霖認爲眞是獨立於時空、獨立於知識者、 不隨事物的變而變的。 這裏所說的眞不是分析命題的眞， 而是綜合命題的眞； 這裏所謂的眞實質上是說， 已被證實爲眞的綜合命題不可能被以後的觀察或經驗所否證。從這一點說， 綜合命題的眞也就是必然的。這樣的看法顯然不同於艾耶爾。在這一問題上， 應該說艾耶爾堅持了一貫的標準， 而金岳霖則混淆

[44] 同上，頁106。
[45] 金岳霖:《知識論》，頁46。

了分析命題和綜合命題的界限。

金岳霖的錯誤來源於他既想沿用分析命題和綜合命題的理論框架，又想超越這個框架。區分分析命題和綜合命題在一定意義上是正確的，因為必然性終究不同於偶然性，混淆這兩者無論在理論上或實際上都是錯誤的。但應看到這種區分割裂了這兩者之間的聯繫，否認了偶然性可以向必然性轉化，而必然性也不是能脫離偶然性而獨自存在的。必然性只能存在於偶然性之中，並通過偶然性而表現自身、實現自身。離開了偶然性，必然性得不到解釋。反之亦然。但在承認了分析命題和綜合命題的區分之前提下，金岳霖只能以綜合命題構造知識論，其結論必然是一切知識都是偶然的。他本人不願意接受這樣的觀點。他要追求的是知識的客觀性、確定性。這就迫使他承認眞的綜合命題便永遠是眞的。這樣就形成了他的知識理論的一大矛盾。這一矛盾表現出他在必然性和偶然性的相互關係理論上的搖擺。出路似乎只有兩條，或者走邏輯經驗者的路，堅持區分這兩類命題，並承認一切以綜合命題表達的關於經驗世界的知識都是或然的，或是乾脆捨棄關於綜合命題和分析命題的理論。遺憾的是，這兩條道路都有困難。不管怎樣，金岳霖在嘗試著走自己的路。

上面的分析表明，金岳霖所謂的眞是綜合命題的眞。眞是命題的值，但眞不是綜合命題本身的性質。金岳霖認為，如果眞是命題本身的性質，它隨命題而來，我們也不用求諸命題之外就可以得到它。眞是符合，眞是關係質，「它是命題與客觀的實在底關係所予命題的關係質」[46]。由於我們已經分析了金岳霖對命題

---

[46]　金岳霖：《知識論》，頁917。

的看法，爲了深入理解眞的性質，我們現在必須瞭解他對「客觀實在」的看法。

　　對於什麼是「實在」這一問題，站在不同的哲學立場就會有不同的看法。在貝克萊的立場上，有貝克萊所理解的實在；詹姆士對實在也有他自己的理解。但他們所謂的實在，顯然不是指獨立於主體意識的客觀事物及其規律。符合論者都認爲眞理是思想與事實或客觀實在的符合，但其間的區別十分巨大。區別主要表現在對「事實」或「實在」的理解上。所以要眞正瞭解歷史上各個不同的符合說，我們就必須首先要理解它們各自的「實在」或「事實」的眞正含義。對金岳霖的「符合說」也不例外。要瞭解他的符合說的性質，我們就必須分析他對「事實」或「實在」的規定。我們先來看看他對「實在」的理解。他說：

　　「現在我們不用『事實』兩字來表示與命題相符合與否的客觀情形。前此引用『事實』兩字只是爲了討論底方便而已。客觀的情形，照本書底說法，不只是事實而已。我們所發生興趣的符合是命題和實在符合。一命題與它所斷定的實在符合就是一命題有它底相應的實在，而該命題底命題圖案有和它一一相應的實在。我們只談普遍命題、特殊命題和歷史總結。普遍命題底相應的實在是固然的理，它底眞是和固然的理符合；就我們底經驗說，它直接地和某一固然的理之下的事實符合，它是可以證實的；它間接地和固然的理符合，它是可以證明的。眞的特殊的命題和它所斷定的事實符合；……眞的歷史總結和一限於時或地的普通情形相符合。這裏的符合情形複雜，一方面它牽扯到

　　　　限於某一時或某一地的許多的同樣的特殊事實，另一方面
　　　　又不牽扯到固然的理；可是，情形雖複雜，而所謂符合仍
　　　　然一樣。」❼

　　由這段引語，我們可以看到，事實一定是實在，而實在不一定是
事實。實在的範圍要大於事實。如實在僅限於事實，那麼普遍命
題之眞就將得不到說明，所以金岳霖用「實在」代替了「事實」
這一說法。雖然如此，事實仍然是實在的主要成分。讓我們暫且
撇開這一點不論。先看看金岳霖對實在的規定。我們可以清楚地
看到，他所謂的實在包含如下三個方面的內容：(1)固然的理，(2)
事實，(3)普通情形。這三種實在分別地相應於普遍命題、特殊命
題和歷史總結。顯然，固然的理不是事實，事實也不是理。因爲
事實是已經或正在發生的，它限於特殊的時地，而理則是普遍
的、超時空的。

　　一普遍命題是眞的，因爲它與相應的、固然的理有符合的關
係，但「就我們底經驗說，它直接地和某一固然的理之下的事實
符合」。金岳霖認爲，理不離事，理中有事，事中有理。離事言
理，我們將經驗不到普遍命題之眞；普遍命題之眞直接地仍和事
實有關，雖然它主要地是和一固然的理符合。

　　特殊命題之眞是它與它所斷定的事實相符合，所以它直接地
和相應的某一事實發生關係。

　　歷史總結之爲眞，是因爲它「和一限於時或地的普通情形相
符合」。這裏的普通情形牽扯到兩方面的內容：一是特殊事實，

---

❼　金岳霖：《知識論》，頁917。

另一方面是固然的理。這裏需要說明的一點是，原文「另一方面又不牽扯到固然的理」中的「不」字爲衍文。根據金岳霖的思想，理不離事，事不離理，所以普通的情形不可能不牽扯到理。這是很清楚的。

通過上面的分析，我們可以看到，金岳霖所謂的「實在」，包括兩個主要成分，卽固然的理和特殊的事實。又由於普遍命題之眞雖主要地是和相應的固然的理符合，但在經驗中直接地仍是和理之下的事實符合，否則我們不會感覺到這種符合關係。這樣，我們可以看到，事實是實在的主要成分。

實在的含義旣已清楚，我們就得進一步瞭解理和事實各自的內涵

我們先來分析「理」的含義。金岳霖認爲，理是共相的關聯❹。共相共相之間的關聯是沒有例外的、是無所逃的，用他的話說就是「理有固然」。理或共相的關聯「是個體化的可能」❹。根據金岳霖的本體論哲學，整個世界是由「能」和「可能」這兩個最基本的成分組成的。「能」是純料，沒有任何性質，但它是活的、動的；「可能」是容納能的框架，它是死的、靜的。如「能」與之結合，它便賦與「能」以性質或關係。「能」入於一「可能」之中，這一「可能」就現實。現實的「可能」就是共相。「能」出於一「可能」，某一共相就成虛。「能」和「可能」是萬事萬物的本體，從「可能」和「能」的結合到事物的形成有一個邏輯的推導過程。這個過程大致如下：

---

❹　金岳霖：《論道》，頁193。

❹　同上，頁73。

能、可能──→現實（共相）──→具體──→個體──→特殊的個體。

這五個階段分別隸屬於三個不同的結構層次：「能」和「可能」屬於可能界，共相、具體、個體屬於現實界，特殊化的個體則構成特殊化的個體界。金岳霖認為「可能」的現實是具體的先決條件，具體是個體的先決條件。共相是相對於個體的。「可能」的個體化就是共相。共相與個體相對待，無個不共，無共也不個。但從根本上說，「能」和「可能」或共相卻是邏輯地先於個體的。金岳霖認為共相不是「思議」的內容，而是思議對象中的一般。其實，他所說的共相實質上不過是一種邏輯的構造，或者毋寧說是他把思維中的一般外在化為對象中的一般的結果。當他承認共相最終是邏輯地先於個體的時候，他又回到了柏拉圖的立場上去了。可見，在他的哲學中，理或共相的關聯只是思維的產物。這樣，當他說普遍命題之真是它與固然的理符合時，他是在說「思議」中的普遍命題與思議的邏輯構造的符合。他所謂的理不是獨立存在的事物的客觀本質，而是先於個別事物並決定個別事物的先驗的實在。

金岳霖所謂「實在」中的另一主要成分是事實。關於事實我們已經作了分析。事實是以意念接受了的「所與」。「所與」是客觀的呈現，是外物或外物的一部分。其實說所與是外物或外物的一部分是不正確的。但在此我們姑且承認金岳霖的這一說法。這樣，我們就首先得到了事實中的客觀的成分。但是顯然僅有「所與」不足以形成事實。「所與」必須經過意念的整理或安排才形成事實。意念是「思議」的內容。事實既然有意念或意念的圖案，那麼事實中就有理性的成分或理論的結構。事實中既有

「所與」的成分，又有意念的成分或理論的成分，那麼一命題與
事實符合，是與事實中的所與符合，還是與事實中的意念符合？
這些問題在金岳霖的《知識論》中是不容易找到答案的。

　　通過對固然的理和事實的分析，我們已清楚地看到了金岳霖
所謂的「實在」的性質。「實在」既包含著先驗的理的成分，也
包含著意念或理論的成分以及「所與」的成分。可見，他所理解
的實在絕不是唯物主義意義上的實在，而是唯心主義意義上的實
在。

　　符合是命題與實在之間的關係。在說明了命題與實在各自的
含義之後，我們還得進一步瞭解金岳霖所謂「符合」的含義。

　　金岳霖認為照像式的符合固然是符合，但符合並不僅僅侷限
於這種符合，其它種類的關係也都有符合的關係。如榫頭對榫，
衣服合身，提琴與鋼琴的合奏，都是符合，但它們顯然都不是照
像式的符合；又如地圖與其相應的地域有平面的空間上的一一對
應的關係。這是地圖式的符合，它也不是照像式的符合。又比如
目錄式的符合。目錄不是書，但目錄卡片與書之間有一一相應的
關係。我們可以根據這種一一相應的關係，按照目錄卡片的指示
而找到所需要的書。這一符合與地圖式的符合之不同的地方在於
後者仍有相似的成分，而前者沒有。但它們都有一一相應的情
形。金岳霖認為，存在有符合關係的兩者之間必須有一一相應的
情形。「這一一相應的情形是符合底主要要求，符合一定是一一
相應的」❺⓿。一一相應可以是關係方面的，也可以是性質方面
的。應該說，金岳霖對符合的這種理解確實同照像式的符合劃清

---

　　❺⓿　金岳霖：《知識論》，頁916。

了界限。他的這一解釋較之羅素、維特根斯坦對「符合」這一概念所作的說明要好些。

　　羅素和維特根斯坦 (Ludig Wittgenstein) 強調命題和事實之間嚴格的對應關係或同構關係。如維特根斯坦指出，「命題是現實的圖像，命題是我們所設想的現實的模型」[51]。如果一命題符合於它所描述的事實，成為這個事實的圖像，則這個命題便是真的，否則就是假的。他認為這兩者之間存在著邏輯上的同構關係或嚴格的對應關係。他說：「圖像的要素以一定方式結合起來，這表明事物也是這樣相互結合的」[52]。這種對「符合」概念的說明帶有明顯的機械論的色彩。它將碰到許多理論上的困難。例如，怎樣從邏輯上規定一個命題有多少組成部分，一個事實便有多少組成成分？如何保證這些組成部分相互之間是嚴格對應的？如何說明一基本命題中名稱的排列方式對應於一種事態中對象的排列方式？如此等等。顯然金岳霖對「符合」這一概念的說明就沒有上述的理論困難。但應該看到的是，金岳霖對「符合」概念的理解所以沒有這些困難，是因為他的解釋失之於過分的寬泛、含糊。

　　以上我們對金岳霖符合說中的三個環節，命題、實在和符合，進行了分析。可以說金岳霖細緻、深刻地闡述了他的眞理符合說，劃清了與照像式符合的界限。但是，眞理符合說的另一個理論難題，即鴻溝說，也是金岳霖必需要解決的。這是眞理符合說面臨的最大的難題，如不解決，符合說就不能成立。

---

[51]　維特根斯坦：《邏輯哲學論》，中譯本，頁 45，商務印書館，北京，1985年。

[52]　同上，頁32。

　　反對眞理符合説的哲學家們，如貝克萊認爲，觀念只能和觀念相似，而不能和別的相似；如紐納特指出，人們不可能越出思想或語言的範圍之外而達到實在。命題和實在是不同質的。命題在我、在內，實在在客、在外。命題過不去，事實過不來。事實要過來，它就不是客觀的了。

> 「大致説來，用得著符合説的時候，事實一定在外在客，
> 如果它不在客在外，我們用不著符合説；假如命題與事實
> 同在我在內，則二者底關係是二者底融洽或二者底一致，
> 根本無須乎符合。事實既非在客在外不可，符合説似乎不
> 可能。如果事實在客在外，我們怎樣知道它與命題符合
> 呢？如果我們知道它，它又已經在內。」❸

這就是命題與實在之間的鴻溝。要堅持眞理的符合説，就必須要克服存在於命題與事實間的鴻溝。

　　如何克服呢？金岳霖獨闢蹊徑、直截了當地指出：「本書有經驗之內的客觀的事實」❹。客觀的事實在經驗之內，命題也在經驗之內，所以我們可以知道事實與命題之間有無符合關係。客觀事實雖然在經驗之中，但它與經驗之外的事實並無性質上的改變，雖然關係不一樣。所以客觀的事實雖在經驗之內，但它並不就是命題。這樣，符合説依然用得著。

　　金岳霖的「經驗之內的客觀的事實」之說法的根據，仍然是

---

❸　金岳霖：《知識論》，頁913。

❹　同上，頁914。

他極力主張的「正覺說」、「意念說」和「外在關係說」。他指出：
「正覺所供給的所與本來就是客觀的，它是客觀的呈現。事實是
以意念去接受了的所與，就所與說，它是在客的、在外的；就以
意念去接受說，它是在我的、在內的。命題與事實本來就沒有鴻
溝」❺。可見，意念的妙用正在於化外在的客觀的呈現爲經驗之
內的客觀的事實。以意念去接受「所與」而同時並不改變「所
與」本身的性質，所以才有根據說事實雖在經驗之內，但它仍是
客觀的。意念接受「所與」而不改變「所與」的性質，這一說法
的根據就是外在關係說。金岳霖認爲，命題與事實間的鴻溝說的
產生是由於：（1）站在唯主方式的立場上；（2）是內在關係說在
作祟。現在他拋棄了唯主方式而站在正覺說的立場上，拋棄了內
在關係說而採取外在關係說。所以，在他看來，命題與事實之間
的鴻溝說也就自然而然地消失了。

金岳霖消除命題與事實之間的鴻溝的理論是否有效呢？我認
爲，這一做法值得商榷：

第一，我們在第一章已經指出，正覺說本身並不能確實地斷
定感覺內容就一定是外物或外物的一部分，而我們的分析卻表明
感覺內容和客觀外物是有差別的。這樣，「經驗之內的客觀的事
實」這一說法的第一塊基石已經動搖。

第二，金岳霖本人並不能嚴格地證明認識主體和客觀外物就
處在一種外在關係之中。他對這兩者之間的關係只能證明到這樣
的程度，即它們「不必有」但「假如有」外在關係。顯然，這樣
的證明是不能充分地說明就有「經驗之內的客觀的事實」的。

---

❺ 金岳霖：《知識論》，頁914。

第三，我們在第三章已經指出，意念如果不改變「所與」的話，就不可能形成事實。

第四，即使我們承認有「經驗之內的客觀的事實」，金岳霖也沒有成功地說明為什麼命題就不是經驗之內的事實。如果不能做出這樣的說明，那麼符合說就用不著。

第五，如果真要堅持認識論領域中的外在關係，那麼我們就不得不承認認識主體在認識過程中是完全消極被動的，而這是不可能的。鑑於以上種種理由，我們認為，金岳霖並未成功地從理論上清除命題與事實之間的鴻溝，如果這二者之間果真有鴻溝的話。

現在我們可以看到金岳霖對符合說的歷史難題到底給出了什麼樣的答案。從第一個問題說，金岳霖劃清了與照像式符合的界限，因為與實在符合的命題是「思議」的內容，是抽象的，獨立於特殊時空的。對於「符合」這一概念的闡述表明了金岳霖超越了洛克，不同於詹姆士。但他對符合的解釋過於寬泛，而且也不如詹姆士對之給予更多的注意和關心。第三個問題是關於實在的含義。金岳霖的知識論承認外物的獨立存在，但他的理論實際上並沒有幫助他去真正地認識外物，而且他又把本體論哲學的共相的關聯或理作為實在的一主要內容。這樣，從整體上看，他對實在的理解是唯心主義的。他對第四個問題即命題與實在之間的鴻溝的問題之解決是不成功的。第五個問題是符合說的標準問題，這是下一節的主題。

第三節　真理標準說

　　金岳霖認爲，命題與事實之間本無鴻溝，它們同在經驗之中，所以我們能知道它們是否符合。但我們又究竟是憑藉什麼知道它們是否符合呢？回答這一問題涉及到眞理的標準問題。總括看來，金岳霖的眞理標準說是對西方哲學史上各主要的眞理標準說的綜合，其特色表現爲他把符合說、融洽說、有效說和一致說融爲一爐，合爲一體。他不是照搬各家學說，而是在批判的基礎上將它們創造性地結合在一起。

　　金岳霖強調，符合是眞的意義，融洽、有效和一致是檢驗命題和相應的實在是否符合的標準。所以，符合和融洽、有效和一致不在同一層次上。他反覆強調這兩者之間的區別。他說：「符合本身不一定是一下子就可以經驗得到的，要經驗到符合，我們也許要利用許多標準 。融洽有效和一致都是符合底標準，當然也是眞底標準。所謂符合和這些標準不平行，就是說符合是眞底所謂而這些標準才是眞底標準」❺⑥。

　　作爲標準的融洽不是融洽說所謂的形上的眞理觀，它「不是申引到極端的融洽，它是形下的，不是形上的；它是平平常常的，不是特別的；它是在一時一地的，不是整個的超時空的；它是日常生活所能經驗得到的，不是一定要在經驗之大成中才能有的」❺⑦。這是在強調以事實上所感覺到的融洽爲標準，或者說融洽就是「一時一地的感覺上的標準」❺⑧。比如兩人同在溫暖的太陽光下散步，他們都說，太陽光使人感到溫暖，這就是融洽。可是說了之後，其中一人又緊接說，太陽光並不使他感到溫暖，這

---

❺⑥　金岳霖：《知識論》，頁918。

❺⑦　同上。

❺⑧　同上。

就是不融洽。因爲他所斷定的和實在的情形並不符合。由於融洽
「是一時一地的感覺上的標準」，所以它只能運用於與當下的特
殊事實或普通情形有關的而又能直接證實的命題，因爲只有在這
種嚴格的限制下，命題和它所斷定的實在可以讓我們同時直接地
經驗到。

可是感覺到的融洽並不一定就是感覺對象本身的融洽，所以
金岳霖又把融洽分爲主觀上感覺到的融洽和感覺對象的融洽。他
把前者叫做「融洽的感覺」，後者爲「所感覺的底融洽」。有時感
覺融洽而判斷不一定對，命題不一定眞。這種感覺上的融洽只是
「消極的融洽」，所以它不能成爲眞假的標準。視爲眞假標準的
是積極的融洽。而積極的融洽不但是主觀感覺上的融洽，而且是
感覺對象的融洽或「所感覺的底融洽」。金岳霖認爲，卽使是積
極的融洽仍有範圍大小、程度高低的問題。但這些問題並不影響
融洽之爲融洽。他承認，融洽在歷史上越來越精，範圍越來越
廣，程度越來越高。雖然如此，融洽仍不是眞的充分條件。「融
洽這一條件雖滿足，而一命題不必就眞。」同時「融洽雖不是充
分條件，然而它是必要條件；在經驗中積極地不融洽的命題不是
眞的」⑲。

我們可以看到，作爲標準融洽不適用於普遍命題，也不適用
於實在不在當下的特殊命題和普通情形，而且它只是「一時一地
的感覺上的標準」。既視爲「感覺上的標準」就有主觀隨意性，
免不了有各求所需的問題發生。這就有主觀眞理論之嫌。這顯然
是錯誤的。因此，金岳霖又把融洽分爲主觀感覺的融洽和所感覺

---

⑲　同上，頁923。

的融洽， 並認為只有二者之綜合才成為真的標準。 但問題是,
什麼是感覺對象的融洽呢？融洽本是指命題與對象之間的一種關
係，那麼感覺對象自身又如何融洽呢？對此, 金岳霖沒有回答。
而且，融洽既為「一時一地的感覺上的標準」， 所以也不必去考
慮對象的融洽與否。

金岳霖認為， 融洽不是真的充分條件，而只是必要條件，那
麼他還得考慮選擇別的標準，以保證我們確信所把握的命題是真
的。他認為有效和一致就是他所需要的另外兩個標準。

有些命題沒有斷定時所有的融洽問題，金岳霖稱它們為「假
設的命題」。它們可分為三種， 普遍的假設、 限於時地的普通的
假設和特殊的假設。這些稱為假設的命題的共同點在於與所假設
的命題相應的實在不在當前。斷定者雖然以為該命題是真的， 然
而不知道它是真的。在命題所斷定的實際情形或實在沒有到來之
前，斷定者當然不可能有關於一命題與相應的實在是否融洽的問
題。但「這時候雖沒有所感覺到的底融洽問題，然而斷定者也許
有在假設之下所應有的行為或思想。如果這行為沒有事實上的障
礙，或思想沒有不一致的情形，這假設就暫時地或局部地有效」
[60]。一假設也許繼續地有效，也許慢慢地無效。等到命題證實，
假設完全有效。但在一命題證實之前，「 有效是有臨時性的 」即
它只是相對於一時一地的。所以， 單就有效說,「它也不是真命
題底充分條件， 無效雖假， 而有效不必真」[61]。

在金岳霖的知識論體系中， 有效能否作為真命題的標準呢？

---

[60]　金岳霖:《知論識》，頁925。

[61]　同上，頁927。

我想是有困難的。第一個困難便是「無效雖假」的問題。這一說法實際上是說所有的眞命題都是有效的。這一說法值得商榷，它斷定得太多。比較謹慎的說法是有些眞命題是有效的。如果無效必假，那麼很多眞命題必在排除之列。科學史上的許多假設並不能以當時的無效就遭拒絕。有些假設當時無效，但過後條件滿足，它又會有效。所以僅以無效而否定一命題是錯誤的。命題的眞和效用在理論上並不是一回事。

第二個困難是，金岳霖這裏所說的有效不是針對於命題本身的。有效與否的問題發生在一命題所斷定的實際情形未發生之前或在此命題證實之前。這時有預測此命題是否爲眞的問題，有效與否只是針對於我們對這一命題的看法，而不是針對於命題本身的。這一點應該是很清楚的。因爲眞本來就是命題與實在之間的符合關係。與一命題相應的實在既未出現，當然也就沒有二者之間的符合，也就沒有眞假的問題發生。但是這一情形並不妨礙我們對這一命題的眞假形成一定的看法。如果我們的看法有效，我們就增加了確信此命題是眞的信念。但是不管我們的信念增強到何種程度，在相應的實在到來之前，命題的眞始終是一個未知數。

檢驗命題眞假的第三個標準便是一致。作爲標準，一致有和前兩個標準不同的地方。「融洽是命題和對象在感覺上的融洽，有效是命題在行爲、動作、或結果上的有效」[62]。它們是命題和命題範圍之外的對象是否融洽，是命題在命題範圍之外的實用中是否有效。而一致只是就命題與命題之間的關係說的，究竟一致與否只能得之於命題範圍之內。金岳霖說：「所謂一致，就是多

---

[62] 同上，頁929頁。

數命題底彼此無矛盾」❸。它可以分爲寬義與狹義兩種：寬義的
一致是指命題與命題之間無矛盾；狹義的一致是相干的命題之間
無矛盾。金岳霖所注重的是狹義的一致。

一致與前兩個標準不同的又一個地方在於，前兩個標準都與
一時一地的實際情形相對，而一致不是。因爲命題是獨立於特殊
時空的，命題之間的一致也是，所以一致不相對於一時一地。一
致雖不相對於時地，然而得到一致的感覺或所感到的一致卻相對
於時地。但一致感不是相對於命題而說的。我們既然是談命題與
命題之間的一致，所以可以撇開一致感的問題。

一致雖有不同於融洽和有效的特點，但它作爲標準仍是不充
分的。道理很簡單，因爲命題雖然可以一致，但卻可以一致地
假。所以要一致成爲命題之真的標準，必須要有前提條件，卽
至少有一已知的真命題。這樣，與一真命題一致的命題也就是真
的。可見，一致同樣不是真的充分條件，而只是必要條件。

以上分別地敍述了金岳霖關於真的三個標準。其中沒有一標
準是充分的，但是任何一標準都是必要的。綜合這三個標準才是
真的充分條件。《知識論》一書分別地論述了這三個標準，但對
這三個標準相互之間的關係卻語焉不詳。在論述這三個標準時，
我們已分別地對之有所批評。

我們現在綜合起來看看，它們中的每一個標準是否都是必要
的，而合起來又是否是充分的。

先就融洽立論。金岳霖把融洽「限制到我們所能直接感覺到
的命題和它所斷定的實在」❹。我們又得注意，金岳霖所談的真

❸ 金岳霖：《知識論》，頁928。
❹ 同上，頁919。

是就一個一個命題說的，而不是就命題集團說的，當然也不能排除後者。這樣，當我們孤立地就某一命題說，我們感覺到命題和它所斷定的實在之間有一種融洽的關係時，我們不能說該命題為真，因為融洽只是必要的。在此情形下，有效也可以是必要的。但是僅當我們斷定某一命題的真假值時，一致就不是必要的了。

就假設的命題說，融洽不是必要的，因為它們所斷定的實在根本不在當前，我們無法感覺到它們之間是否融洽。而且僅就一假設的命題說，一致也不是必要的。

如果一致是真的必要條件，那麼要使它成為真的充分條件的條件是已知的真命題，而融洽和有效滿足不了這個條件。所以，在此情形下，融洽和有效都不是必要的。

根據上面的討論，我們不能籠統地說：「沒有一標準是充分的，任何一標準都是必要的」❻ 。而且金岳霖本人也明確地指明了這三個標準中的前兩個是針對於不同的命題而說的。這樣，針對於某一特定的命題，某一標準是必要的，而別的標準就未必是必要的。

金岳霖之所以要說每一標準都不是充分的，而只是必要的，其理由恐怕就是，如果承認每一標準既是必要又是充分，就勢必要回到他所批判的各種真理論的老路上去。而他的批判表明歷史上各真理論的標準都不是充分的。但他同時又承認，每一標準雖不是充分的，卻是必要的。只有融洽、有效和一致這三標準合起來才是充分的。

---

❻　同上，頁931。

　　這三標準綜合起來能否成爲眞的充分條件呢？看來是有困難
的。如果說只有三者之綜合才成爲充分條件，那麼顯然任何一者
或任何兩者的結合都不能成爲充分條件。這也就是說，僅有融
洽、有效不能成爲眞的充分條件，它們之成爲充分條件還必須
「一致」這一標準。不一致必假，一致未見得眞。可見，融洽、
有效加上一致未必就是充分條件。要一致成爲眞的充分條件，必
須要有已知的眞命題。如何去發現這些已知的眞命題呢？融洽和
有效只是必要的，所以不能期望它們去發現眞命題。如果它們兩
者能夠，那麼金岳霖的眞理標準說就不需要「一致」這一標準。
他需要一致是因爲融洽、有效只是眞的必要條件。果眞如此，那
麼一致加融洽、有效仍不是充分的。於是我們不得不說，根據金
岳霖的眞理標準說我們發現不了任何一個眞命題，除非我們承認
自明的眞理或先驗的眞理。但問題是，金岳霖在知識論領域內，
是反對自明的眞理或先驗的眞理的，這無疑是正確的。結果是，
我們雖有眞理標準綜合說，但仍發現不了任何一個眞命題。這一
結論表明，金岳霖只是簡單地拼湊各家眞理標準說的做法是不成
功的。

　　金岳霖眞理標準說的另一個困難是，他的眞的標準對於他所
要斷定的命題之眞來說是很不充分的。這兩者在性質上有很大的
差別。他所要求的眞是具有「客觀性、獨立性、超越性」❻ 的。
具體說就是眞是獨立於特殊時空、獨立於知識者、不隨事物的變
而變的。簡言之，一命題只要是眞的，它便永遠是眞的。這裏所
說的眞具有絕對的確實性。但他所說的眞理標準都是相對於時地

---

❻　金岳霖：《知識論》，頁918。

的或相對特殊情形的。融洽是「一時一地的感覺上的標準」，有效也是一時一地「行為、動作、或結果上的有效」。一致雖然超時空，但一致並不是直接的標準，在經驗中直接作為標準的是我們就命題間的關係而得到的一致感，而一致感卻相對於時地，「一致感是在時間演變中的」[67]。這樣，問題就產生了。限於特殊時地的標準又怎麼能充分地斷定超越時空並具有絕對確實性的命題的真呢？

答案顯然是否定的。金岳霖本人也意識到了這一困難。他承認了標準的「時間性」[68]，認為融洽、有效和一致感均有時間性。我們感覺到的符合或符合感也有時間性。但符合感不就是符合，符合沒有時間性，命題的真假也無時間性。為了解決這一理論上的困難，他提出了「標準底超時空化」的方法[69]。

所謂的超時空化是指獨立於特殊的時空。標準的超時空化的意思是說，真理的標準是在歷史的進程中不斷地演進的，它越來越精、程度越來越高，即標準是「後來居上」的。這就使我們可以有理由把現在的標準視為以前任何一個時期的標準。這樣做並不是要求以前的感覺者接受我們的標準，而只是說我們現時的標準的正確性和適用的範圍不限制到當下，它可以超越現在而延伸到以前的任何一個時期中去。這就是所謂「標準底超時空化」。

標準超時空化的依據在於知識有進步。而「知識底進步總牽扯到真命題或認以為真的命題底數目在思議中增加」[70]。隨著真

---

[67] 同上，頁930。
[68] 同上，頁934。
[69] 同上，頁937。
[70] 同上，頁939。

命題數目的不斷增加，命題間的相互關係也日益重要。命題之間的一致性問題也越來越重要。在此情形下，不但一致感的重要性增加，一致感的周密性也增加。這樣，一致感中所感到的「一致」愈來愈逼近一致。「一致是樣型，它不是在時間上演變的，它本來就是超時空的。愈接近一致的一致感愈超時空化[71]。」一致感超時空化，融洽和有效也都超時空化。前者愈超時空化，後者也愈超時空化，兩者之間有共變關係。所以有這種關係的理由是：

> 「在符合感中的融洽是和一致感相連的融洽，它借一致感底超時空化而超時空化，在符合感中的有效也是和一致感相連的有效，它借一致感底超時空化而超時空化。有一致感底超時空化，融洽和有效都超時空化。」[72]

總之，融洽，有效兩標準的超時空化依賴於一致感的超時空化，而一致感的超時空化的依據卻在於知識的不斷進步，眞命題數目的不斷增加，命題間關係的重要性不斷增加

但是，上述的理論牽扯到許多困難：

第一，便是融洽、有效和一致這三成分之間的關係。金岳霖認爲「這三成分不是彼此獨立的」[73]。若如此，標準超時空化尙能勉強說得過去。但問題是，這三成分之間的關係不是我們說它們不是「彼此獨立的」，它們就互相結合在一起了。而事實上，他也未對它們間的關係作具體、詳盡的論證。只是在需要的時候

---

[71] 同上金岳霖：《知識論》，頁940。

[72] 同上。

[73] 同上。

他把它們結合在一起。我們上面的討論也表明，這三標準是相對
於不同的命題，而且它們適用的範圍也不一樣。當我們感到一命
題有效時，並不總能感覺到融洽和一致，如此等等。果然如此，
則融洽、有效很難假借一致感的超時空化而超時空化。

　　另一困難是，標準超時空化是指真理標準的後來居上，這實
質是承認以前的融洽可能現在不融洽，以前的有效可能現在無
效，因此，我們才有把我們現在的標準引申到以前去的必要。這
就在暗示著，以前的任何時期的標準都未超時空化，這也就同時
承認我們在以前根本就沒有得到真命題。而沒有真命題也就沒有
知識。沒有知識則又從何談到知識有進步。如果知識沒有進步，
真命題的數目不會增加，命題間的關係的重要也隨之不會增加。
結果是，一致感不能超時空化，緊跟著融洽、有效也不能超時空
化。於是，標準的超時空化不可能。當然，對此可以有如下的反
駁，即沒有發現真命題，我們卻可以擁有認以為真的命題。認以
為真的命題不必是真命題，也可以是真命題。真假究竟如何，我
們不得而知。金岳霖認為，認以為真的命題構成寬義的知識。認
以為真的命題可以假，可能一致的假。這樣的一致感不能逼近金
岳霖所要求的一致，他要求的是真命題的一致，至少在這裏他有
這樣的要求。所以，要使認以為真的命題一致的真必須要有已知
的真命題，這樣，一致感才能接近金岳霖所要求的一致。但這樣
做是不允許的，因為這樣的要求等於說知識論得先假設已得到了
知識。

　　第三，金岳霖的標準超時空化假設了真的一致的先在。它是
一致感超時空化的極限或目標。沒有這樣的先在的真的一致，一
致感的超時空化得不到合理的說明。但這樣的假設是不合理的。

金岳霖本人也沒有說明他這樣做的根據是什麼。

　　第四，超時空化了的標準是對於以前的任何一個特殊的時期說的。但這樣的標準的立足點總是在現在，不管現在落實到那一特殊的時空，它總是特殊的。所以，標準的真正超時空化是不可能的。進一步，金岳霖顯然沒有討論這樣的標準能否延伸到未來去。這是應該討論的問題。因為我們正是要憑藉這唯一的標準去得到那有「客觀性，獨立性、超越性」的真。但它顯然是不能討論的，金岳霖的標準後來居上的這一說法，已充分地否認了這樣的標準能適用於未來。這樣的標準既不能超越現在、將來的特殊時空，所以它也就不可能真正是超時空化的。

　　由於金岳霖的標準超時空化的理論存在著以上種種的困難，所以我們有理由說他並未能解決如何能以限於特殊時地的標準，來充分地斷定超越時空並具有絕對確實性的真命題。這樣，他的整部《知識論》也不能引導我們得到確實可靠的知識。

　　以上的分析向我們表明，金岳霖的真理標準說並不是很成功的。這樣我們就結束了對他的真理標準說的討論。但在此我們還要補充指出，金岳霖的真理論還有如下兩個特點：(1) 二重真理論；(2) 符合說的不徹底性。

　　二重真理論淵源甚早。如托馬斯・阿奎那 (Thomas Aquinas) 是一位二重真理論者。培根 (Francis Bacon)、洛克支持二重真理說，萊布尼茨提倡兩種真理學。邏輯經驗主義者大都也主張二重真理論。金岳霖的二重真理論主要源於邏輯經驗主義者的命題理論。他沿用經驗主義者的做法，把命題劃分為分析命題和綜合命題。他認為分析命題如邏輯命題是必然真的，它的真是由於它承認了所有的「可能」為可能而不斷定任何一個事實；

綜合命題之眞則取決於它是否與相應的事實符合，符合便眞，否
則就假。無疑地，分析命題的眞與綜合命題的眞有截然不同的含
義，它們是兩類不同的眞。金岳霖同時承認了它們。這表明他是
一位二重眞理論者。在金岳霖的知識論中，他的命題理論必然
會導致二重眞理論，這是不可避免的。但金岳霖的二重眞理說與
邏輯經驗主義者的略有不同，這表現在他對綜合命題之眞的看法
上。他不認爲綜合命題都是眞的，它們之眞假有賴於事實。然而
一旦命題證實，那麼一眞的綜合命題便永遠是眞的。此時，這種
永眞的綜合命題似乎已取得了分析命題的地位。邏輯經驗主義者
不會同意他的看法。如卡爾納普 (Rudolf Carnap) 認爲，「哲
學家常常區分兩類眞理。某些陳述的眞理性是邏輯的、必然的、
根據定義而定的，另一些陳述的眞理性是經驗的、偶然的、取決
於世界上的事實」❼❹。而艾耶爾則進一步認爲，綜合命題都是在
「實際感覺經驗中可能被肯定或否定的假設」❼❺。這是綜合命題
的特性。如果決心要保持一個綜合命題之眞，那麼它就完全不是
一個綜合命題，而是一個定義或分析命題了。

　　金岳霖的眞理論是二重眞理論，但他的眞理論的主要部分是
關於綜合命題的。構成他的知識論的全部命題都是綜合命題。綜
合命題眞假與否以看它是否與相應的事實或固然的理有符合關係
爲轉移。那麼我們怎樣檢驗金岳霖知識論體系中的綜合命題的眞
假呢？ 其標準似乎是它們與固然的理符合與否。但這是不可能
的，因爲這一問題本身就是知識論的一個重要的組成部分。而且

❼❹ 卡爾納普：＜意義公設＞，載洪謙編《邏輯經驗主義》，上冊，
　　頁183頁，商務印書館，北京，1982年。
❼❺ 艾耶爾：《語言、眞理與邏輯》，頁104。

《知識論》的目標就是要得到知識的理，顯然我們不能再以這樣的理作爲上述綜合命題與之符合與否的對象，因爲如果這樣處理就是在暗示我們已得到它。果眞如此，知識論就已假設了另一知識論。可見，金岳霖知識論中的綜合命題之眞假値不能由它們是否與外在的事實或理的符合來判定，儘管它們都是綜合命題。怎麼來評定它們的眞假値呢？對此，金岳霖回答道：「知識論能成立與否就看它是否一致。這就是，它底目標不是眞而是通」⑯。何謂「通」呢？他說：「一思想系統底一致與否，就要看它底各部分是否遵守它本身底標準，如果各部分都遵守該系統本身底標準，我們說該系統一致，也可以說該系統通」⑰。又說：「知識論卽以知識底理爲對象，它底內容不應有假的命題，完整的能通的知識論底內容沒有假的命題」⑱。「通」的主要含義是系統內的一致性，系統內沒有假命題。爲什麼知識論的目標不能是眞呢？因爲金岳霖知識論所追求的是眞之所以爲眞，所以知識論本身當然自外於眞之所以爲眞。眞之所以爲眞就是符合，所以知識論不能以符合與否爲自身眞假的標準。而且一知識論也不能以別的知識論爲標準來衡量自己的眞假，如果它這樣做，那麼它就在否定自身。於是，一知識論能否成立只能看它本身是否一致，卽它只能以「通」爲目標。這是在承認一致是綜合命題爲眞的標準。這顯然是與金岳霖自己所主張的，綜合命題的眞假取決於它是否與事實符合的眞理符合說相矛盾的。

　　金岳霖的眞理論存在著種種困難。但是可以毫不誇張地說，

---

⑯　金岳霖：《知識論》，頁13。
⑰　同上。
⑱　同上，頁11。

在中國哲學界，金岳霖是創立了自己的眞理理論體系的第一位哲學家。而且他的眞理論運用了現代邏輯的方法進行了細緻 的 論證、嚴密的推導， 其所達到的深度， 在中國哲學界中也是空前的。金岳霖的眞理論極大地豐富了中國哲學的內容，把中國哲學的眞理論提高到了一個新的水平。

第 三 篇
邏 輯 學

　　《邏輯》一書由四個部分組成：第一部分傳統的演繹邏輯，第二部分對傳統邏輯的批評，第三部分介紹一邏輯系統，第四部分關於邏輯系統之種種。此書首先全面而又細緻地敍述了傳統邏輯的內容，然後又指出了傳統演繹邏輯的缺陷和侷限性，並提出了改造方案。在此基礎上，金岳霖介紹了羅素、懷特海的 P.M. 系統（《數學原理》中的邏輯系統）。最後，探討了邏輯哲學中的一些理論問題。《邏輯》一書所講的只限於演繹邏輯而不包含歸納邏輯。《邏輯》一書在中國邏輯史上占有很重要的位置，它是繼明末李之藻的《名理探》和清末嚴復的《穆勒名學》之後又一次向國人介紹了西方的邏輯思想。所不同的是，《名理探》介紹的是西方傳統邏輯，《穆勒名學》介紹的是西方的歸納邏輯思想，而《邏輯》一書則批評了傳統的邏輯，並第一次系統地將西方的數理邏輯介紹到中國來。

第一章　傳統邏輯的缺陷與超越

第一節　傳統演繹邏輯的缺陷

　　金岳霖在《邏輯》一書的第一部分比較全面、細緻地敍述了傳統演繹邏輯的內容，同時又給予了精密透徹的分析，對傳統邏輯進行了批判，指出了它的缺陷之所在：

　　1. 傳統演繹邏輯假設主詞存在，不涉及空類。因此，如果把空類情況拿到傳統邏輯範圍內進行考察就會出現新的問題。如內涵和外延之間的反比關係相對於空類來說就不成立。同樣，把空類引入傳統的對當關係中，則 A、E、I、O 的眞假對當關係就不是傳統的對當關係。並且，相對於空類，傳統的變形推理和直言三段論推理中的某些形式就說不通或不能成立。

　　2. 傳統演繹邏輯主要以自然語言爲研究工具，因此，它雖然在表達的形式上呈現豐富多彩的狀況，然而卻不精確，而且往往含有歧義。金岳霖以系詞「是」爲例來說明這個問題。「是」字的意義非常不清楚，它既可以表示兩個類之間的包含關係，又可以表示分子與類之間的屬於關係；它既可以表示具體事物與其屬性的關係，又可以表示兩個概念之間的關係，等等。一詞可以表示多種多樣的關係，因而就無法根據系詞「是」來判斷各種不同的關係。也無法據此來區分相應的命題，顯然也無法從形式上

來確定其推理規律，這同邏輯科學研究推理有效形式的看法是相悖的。因此，傳統邏輯的這個缺陷一方面降低了邏輯的科學性，另一方面又嚴重地阻礙了邏輯學科的發展。

3. 傳統演繹邏輯只限於主賓詞式的命題，只限於三段論，因此範圍過於狹小。有些命題和推理形式沒有被包括進去，例如，主賓詞式的命題就無法表示關係，表示命題間關係的假言命題、析取命題都不能化爲傳統的三段論。而且，傳統邏輯沒有明確地把類的三段論、關係的三段論納入研究的範圍。

通過上面的分析，金岳霖對傳統演繹邏輯做了如下的評價：傳統邏輯一方面範圍狹小，另一方面又混沌。應該說，金岳霖的這個評價是恰當的、中肯的。我們知道傳統邏輯是從亞里士多德所創立的古典邏輯發展而來的。根據威廉·涅爾夫婦所著的《邏輯學的發展》一書的觀點，亞里士多德把第一性實體（種概念）作爲判斷中所斷定的最高主詞，而導致了傳統邏輯中的判斷多以主 —— 賓詞形式出現，因此，傳統邏輯範圍狹小。另一方面，傳統邏輯以心理學和知識論中的判斷作爲研究的對象，而這樣的判斷離不開心理、離不開歷史的背景、離不開一時一地的環境。既然如此，在討論命題的時候，演繹系統之外的問題也就不能不連帶地提出討論。這又使得傳統邏輯陷於混沌，降低了邏輯學科本身的科學性。

第二節　必要條件假言命題的提出

無論是西方的傳統邏輯，還是西方的現代邏輯都沒有論及必要條件假言命題。就是在亞里士多德的古典邏輯和對傳統邏輯、

符號邏輯產生了較大影響的逍遙學派邏輯和斯多葛邏輯中也沒有
涉及到這種命題。倒是中國先秦時期的古代邏輯提出了類似的思
想。

　　金岳霖在詳細敍述西方傳統演繹邏輯時，又吸收了中國古代
邏輯中《墨辯》一書關於「小故」的思想：「故小故，有之不必
然，無之必不然」，從而提出了必要條件假言命題。這是傳統邏
輯所沒有的。正如金岳霖在《邏輯》一書中所說：

　　　「表示必要條件的假言命題，在傳統邏輯之中沒有明文的
　　　承認，而在日用語言中反有現成的形式。我們可以把這一
　　　部分的假言推論加入傳統邏輯。日用語言中的『除非 ——
　　　不』是表示必要條件的假言命題。」❶

進而他討論了必要條件的假言命題的推理形式和邏輯規則。

一、推理形式:

　　a：除非甲是乙，甲是丙；
　　　　甲不是乙，
　　　　所以，甲不是丙。
　　或，除非甲是乙，甲不是丙；
　　　　甲是丙，
　　　　所以，甲是乙。

---

❶　金岳霖:《邏輯》，頁53-54，三聯書店，北京，1961年。

　　b：除非甲是乙，丙不是丁；

　　　　甲不是乙，

　　　　所以，丙不是丁。

　　　或，除非甲是乙，丙不是丁；

　　　　丙是丁，

　　　　所以，甲是乙。

　　c：除非甲是乙，丙不是乙；

　　　　甲不是乙，

　　　　所以，丙不是乙。

　　　或，除非甲是乙，丙不是乙；

　　　　丙是乙，

　　　　所以，甲是乙。

二、推理規則：

　　否認前件即否認後件，而承認前件不能承認後件；承認後件即承認前件，而否認後件不能就否認前件。

　　金岳霖關於必要條件假言命題的思想已被國內邏輯學界所接受。國內的邏輯教科書幾乎不約而同地在假言命題和假言推理部分加上了必要條件假言命題和必要條件假言推理這個內容。從中可見金岳霖這一思想的影響。

　　但是，從現代邏輯角度考慮，金岳霖所提出的必要條件假言命題的意義似乎不大，因爲現代邏輯體系追求簡明完美。在現代邏輯系統中，必要條件假言命題完全可以化歸爲充分條件假言命題（除非 p、不 q 等值於如果 q 則 p）。然而，從傳統邏輯着眼，金岳霖的這一提法就具有較重要的意義。因爲傳統邏輯主要是以

自然語言爲工具，以日常思維形式爲對象，金岳霖提出必要條件
假言命題及推理形式和規則，無疑是開闢了自然語言邏輯研究的
一個新視角。這顯然是對傳統邏輯內容體系的補充，因而也是對
傳統邏輯的一個貢獻。

第三節　A、E、I、O 的困境與出路

金岳霖認爲傳統邏輯的 A、E、I、O 命題在主詞存在與否這
個問題上有意義不一致的情況。爲了說明這個情況，他對這四種
命題在四種情況下的三種不同的態度進行了分析：

第一種態度不假設主詞存在或不存在，卽主詞存在與否與這
些命題的眞假不相干。

用 A_n、E_n、I_n、O_n 表示不假設主詞存在與否的命題，其形式
如下：

命題	解釋	公式
SA_nP	無論有無 S，凡 S 是 P	$S\bar{P} = 0$
SE_nP	無論有無 S，無 S 是 P	$SP = 0$
SI_nP	有 S 是 P、或無 S	$SP \neq 0$ 或 $S = 0$
SO_nP	有 S 不是 P、或無 S	$S\bar{P} \neq 0$ 或 $S = 0$

金岳霖分四種情況分析了不假設主詞存在或不存在的命題的
眞假對應情況。 他的分析很繁細。 下面把他的分析給予簡化，
卽：

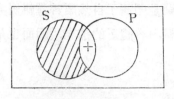 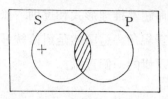

(1) $S\bar{P} = 0$ 且 $SP \neq 0$ (2) $S\bar{P} \neq 0$ 且 $SP = 0$

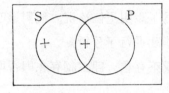 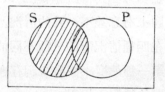

(3) $S\bar{P} \neq 0$ 且 $SP \neq 0$ (4) $S\bar{P} = 0$ 且 $SP = 0$

在第一種情況下，A_n、E_n、I_n、O_n 有以下關係:

1. SA_nP 眞，SO_nP 假

2. SE_nP 假，SI_nP 眞

3. SA_nP 眞，SE_nP 假

4. SA_nP 眞，SI_nP 假

5. SE_nP 假，SO_nP 假

6. SI_nP 眞，SO_nP 假

在第二種情況下，A_n、E_n、I_n、O_n 有以下關係:

1. SA_nP 假，SO_nP 眞

2. SA_nP 假，SE_nP 眞

3. SE_nP 眞，SO_nP 眞

4. SE_nP 眞, SI_nP 假

5. SA_nP 假, SI_nP 假

6. SI_nP 假, SO_nP 眞

在第三種情況下, A_n、E_n、I_n、O_n 有以下關係:

1. SA_nP 假, SO_nP 眞

2. SE_nP 假, SI_nP 眞

3. SA_nP 假, SE_nP 假

4. SA_nP 假, SI_nP 眞

5. SE_nP 假, SO_nP 眞

6. SI_nP 眞, SO_nP 眞

在第四種情況下, A_n、E_n、I_n、O_n 都是眞的。

綜合在以上四種情況下 A_n、E_n、I_n、O_n 之間的關係, 可以看出它們之間的關係與傳統邏輯的邏輯方陣所表明的關係是不同的。這種關係可以下圖表示:

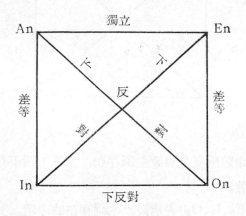

第二種態度是肯定主詞存在, 如果主詞不存在, 它們都是假的。

以 A_c、E_c、I_c、O_c 表示肯定主詞存在的命題，其形式如下：

命題	解釋	公式
SA_cP	有S，所有S都是P	$S \neq 0$ 與 $S\bar{P} = 0$
SE_cP	有S，沒有S是P	$S \neq 0$ 與 $SP = 0$
SI_cP	有S，有S是P	$S \neq 0$ 與 $SP \neq 0$
SO_cP	有S，有S不是P	$S \neq 0$ 與 $S\bar{P} \neq 0$

按照這種解釋，傳統的對當關係是說不通的（也是從四種情況進行分析，這裏省略），如下圖：

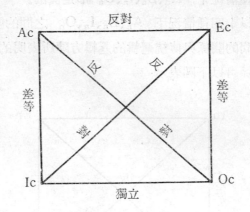

第三種命題態度是假設主詞存在，如果主詞不存在，則這個命題就無意義。

以 A_h、E_h、I_h、O_h 表示假設主詞存在的命題，其形式如下：

命題	解釋		公式	
SA_hP		所有 S 是 P		$S\bar{P}=0$
SE_hP	如有 S	沒有 S 是 P	$S\neq 0$	$SP=0$
SI_hP		有 S 是 P		$SP\neq 0$
SO_hP		有 S 不是 P		$S\bar{P}\neq 0$

按照這種解釋，A_h、E_h、I_h、O_h 的關係與古典邏輯方陣中A、E、I、O 的關係是一致的。（分析從略）

通過分析，金岳霖得出結論：「如果傳統的對待關係對的時候，則 A、E、I、O 既不是不假設存在的命題，也不是肯定主詞存在的命題❷。」而 A_h、E_h、I_h、O_h 是假設主詞存在或以主詞存在爲條件的。因此，傳統邏輯只考慮有分子的類，而空類或無分子的類則被忽略了。金岳霖認爲，這就是傳統邏輯的缺陷或偏限性。

根據以上的分析，只有在以主詞存在爲條件時，傳統的 A、E、I、O的對當關係才能說通。然而，以假設主詞存在的命題在進行換質換位推理時又與傳統的換質換位推理不符合。如：SA_hP $\longrightarrow SE_h\bar{P} \longrightarrow 1\bar{P}E_hS$。因爲 $SP\neq 0$ 時，$SE_h\bar{P}$ 眞，$\bar{P}E_hS$ 也眞；而在 $S\bar{P}=0$ 並且 $SP\neq 0$ 時，$SE_h\bar{P}$ 眞，而 $\bar{P}E_hS$ 卻無眞假。所以，由 $SE_h\bar{P}$ 推不出 $\bar{P}E_hS$。因此，金岳霖認爲傳統邏輯直接推論的前後兩部分是不一致的。

這種不一致也體現在直言三段論中，金岳霖指出，將 A、E、I、O 解釋爲 A_h、E_h、I_h、O_h，則第四格 AEE 式不成立。如下圖：

---

❷　金岳霖：《邏輯》，頁96。

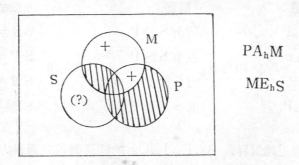

$$PA_hM$$

$$ME_hS$$

此圖沒有表示有 S，所以不能得 SE_hP 的結論。

　　綜上所述，金岳霖指出了傳統邏輯存在着的問題或缺陷是：(1) 假設主詞存在，忽視了空類或無分子的類；(2) 直言命題的對當關係與推論不一致。

　　爲了解決這兩個問題，金岳霖提出了他改造方案，卽全稱命題要不假設主辭存在，特稱命題要肯定主辭存在。這樣，全稱命題才能無疑地全稱，特稱命題才能無疑地特稱。

　　於是，A、E、I、O 被解釋爲 A_n、E_n、I_c、O_c 這四個命題間的關係。如下圖所示：

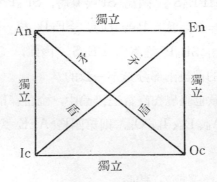

這四種命題都可換質，只是換位時 SA_nP 不能換成 PI_cS。A、E、I、O 解釋爲 A_n、E_n、I_c、O_c 之後，傳統三段論中的前提都是全稱、結論亦爲全稱的推理說得通，前提有一特稱、結論亦爲特稱的推論也說得通，只有兩前提爲全稱而結論爲特稱的推理 說 不 通。

　　應該指出的是 A、E、I、O 命題間的關係是傳統邏輯的直接推理和三段論的基礎，而傳統邏輯的主要內容就是三段論，因此，A、E、I、O 命題主項的情況涉及到三段論推理、直言推理的一致性問題，這一問題顯然是傳統邏輯的中心問題。從此着眼，可以說金岳霖的上述討論是有價值的，它對改造、發展傳統邏輯是有益的。

　　事實上，在數理邏輯產生之前的中世紀就有邏輯學家研究了金岳霖所關注的問題，提出了一些初步的想法。例如福勒提出了排除空類的方法，爲此他要求同質的全稱命題和特稱命題的主辭必須是人稱指代，如「每個人跑，所以蘇格拉底跑並且柏拉圖跑」。中世紀的阿伯拉爾給「所有」假定了存在的含義，他說如「所有人是人」，如果沒有人的話，它便會是假的；「某人不是人」永遠是假的；「所有人是人」就不存在的人來說，也是假的。顯然，這兩個命題都是假的，因而不能分開來說❸。希雷斯伍德的威廉也同樣主張全稱命題存在含義的學說等。

　　在數理邏輯興起之後，一些邏輯學家用數理邏輯爲工具來解決主辭的邏輯含義問題。金岳霖在這裏所採取的解決方案，正是

---

❸　見威廉・涅爾:《邏輯學的發展》，中譯本，頁273，商務印書館，北京，1985年。

數理邏輯學家經常採用的解釋方案。在這種解釋下，我們看到，傳統的 A、E、I、O 之間的對當關係中只有矛盾關係成立， 其它的關係都無法成立。與此相應，傳統的三段論推理及換位推理都有不成立的形式。例如 SAP$\rightarrow$PIS、第三格的 AAI、EAO 等均不成立。顯然，這種解釋與傳統邏輯是大相逕庭的。

這種解釋方案是否合適呢? 英國牛津的P.F. 斯特勞森曾在他的《邏輯理論引論》一書中認為，古典邏輯是接近自然語言和實際思維的，因而它不涉及空類問題，而用數理邏輯方法所解釋的 A、E、I、O 的邏輯意義是不符合傳統邏輯 A、E、I、O 的原意的，因而也就不能使古典邏輯中對當關係、換質換位和三段論等的正確推理都成立。斯特勞森為了解決這個問題，提出了「預設」這一概念。他認為 A、E、I、O 都預設了主辭的存在。

事實上，金岳霖將 A、E、I、O 作 A_h、E_h、I_h、O_h 的解釋（假設主辭存在）也就是斯特勞森所提出的預設。但是，金岳霖將S $\not= 0$（假設主辭存在）放在命題之中：

SA_hP……如有 S，凡 S 皆是 P

SE_hP……如有 S，無 S 是 P

SI_hP……如有 S，有 S 是 P

SO_hP……如有 S，有 S 不是 P

這樣處理的結果誠如金岳霖在討論時所說的，有些推理說不通。但是，如果把預設放在最前面， 那麼傳統邏輯都成立。 例如：

在 S $\not= 0$ 的預設下

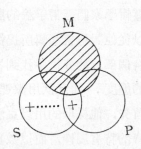

　　總之，金岳霖繼承了前人在直言命題邏輯含義方面的討論所取得的成果，以三種不同的命題態度在四種不同的情況下，對A、E、I、O 的不同的對應關係進行了全面而又細緻的討論，並提出了完整的改造方案，雖然他的方案與許多數理邏輯學家一樣忽略了傳統邏輯與自然語言和實際思維的密切聯繫，但是他把傳統邏輯中的 A、E、I、O 分析為 A_h、E_h、I_h、O_h，即認為傳統邏輯中的直言命題是以主辭存在為條件的，這就無疑為人們正確地理解傳統邏輯提供了一把鑰匙。同時，他的「預設」思想比斯特勞森所提出的預設早了十三年。這是他對傳統邏輯研究的一個大貢獻。

　　在《邏輯》一書中，金岳霖對傳統邏輯進行了批判，指出了傳統邏輯的種種缺陷，如引入「存在」（假設主辭存在）、只限於主賓式命題、侷限於三段論等等。其實，早在數理邏輯與起之前的十九世紀就有人先於金岳霖指出了傳統邏輯的這些缺陷。例如弗雷格、布拉德雷等人在這方面就做了不少工作。二十世紀初，羅素等人對傳統邏輯進行了改造。羅素的P.M. 系統就是以數理邏輯為工具改造傳統邏輯的結果。可以說，數理邏輯就是在認識、改造、消除傳統邏輯缺陷的基礎上產生和發展起來的。

　　隨着數理邏輯的誕生，數理邏輯與傳統邏輯之間的關係問題便提到重要位置上來了。數理邏輯能否取代傳統邏輯是二十世紀

以來邏輯學家們經常爭論的話題。金岳霖對這個問題的態度，我們可以從他對傳統邏輯所提供的改造方案，以及從對《邏輯》一書的各個部分的分析中找到答案。我們認爲金岳霖對傳統邏輯持否定的態度，而意欲用數理邏輯代替傳統邏輯。爲什麽這樣說呢？首先，他採取的用以克服傳統邏輯缺陷的方案取消了傳統邏輯本身的特有屬性，而以數理邏輯對直言命題邏輯含義的解釋代替了傳統邏輯的解釋。其次，《邏輯》一書共分四個部分，各個部分之間都有內在聯繫，它們共同服務於同一主旨，卽傳播數理邏輯：此書第一部分介紹傳統演繹邏輯，介紹的目的是爲了批判；第二部分是對傳統演繹邏輯的批判。批判就是破，而破的目的就是爲了立；第三部分介紹了一邏輯系統，其本意就是傳播數理邏輯；第四部分是第三部分的深化和擴展。金岳霖在宣傳介紹數理邏輯系統時有選擇地介紹了與傳統邏輯在內容上有重疊的部分，這不能不使人想到他是否有用數理邏輯取代傳統邏輯之意。

　　傳統邏輯和數理邏輯都是研究前提和結論之間形式關係的科學，因此它們都是形式邏輯。但是，傳統邏輯不是形式化的邏輯，亦卽，傳統邏輯不使用形式化方法，而是以自然語言爲工具的。與此截然相反，數理邏輯則使用符號語言，用嚴格的形式化方法而建立起來的。因此，它具有嚴謹、明晰、精確的特點。數學與其它科學以及工程技術的現代發展越來越要求研究工具的嚴謹和精確。數理邏輯由於本身的這些特點而被廣泛地應用着。科學的發展要邏輯的形式化，形式化是邏輯學科發展的必然趨勢。雖然在目前，傳統邏輯還保留着它特有的研究領域，但是從發展的趨勢看，它遲早要被現代形式邏輯所取代。因此，金岳霖的上述思想，可以說，是有先見之明的。

　　金岳霖在此後所發表的文章〈論不同的邏輯〉❹中，更爲清楚地表達了以數理邏輯代替傳統邏輯的觀點。在這篇文章中，金岳霖針對張東蓀把傳統邏輯和數理邏輯看成是兩門學問的觀點，提出了自己的看法。他認爲，傳統邏輯與數理邏輯不是兩門學問，它們的對象是相同的。傳統邏輯的確有數理邏輯所沒有的東西，例如換質換位、三段論的格和式、二難推理等。但是，數理邏輯也有傳統邏輯所沒有的東西。大致說來，傳統邏輯學中有問題的部分，數理邏輯都予以取消了。所謂「有問題」或者是前後不一致，或者是與對象不符，或者是與對象不相干。這些部分或者需要調整，或者需要淘汰。調整與淘汰的客觀標準就是同一的對象。傳統邏輯與數理邏輯的對象是同一的，它們不是兩門學問，而是一門學問的兩個階段。如果傳統邏輯學是一門無須進步、無須修改的學問，而又沒有修改它的學問，我們不至於叫它爲傳統邏輯學。其所以叫它作傳統邏輯學的一部分理由就是因爲邏輯學已經由它而進展到數理邏輯學。這不是說邏輯學毫無困難問題，而是從傳統邏輯學的缺陷着想，數理邏輯的確是邏輯學的進步。至此，金岳霖的觀點是十分明朗的。既然傳統邏輯有問題、有不妥之處，而現代數理邏輯學又是對傳統邏輯問題、不妥之處的克服，那麼對於傳統邏輯而言，數理邏輯就是進步，是邏輯學發展的新階段。進步的取代落後的，新的取代舊的，數理邏輯取代傳統邏輯。金岳霖的這個觀點也正是絕大部分邏輯學家的觀點。

　　目前，國內邏輯學界討論的熱門話題，就是改革邏輯敎學的

---

❹　金岳霖：〈論不同的邏輯〉，《清華學報》，13卷 1 期，1941年 4 月。

傳統體系和傳統邏輯學的內容，而代之以現代數理邏輯的新內容。北京大學哲學系早在八〇年代就率先取消了傳統邏輯課程，而開設現代邏輯課。各種不同版本的改革傳統邏輯體系和內容的邏輯學教材如雨後春筍似地紛紛問世。所有這些，都從一個側面印證了金岳霖的觀點的正確性。

第二章　數理邏輯的介紹與探討

第一節　邏輯與邏輯系統

邏輯系統就是指形式化、公理化的邏輯。金岳霖在《邏輯》一書的第四部分系統地闡述了邏輯系統的特點。他指出：

> 「邏輯系統的特點如下：a,邏輯系統有保留的標準，保留的工具，與所要保留的情形。邏輯系統之所以為邏輯系統者，其特點照許多人分析，就在它所要保留者，是必然的情形。b,邏輯系統有淘汰的標準，淘汰的工具與所要淘汰的情形，這所要淘汰的情形就是矛盾的情形。c,邏輯系統有推行的工具，推行的工具就是把各種形式不同的必然命題保留起來，加以組織，使它們成一系統。」❶

顯然，a是從正面說明邏輯系統就是保留必然，一邏輯系統之所以成為邏輯系統就在於它要保留必然。b指出邏輯系統要淘汰矛盾，這是從反面保留必然。c是綜合a、b兩個方面，指出推行工具的作用在於把各種形式不同的必然命題保留起來。按照

---

❶　金岳霖：《邏輯》，頁233-234。

金岳霖對邏輯系統的解釋，邏輯系統的特點就是必然，這是顯而易見的。

　金岳霖在指出邏輯系統的特點就是必然之後，又進一步區分了「必然之形式」和「必然之實質」。所謂「必然之形式」就是指我們用以表示必然的工具的形式，也就是指邏輯系統。所謂「必然之實質」即指「形式所表現的實質」，也就是指邏輯本身。可見，金岳霖區分必然之形式和必然之實質，實際上就是區分邏輯系統和邏輯。

　那麼，邏輯系統和邏輯有什麼具體的區別呢？金岳霖認為，必然之形式是相對的，也就是邏輯系統是相對的。這是因為：a，在不同的邏輯系統中，例如二值系統、三值系統，其必然命題是不同的。b，就每一邏輯系統而言，基本概念可以是原子，可以是運算，可以是關係，因而基本概念無所謂必然。c，由於基本概念無所謂必然，因此表示必然命題的工具也不是必然的。然而，必然之實質即邏輯本身卻是必然的。這是因為：a，必然的形式或邏輯系統無論其形式怎樣，系統中的任何必然命題總是普遍的。必然命題又是無往而不真的，它不形容事實，但卻範疇事實。無論事實怎樣的變，總逃不出一必然命題的圈子。一邏輯系統既為必然之系統，則無論事實如何，它總可以引用。b，必然命題是推論的普遍公式。每一種推論都有它們的普遍公式，而各種不同的推論公式在一邏輯系統範圍之內都可以用必然命題表示。因此，邏輯是普遍的對與不對的標準。c，邏輯系統所保留的是必然命題，淘汰的是矛盾命題。不符合邏輯的命題必假。因此，邏輯是範疇各科學的普遍工具。正因為有以上三點，邏輯系統之形式雖然可以不同，但必然之實質則一。因有此實質，所以

不同的邏輯系統都是邏輯系統。

以上是金岳霖對邏輯和邏輯系統所作的區分。這種區分的意義在於它說明了系統的相對性和邏輯的必然性，闡明了無論邏輯系統形式有如何的不同都是必然的表現，亦即都是邏輯的形式，都是表示必然的實質的。金岳霖的這個觀點，從根本上否定了西方有些邏輯學家面對不同的邏輯系統而做出的具有徹底相對論和徹底懷疑論傾向的哲學結論。

邏輯就是研究必然的，或者說就是研究命題與命題之間必然關係的。那麼，什麼是必然呢？關於「必然」的解釋，金岳霖有如下這樣一段話，他說：

> 「作者（金岳霖）在幾十年前與同學清談時，就不免表示
> 對於算學家有十分的景仰。尤其使他五體投地的就是算學
> 家可以坐在書房寫公式，不必求合於自然界而自然界却毫
> 不反抗地自動地承受算學公式。近年經奧人維特根斯坦與
> 英人袁夢西的分析才知道純粹數學，至少他們所稱為『純
> 粹算學』的算學或邏輯學，有一種特別的情形。此情形即
> 為以上所稱為邏輯的必然，或窮盡可能的必然。」❷

可見，金岳霖關於形式邏輯是研究命題間必然關係的必然是窮盡可能的必然。

何謂窮盡可能的必然呢？就是承認任何可能。這樣的窮盡可能的命題或承認任何可能的命題就是我們今天所說的具有邏輯必

---

❷　金岳霖：《邏輯》，頁245。

然性的命題或永眞式。此類命題對於具體的事實或自然界的情形
根本就無所謂肯定或否定。這種命題旣不限制到一個可能而承認
所有的可能，那麼無論在什麼情形下，它都可以引用。這就是承
認所有可能的「必然」命題。如排中律就是一最簡單而又最顯而
易見的必然命題。此處所討論的必然命題，間接地也就是在討論
排中律。我們知道，在二值邏輯中只有兩種可能。如用 P 表示一
種可能，另一種可能就是 ¬P 。排中律用命題形式表示為： P ∨
¬P （讀作 P 或 ¬P）。用自然語言解釋這一公式就是， p 是眞
的或 ¬p 是眞的，或 p 是眞的或 p 是假的。所以，排中律承認了
兩種可能或承認了任何可能。相對二值系統來說，任何一個事物
不是 p 就是非 p ，不是非 p 就是 p 。它總是逃不出排中律的圈子
或表示排中律的命題形式。因此，金岳霖把排中律作為必然命題
的型，而其它不同形式的必然命題不過是排中律的證明。

　　以上是金岳霖對邏輯系統理論和邏輯對象與性質的討論。隨
着邏輯學的發展， 關於邏輯學的對象和性質的討論也越來越熱
烈。時至今日，關於邏輯學的定義不下百餘條，但越來越多的人
認為邏輯的對象是命題， 邏輯的主要任務是研究推理（命題組）
的有效性，而表示有效性推理的命題組一定是必然命題。這個看
法同金岳霖的觀點是一致的。

　　邏輯學是研究必然的科學， 邏輯就是保留必然、淘汰矛盾。
邏輯是邏輯系統的質， 邏輯系統是邏輯的形。那麼邏輯系統又如
何保留必然、淘汰矛盾呢？邏輯是範疇各門科學的普遍工具， 卽
不符合邏輯的東西必然是非科學的東西。那麼如何才能使人們的
「思議」不違背邏輯從而達到科學性呢？

　　金岳霖在論述了邏輯與邏輯系統的各自特點、區別之後， 又

討論了「同一律」、「排中律」和「矛盾律」在邏輯和邏輯系統中的地位和作用問題。對於這個問題，習於傳統邏輯的人同搞現代邏輯的人持相反的觀點。前者稱此三者爲「律」。其理由是，其它的規則，如定義規則、三段論規則，只具有特殊性而不具有普遍性，而這三者則不然，它們普遍地適用於一切邏輯形式。但在後者看來，這三者在邏輯系統中同其它命題沒有什麼兩樣，卽它們同其它邏輯命題一樣都是必然命題。金岳霖認爲，從邏輯系統着眼，「同一」、「排中」和「矛盾」作爲命題都是窮盡可能的命題，因此無法把它們同其它命題分開。但是，如果把邏輯命題作爲推論方式來看，「同一」、「排中」和「矛盾」之原則的確比其它邏輯命題來得基本，顯得更重要。饒有趣味的是，金岳霖無論在《知識論》中還是在《邏輯》中都稱這三者爲原則，而不稱其爲律。他的理由是，從邏輯系統方面考慮，「同一」、「排中」和「矛盾」三原則都是邏輯命題。而邏輯命題又非常之多，根本沒有特別的思想律。再者，此三者同法律的律和道德律的律也不同，它們旣不是人們制訂出來的，又不是約定俗成的；同時，它們又不同於自然律，他說：「違背自然律的事不會發生，違背思想律的思議雖錯，然而不會因此就不發生❸。」因此，金岳霖稱此三者爲思議原則或思議規律。顯然，金岳霖的這一看法旣不同於康德，也不同於羅素。康德認爲邏輯規律是主觀的，羅素則認爲，邏輯規律是客觀的，它不僅是思維規律，而且也是事物本身的規律。

接着金岳霖又闡明了這三條原則的作用。

---

❸　金岳霖：《知識論》，頁412。

　　他認爲，同一原則的作用表現在它是意義的可能的最基本的條件。邏輯系統是可能的分類，「可能」之爲「可能」是有條件的。但無論怎樣，無論可能分爲多少「可能」，每一「可能」總要是那一「可能」才行。否則連正常的思想交往都無法進行。

　　同一原則可用「如果——則」式的命題來表示。這個命題的邏輯含義是：「如果 x 是甲，x 就是甲。」x 是具體東西，甲是對這個具體東西的思議。通俗一些的解釋便是，對某一具體東西的思想是什麼，那麼就是什麼。在這裏，對 x 既沒有肯定也沒有否定。這就是說，同一原則根本不是形容具體事物的原則。因爲事物是不斷變化的，既然事物不斷變化，顯然就不能對具體事物談同一。既然同一原則不是表示事實的命題，而僅僅是邏輯命題，因此，它無往而不眞。所以，同一原則是科學的前提條件。

　　在這裏，金岳霖把同一原則僅僅看成是「思議」原則而不是事物本身的原則，從而避免了陷入形而上學的泥潭。另一方面，金岳霖把同一原則看成是科學的必要前提、是意義的可能條件，因而又帶有明顯的泛邏輯主義傾向。

　　金岳霖尤其重視排中原則，認爲它是「思議」上最根本的推論，是必然命題的型。凡必然命題都是符合排中律的命題，凡非必然命題都是不符合排中律的命題。矛盾原則可表述爲一命題不能是眞的與不是眞的，其作用在排除思維中的邏輯矛盾。「排中」原則和「矛盾」原則不僅是劃分邏輯界限的原則，即符合「排中」原則的命題都是邏輯命題（必然命題），違反「矛盾」原則的命題就是違反邏輯的命題即矛盾命題，而且「排中」原則和「矛盾」原則又是系統中的工具，即它們是保留必然、淘汰矛盾的工具。

　　「同一」原則、「排中」原則和「矛盾」原則用命題表示分別是：A→A、A∨￢A，￢(A∧￢A)。從邏輯值來看，這三個命題是等值的，並且它們都是永眞式，卽都是必然命題。因此，如果從邏輯值角度考慮就沒有必要把A∨￢A作爲必然命題的型。金岳霖把A∨￢A視爲命題的型，可能是出於以下兩點考慮。一是，A∨￢A的邏輯值是永眞的，一目瞭然的。二是，金岳霖認爲邏輯是研究命題與命題之間的必然聯繫，而必然又是窮盡所有的「可能」或承認所有的「可能」，而A∨￢A所表示的恰恰是窮盡了所有「可能」。因此，它理所當然的成爲了邏輯的型了。金岳霖本體哲學體系建構的兩個基本概念是「能」與「式」，而「式」就是窮盡所有的「可能」，它就是邏輯，也就是A∨￢A。可見，「排中」原則不僅僅是思議原則或思維規律，顯然它還有本體論的意義。由上可見，金岳霖所以特別重視「排中」原則便不是偶然的了。

　　「排中」原則和「矛盾」原則的工具作用在現代邏輯中表現非常突出。在數理邏輯中用以判定重言式（永眞式或邏輯眞命題）的簡單析取範式和判定矛盾式的簡單合取範式就是利用了「排中」原則和「矛盾」原則的明顯例子。

　　一個簡單析取是重言式，並且僅當它至少有一對這樣的析取支，其中一個是變項，而另一個則是它的否定。

　　p∨￢p∨q 顯然是重言式。這裏含有 p∨￢p 這個表示「排中」原則的命題。而 p∨￢p 是永眞的，「∨」的邏輯含義是至少有一個析取支爲眞，則「∨」眞。因此，一個析取命題中只要包含 p∨￢p，那麼這個命題就是重言式。

　　一個簡單合取是矛盾式，並且僅當它至少包含着這樣一對支

命題，其中一個是某變項，而另一個是該變項的否定。

根據上述解釋，p∧¬p∧q 顯然是矛盾式，因爲這個簡單合取式中包含有p∧¬p這個違反「矛盾」原則的支命題。違反「矛盾」原則的命題就是假的命題。「∧」的邏輯含義是至少有一個合取支爲假，則「∧」爲假。因此，一個合取命題中只要包含p∧¬p，那麼這個命題就是矛盾式。

再如判定蘊涵式是否爲重言式所使用的命題分析圖法，也是運用「矛盾」原則和「排中」原則的突出例子。這種方法是這樣的：先假設蘊涵式爲假，蘊涵式爲假，並且僅當前件眞，後件假。因此，首先假定蘊涵式前件眞，後件假，然後由既定規則將此蘊涵式化整爲零，使被判定的公式分爲幾個子公式。整個圖表呈樹狀，如各枝是公式A和A的否定，那麼各分枝是閉的（X）。這意謂着由假設導致了矛盾，因此，假設不能成立。根據「排中」原則，則整個蘊涵式是眞的。例如：

$$(A \lor B \to C) \to (A \to C) \lor (B \to C)$$
$$|$$
$$A \lor B \to C$$
$$\neg((A \to C) \lor (B \to C))$$
$$|$$
$$\neg(A \to C)$$
$$\neg(B \to C)$$
$$A \qquad B$$
$$\neg C \qquad \neg C$$
$$A \lor B \to C$$
$$\overset{\wedge}{\neg(A \land B)} \ C\mathbf{x}$$
$$\overset{\wedge}{\neg A \ \neg B}$$
$$X \quad X$$

在《邏輯》一書中，金岳霖對同一律、矛盾律、排中律做了極爲透徹的分析，比較全面地闡述了這三律的作用。目前，我們國內現行的邏輯教材大部分對邏輯規律的闡述不夠透徹，甚至有的還有理解上的錯誤。金岳霖關於同一、排中、矛盾之原則的思想對我們正確地理解這三原則有重要的啓發作用。

第二節　P.M. 系統與演繹系統

在《邏輯》一書中，金岳霖專闢一章介紹了數理邏輯的基本內容。金岳霖之所以要這樣做，是因爲從十九世紀末到二十世紀初邏輯學形式化已蔚然成勢。因此，他要向國內引進或介紹一系統化、形式化的邏輯系統。他所介紹的一系統化的邏輯就是懷特海和羅素在《數學原理》一書中建立起來的 P.M. 系統

《數學原理》(1910—1913年) 一書發展了由弗雷格、皮亞諾等人創立的新型邏輯，它用形式化的方法闡述和擴展了傳統邏輯的內容，爲邏輯學的發展開創了一個新階段。金岳霖在《邏輯》一書的第三部分中較詳細、系統地介紹了《數理邏輯》的前二十三章的內容，其中包括命題演算、謂詞演算、類演算和關係演算。但他對此書爲解決集合論悖論而提出的類型論和可化歸定理則隻字未提。這是爲什麼呢? 其答案就在他自己的如下一段話中:「因爲所介紹的是熔邏輯算學於一爐的大系統，本書只能選擇最前及最根本的一部分，同時最前及最根本的一部分的題材也就包含傳統邏輯教科書的題材❹。」可見，金岳霖的選擇性介紹

---

❹　金岳霖:《邏輯》，頁146。

是有他自己的理由的。這個理由便是: P.M. 系統既有邏輯方面
的內容，又有算學方面的內容，要介紹的當然是最基本的內容，
卽邏輯方面的內容。此外，這部分內容卽命題演算和謂詞演算包
含了傳統演繹邏輯的內容。我們認為，金岳霖的這一理由正是他
有用數理邏輯取代傳統邏輯這一看法的一個證據。

金岳霖對羅素、懷特海邏輯系統的介紹在今天看來也還是有
益的。羅素及羅素學派的理論在二十世紀二、三〇年代的西方其
影響是很深遠的。無論在哲學方面還是在邏輯方面，人們總是要
不斷地提到他，以至到了今天，人們要研究分析哲學就不能不研
究羅素的哲學思想，要講現代邏輯就不能不涉及到羅素和懷特海
的《數學原理》一書。因此，金岳霖的介紹對現代人學習羅素的
古典數理邏輯思想及體系還是有現實意義的。

在介紹了 P.M. 系統之後，在第四部分中，金岳霖系統地
概述了演繹系統的理論，詳細地分析了系統各組成部分的邏輯特
點。他認為，演繹系統有如下的特點: a，出發點可武斷。b，
演繹系統的思想除公理外，其它都可以稱為自生的思想。所謂自
生思想者卽根據於系統的基本思想，用系統的產生工具與適合於
系統所承認的方法而產生的思想。c，演繹系統的各部分大都是
互相關聯的，演繹系統內部的結構彼此牽連的程度可以使我們說
整個的系統是一有機的系統。

繼而，金岳霖又論述了演繹系統的組成及對組成系統的各部
分的具體要求。演繹系統基本上由兩大部分組成，卽演繹幹部和
演繹支部。幹部是系統的根本，支部為系統的枝葉。前一部所包
含者為系統的基本概念與基本命題，後一部為由前一部所推論出
來的命題。金岳霖認為基本概念是不能由所屬的系統的思想來定

義的。那麼，什麼樣的概念才能作基本概念呢？他認爲，對基本概念的要求從質的方面說，含義窄的概念不容易作爲基本概念。因爲，如果含義窄就不富於推論性。從量的方面考慮，基本概念的數量要少，因爲太多就使系統成爲不必要的了。但是，太少又不利於推論。所以要少，但不至於少到推論不便利的程度。對於基本命題有如下的要求：

第一，基本命題要夠用，所謂夠用與不夠用是指能不能推論出所要推論的命題而言的。

第二，基本命題一定要一致。基本命題是一系統的大前提，其它所有的命題都可以說是基本命題的結論。如果基本命題彼此不一致，由它們推論出來的結論也不一致。如果一系統內的命題彼此不一致，則所謂演繹系統者根本就不是演繹系統。

第三，基本命題要彼此獨立。所謂獨立者是說它們彼此不相「蘊涵」。如果一命題蘊涵另一命題，則後一命題可以由前一命題推論出來。如能由前一命題推論出來，則舉前一命題爲基本命題等於舉後一命題爲本命題。

演繹支部是由幹部所推論出來的部分。金岳霖特意解釋了「推論」的含義：第一，所有推論出來的部分、所有推論出來的命題都是演繹幹部所能有的部分、所能有的命題。第二，推論出來的部分，都是已經證明了的部分，推論出來的命題都是已經證明了的命題。第三，推論出來的部分和命題，其性質、其界說均由幹部而定。

最後，他得出結論，認爲一演繹系統之性質，因其幹部而定，所以幹部的性質亦卽整個系統的性質。既然如此，演繹系統的種類也就是幹部的種類。

　　以上是金岳霖關於演繹系統（公理系統）理論的基本內容。

　　我們知道公理系統的方法是亞里士多德首先提出來的。在古代，作爲這一方法典範的是歐幾里德的幾何系統。現代邏輯學家繼承亞氏思想把公理系統的特徵初步概括爲：某一領域的所有陳述被分成兩部分，一部分是公理，一部分爲導出陳述，後者是從公理演繹和產生出來的。因此，公理系統完全取決於它的公理和規則，其餘的一切僅僅是這些原則中原已給定的東西的展開。

　　金岳霖關於演繹系統的理論顯然是受了亞里士多德的影響。當然它也是建立在對古典公理系統（歐氏幾何系統）和現代公理系統（P.M. 系統）的分析考察的基礎之上的，這也可以從《邏輯》一書中他所引證的例子中得到證明。儘管金岳霖對演繹系統理論的敍述還不夠嚴密，分析的還不夠細緻（這部分是由於當時這一理論還不夠完善所致），但是，應該承認其基本思想在今天看來仍是正確的。當然，在敍述過程中尚存在一些不足之處。如對公理系統僅僅提出一般要求，諸如要一致，要獨立，要完全（夠用），但在如何證明的問題上，金岳霖卻顯得含糊其辭。其實在二〇年代，幾乎在羅素、懷特海建立 P.M. 系統的同時，盧卡西維茨就建立了第一個多值邏輯系統，三〇年代初海丁也建立了第一個直覺主義邏輯系統。這些系統顯然與古典公理系統和古典數理邏輯系統（P.M. 系統）不同，因而關於系統理論的研究便上升到了邏輯史上任何一個時期都不能與之比擬的高度。同時由於數理邏輯的發展，諸如證明論、集合論的建立，也爲公理系統性質的證明提供了工具。邏輯學家們於是紛紛以新工具來證明系統的一致性、獨立性和完全性。1926年貝爾納斯發表了研究《數學原理》中命題演算公理化的文章，證明了 P.M. 系統命題演算系

統的一致性和獨立性； 1928 年希爾伯特和阿克曼在《理論邏輯基礎》一書中，發表了對一階謂詞邏輯系統一致性的證明；1930年哥德爾證明了一階謂詞邏輯系統的完全性。當然，由於當時模型論和遞歸論尚未建立，有些問題還未獲得解決或圓滿解決。但是，在《邏輯》一書中，金岳霖對上述的種種證明都沒有介紹，這不能不說是一大遺憾。

　　此外，公理系統的三個條件，一致性、完全性、獨立性，對公理系統來說並不是無主次的並列關係。公理系統的一致性被認為是絕對必需要的。這一要求亞里士多德早已提出。中世紀一位論述推論的邏輯學家曾說，如果在一個所研究的系統中，每一個定理的否定也是一個定理，那麼我們從這樣的系統中就什麼都得不到。在今天，一致性要求被人們表述得更嚴格、看得更絕對。現在不僅要求不能在系統中發現矛盾，而且要求證明系統不可能出現矛盾。所以這樣是因為羅素的蘊涵怪論已表明從一個矛盾命題能推出該領域的任何命題。這就意謂着可接受的真命題與不可接受的假命題不再有任何區別。這樣，作為科學研究工具和方法的公理學就不能起到它應有的作用。而獨立性（如果諸公理彼此都不能互相推出，則這些公理是獨立的）和完全性（某一公理系統，如果其中的一切真命題都能從公理推出，則該系統叫做完全的）要求卻是可以放寬的。金岳霖沒有明確地敍述這三者在系統中所占地位的不同，這似乎是又一不足之處。

第三節　可能與可能世界

　　金岳霖在闡述邏輯系統理論時創造性地使用了「可能」這一

概念，明確地承認了可能世界的存在。

我們知道「可能世界」這一本體論概念是德國哲學家萊布尼茨最早提出的。他認爲我們所生活於其中的現實世界只不過是上帝所創造的無限個可能世界中的一個。上帝洞察了各種不同的可能世界，使得其中最好的可能世界得以現實。基於以上的看法，萊布尼茨用可能世界這一概念來區別必然眞理和事實眞理，認爲必然眞理在任何可能世界中都是眞理，因此必然眞理是永恒眞理，而事實眞理則是或然的。

本世紀四〇年代卡爾納普顯然是受了萊布尼茨上述思想的啓發，用可能世界來定義必然眞。他在《意義與必然》一書中指出：必然眞一定在所有可能世界中成立，因爲我們的情態摹狀代表着可能世界，這就意謂着一個語句在邏輯上是眞的，如果它在所有情態摹狀中成立。

五〇年代美國邏輯學家克里普克和辛提卡又啓用可能世界的思想建立了現代模態語義學。在西方，很多邏輯學家試圖用可能世界這一概念來解決一些邏輯問題，諸如用它來爲必然性、永眞性、蘊涵關係等概念下定義。

金岳霖在闡述邏輯系統理論時，爲了「表示邏輯系統之所以爲邏輯系統」創造性地使用了「可能」這個概念，明確承認了可能世界的存在，並且他用「可能」定義了「必然」和「矛盾」等概念。金岳霖啓用「可能」這一概念並用它來解釋一些邏輯問題這一事實無疑是對邏輯哲學的一大貢獻。

那麼，什麼是可能呢？在《論道》一書中，金岳霖說：「所謂可能是可以有而不必有『能』的『架子』或『樣式』❺。」能

---

❺ 金岳霖：《論道》，頁21。

之有雖不依賴可能，但它卻必定要在可能之中。「可能」是邏輯方面的可以，無矛盾即是可以。只要架子或樣式沒有矛盾，它就是「可能」，它就可以容納能，而事實上卻「不必有」能。顯然，在金岳霖看來「可能」就是無矛盾。從理論上說，「可能」可以有無量之多。「能」進入一「可能」之中，那麼這種「可能」就成爲現實。因此，「每一件事實是一個可能，可是每一個可能不必是一件事實」❻。在這裏，金岳霖明確地提出了「可能」是無限多的，而現實的事實不過是「可能」的現實。在現實了的「可能」之外，尙有無數的可能。

如果把金岳霖關於「可能」的思想與克里普克的「可能世界」的理論作一比較，我們就能發現兩者之間的驚人的相似之處。譬如克里普克同樣地認爲，我們的現實世界只是一個可能世界，不過它是現實了的可能世界。不是每個可能存在的事物都是現實的。現實世界只是可能世界中的一個。可能世界是無限多的。

在確立了「可能」這一概念之後，金岳霖又進一步用它來爲「必然」和「矛盾」下定義。他認爲，如果一個演繹系統是一個分可能爲「n」類的系統，則在那一系統範圍之內列舉「n」可能中各可能而分別承認之是那一系統所無法逃避的情形。這情形我們就可以用「必然」二字形容之。我們可以說在分可能爲「n」類的系統範圍之內分別承認了「n」可能的命題哪一系統的必然的命題。如果一個演繹系統是分可能爲「n」類的系統，則在那一系統範圍之內列舉「n」可能中之各可能而均否認之，是那一

---

❻　金岳霖：《邏輯》，頁232。

系統所不能承認其爲可能的情形。這情形我們以不可能或「矛盾」一字形容之。在一分可能爲「n」類的系統，否認此「n」可能的命題爲那一系統的矛盾命題。顯然，按照金岳霖的解釋，「必然」是承認所有的可能，「矛盾」是否認所有的可能。所謂承認所有的可能就是在任何可能的情況下都是眞的；所謂否認所有的可能就是在任何可能的情況下都是假的。因此，必然命題就是在任何可能情況下都是眞的命題；矛盾命題則是在任何可能情況下都是假的命題。現代邏輯學家一般說來都是用「可能世界」來定義命題的邏輯特性。其定義是這樣的：如果一個命題在所有可能世界中都是眞的，那麼它是個邏輯眞命題(必然命題)；如果一個命題在所有可能世界中都是假的，那麼它是個邏輯假命題（矛盾命題）。由此可見，金岳霖關於「必然」和「矛盾」的定義和現代邏輯學家對之所下的定義是非常相似的。

進而，金岳霖又指出了邏輯必然性與物理必然性的關係。一命題與眞命題一致者雖不必眞，而與眞命題不一致者必假。這是說，邏輯上必然的未必就是物理上必然的，而邏輯上不可能的必定是物理上不可能的。

綜上所述，金岳霖的「可能」這一概念包含了「可能世界」的思想。而「可能世界」這個本體論概念已成爲現代西方哲學邏輯大厦的一塊基石。這一理論在西方是克里普克受萊布尼茨思想的啓發而於五〇年代後期提出來的。金岳霖的有關思想雖然較之克里普克的顯得粗淺，但從時間上看，卻早了二十多年。可以說，在現代邏輯史上，金岳霖作出了自己應有的貢獻。

以上所述是《邏輯》一書的主要思想，是金岳霖在 1949 年以前的主要的邏輯思想。從這本書的內容中我們不難看出金岳霖

的邏輯思想主要是受了羅素思想的影響。關於這一點，金岳霖本人在 1949 年後所寫的〈對舊著「邏輯」的批判〉一文中也談到過。《邏輯》一書的主旨是介紹現代數理邏輯。當然其中也不可避免地涉及到金岳霖本人對邏輯理論的一些看法或意見，但從總括講，這些意見或看法還不十分成熟，且不成系統，甚至有些提法還不夠嚴格。然而，他對於邏輯學理論的這些看法或意見在促進邏輯學在中國的發展和普及方面起了推動作用，可以說它們構成了中國邏輯思想史的一份寶貴的財富。

年　表

· *1895*年

金岳霖，字龍蓀，7月14日生於湖南長沙市。父親金聘之是清朝末年的一個官吏，原籍浙江省諸暨縣，後在長沙任湖南省鐵路總辦，曾追隨張之洞參加洋務運動，主張中學爲體、西學爲用。金岳霖在兄弟中最小，排行第七。早年曾在長沙雅禮學校、明德學校學習。

· *1911*年　　16歲

赴北平清華學校學習。

· *1914*年　　19歲

畢業於清華學校。同年赴美國賓夕法尼亞大學學政治學。

· *1917*年　　22歲

在賓夕法尼亞大學得學士學位。同年進哥倫比亞大學政治系學習。

· *1918*年　　23歲

在哥倫比亞大學獲碩士學位，學位論文題爲《不同國家統治者的財政權》。

· *1920*年　　25歲

在哥倫比亞大學獲政治學博士學位，學位論文題爲《T.H.格林的政治理論》。

· *1921*年—*25*年　26歲—30歲

1921年5月，因母親去世，金岳霖回國。同年12月，赴英國，入倫敦大學，至1922年8月。1922年9月，赴德國，寓居柏林，在大學聽課，但未正式入學，其時經常為英國報紙撰文。1924年1月去法國，寓居巴黎，主要是遊歷觀光。同年10月，赴意大利遊歷參觀。12月回法國巴黎，曾在該地紅十字會供職。1925年12月回國。

·*1926*年 　　31歲

2月—7月在中國大學教英文、英國史。是年，趙元任離開清華大學到中央研究院工作，受清華校方委託，他邀請金岳霖去清華接任邏輯課程。9月，金岳霖到清華，任講師，不久即遷升為教授。同年，金岳霖接受了學生沈有鼎、陶煥民的建議，創辦了清華大學哲學系，任系主任。

是年發表的文字有：

〈唯物哲學與科學〉《晨報》副刊　57期

·*1927*年 　　32歲

是年發表的文字有：

"Prolegomena"《哲學評論》1卷1—2期

〈論自相矛盾〉《哲學評論》1卷3期

〈同·等與經驗〉《哲學評論》1卷5期

·*1928*年 　　33歲

馮友蘭到清華。金岳霖因不願糾纏於行政工作，便辭去哲學系主任一職，由馮友蘭接任。

是年發表的文字有：

〈休謨知識論的批評〉《哲學評論》2卷1期

〈外在關係〉《哲學評論》2卷3期

・*1930*年—*32*年　　　35歲—37歲

發表的文字有：

〈知覺現象〉《哲學評論》3 卷 2 期　1930年

"Internal and External Relation"《清華學報》6 卷 1 期　1930年

〈A、E、I、O的直接推論〉《哲學評論》3 卷 7 期　1930年

〈論事實〉《哲學評論》4 卷 1 期　1931年

〈思想律與自相矛盾〉《清華學報》7 卷 1 期　1932年

・*1933*年　　　38歲

是年發表的文字有：

〈釋必然〉《清華學報》　8 卷 2 期

〈彼此不相融的邏輯系統與概念實用主義〉《大公報》「世界思潮」10 月 5 日

〈範圍的邏輯〉《哲學評論》5 卷 2 期

・*1934*年　　　39歲

是年發表的文字有：

"Note on Alternative Systems of Logic" *The Monist* 44 卷

〈不相融的邏輯系統〉《清華學報》9 卷 2 期

〈馮友蘭著「中國哲學史」的審查報告〉馮友蘭《中國哲學史・附錄》上海商務印書館

・*1935*年　　　40歲

是年發表的文字有：

〈關於眞假的一個意見〉《哲學評論》6 卷 1 期

《邏輯》（大學叢書）清華大學出版部

· *1936*年　　41歲

是年發表的文字有：

〈論手術論〉《清華學報》11卷11期

〈道、式、能〉《哲學評論》7卷1期

〈手續論〉(摘要)《哲學評論》7卷1期（本文爲1935年4月中國哲學會第一屆年會論文）

〈可能底現實〉《哲學評論》7卷2期（本文爲1936年4月中國哲學會第二屆年會論文）

· *1937—39*年　　42歲—44歲

發表的文字有：

〈現實底個體化〉(部分)《哲學評論》7卷3期　1937年

〈現實底個體化〉(摘要)《哲學評論》7卷3期　1937年

（本文爲1937年1月中國哲學會第三屆年會論文）

〈Truth in True Novel〉*T'ien Hsia Monthly*（《天下月刊》）4卷4期

〈On Political Thought〉*T'ien Hsia Monthly* 9卷3期（此文1986年被譯成中文，刊登在《清華大學學報》(哲社版) 1986年1卷1期）

· *1940*年　　45歲

是年《論道》一書由商務印書館出版。（此書1985年由商務印書館重印）

是年發表的文字還有：

"The Principles of Induction and Apriori" *The Journal of Philosophy* 37卷7期

· *1941*年—*44*年　　46歲—49歲

發表的文字有：

〈論不同的邏輯〉《清華學報》13卷1期　1941年

〈勢至原則〉《哲學評論》8卷1期　1943年（本文爲1940年8月中國哲學會第四屆年會論文）

〈歸納原則與將來〉《哲學評論》8卷2期　1943年

〈自然〉《哲學評論》8卷4期　1943年

〈思想〉《哲學評論》9卷1—2期　1944年

· *1949*年—*50*年　　*54*歲—*55*歲

是年9月，金岳霖復任清華大學哲學系主任。12月，原清華大學文學院院長吳晗出任北京市副市長，他推薦金岳霖爲清華文學院院長。1950年1月，清華大學報請教育部。2月，教育部照准。

· *1951*年　　*56*歲

是年發表的文字有：

〈從墮落到反動的美國思想〉（載《從墮落到反動的美國文化》上海平明出版社）注：與任華合寫

〈我熱愛祖國〉《新清華》5月1日

〈瞭解「實踐論」的條件 —— 自我批評之一〉《新建設》4卷5期

· *1952*年　　*57*歲

10月，全國進行高等學校院系調整。調整後，全國僅剩一個哲學系，即北京大學哲學系。金岳霖調至北京大學，任哲學系主任、教授。

是年發表的文字有：

〈我對蘇聯的看法底轉變〉《中蘇友好》3期

· *1953*年　　58歲

參加中國民主同盟。

· *1954*年　　59歲

是年發表的文字有：

〈介紹威爾斯「實用主義，帝國主義底哲學」〉《新建設》
10月號

· *1955*年　　60歲

9月，調至中國科學院哲學所，任一級研究員、副所長、兼
邏輯組組長。

是年發表的文字有：

〈批判實用主義者杜威的世界觀〉《哲學研究》2期

〈實用主義所謂「經驗」和「實踐」是什麼〉（與汪子嵩
等合著)《人民日報》5月29日　3版

· *1956*年　　61歲

當選爲哲學社會科學部學部委員。同年，參加中國共產黨。

是年發表的文字有：

〈略評康福斯的兩本哲學著作〉《人民日報》2月3日
3版

〈我怎樣學習馬克思列寧主義?〉《北京日報》2月29日
2版

〈批判唯心哲學關於邏輯與語言的思想 —— 對羅素的批判
之一〉《北京大學學報》（人文科學)　1期

〈批判梁漱溟的直覺主義〉《哲學研究》2期

〈如何貫徹和掌握「百家爭鳴」問題〉《哲學研究》3期

· *1957*年　　62歲

4月11日，毛澤東約請金岳霖共進餐。同席者有周谷城、馮友蘭、鄭昕、賀麟等。7月，隨中國代表團參加華沙國際哲學會議。金岳霖在會上發言，題爲〈哲學家的社會責任〉（見馮友蘭著《關於一個國際哲學會議——華沙會議》）。同行者有潘梓年（團長）、馮友蘭。會後，應蘇聯代表團的邀請，訪問參觀了莫斯科。

是年發表的文字還有：

〈反對恢復資產階級的社會科學〉《人民日報》9月9日　7版

〈費孝通要「解決」些什麼「問題」呢？〉《爭鳴》9期

〈關於「成品」——小題大做嗎？（駁章伯鈞）〉《爭鳴》11期

・*1958*年　　63歲

金岳霖作爲中國文化代表團副團長訪問歐洲。同行者有許滌新（團長）、謝冰心等。

是年發表的文字有：

〈在學術思想戰線上加強東風〉《哲學研究》7期

・*1959*年　　64歲

是年發表的文字有：

〈論眞實性與正確性底統一〉《哲學研究》3期

〈對舊著「邏輯」一書的自我批判〉《哲學研究》5期

・*1960—62*年　　65—67歲

發表的文字有：

〈論「所以」〉《哲學研究》1960年1期

〈關於修改形式邏輯和建立統一的邏輯學體系問題〉《新建設》1961年1月號（本文爲在中國科學院哲學社會科學

部學部委員會第三次擴大會議上的發言)

〈讀王忍之文章之後 ── 在京津地區第三次邏輯討論會上的發言〉《光明日報》1961年7月8日　2版

〈客觀事物的確實性和形式邏輯的頭三條基本思維規律〉《哲學研究》1962年3期

〈論推論形式的階級性和必然性〉《哲學研究》1962年5期

· *1977*年　　82歲

原屬中國科學院的哲學社會科學部更名爲中國社會科學院。金岳霖仍任哲學所副所長兼邏輯研究室主任、院學術委員。

· *1978*年　　83歲

中國邏輯學會成立，金岳霖當選爲會長。在成立大會上，作題爲〈在1978年全國邏輯討論會開幕式上的發言〉的講話。（此發言後收入《邏輯學文集》吉林人民出版社，1979 年8月)《形式邏輯簡明讀本》第3版由中國青年出版社出版。

· *1979*年　　84歲

金岳霖主編的《形式邏輯》（高等學校文科教材）由人民出版社出版。

· *1980*年　　85歲

是年發表的文字有：

"Chinese Philosophy" *Social Science in China* 1 期

（本文寫於1947年，用英文發表。1985年被譯成中文，刊登在《哲學研究》1985年9期。）

· *1982*年　　87歲

中國邏輯與語言函授大學成立，金岳霖應聘爲名譽校長。

是年發表的文字有：

〈瑣憶〉《清華校友通訊》1982年復刊第 5 期

· *1983*年　　88歲

任中國邏輯學會名譽會長。《知識論》一書由商務印書館出版，此書完稿於1948年。

· *1984*年　　89歲

10月19日，金岳霖在北京逝世，享年89歲。

（以上年表中的大部分材料是由劉培育先生提供的，謹致謝意。）

金岳霖著述目錄

一、著作

《邏輯》(大學叢書)

  清華大學出版部　1935年

  商務印書館　1936年　1937年第 2 版

  三聯書店　1961年（作爲邏輯叢刊一種）1982年重印

《論道》

  商務印書館　1940年　1985年重印

《邏輯通俗讀本》

  中國青年出版社　1962年　1964年第 2 版

  1978年第 3 版　1979年第 4 版　1982年第 5 版

  注：與汪奠基等人合著

《形式邏輯簡明讀本》

  注：本書卽《邏輯通俗讀本》，1978年第 3 版時由劉培育等
修訂後改現名。

《形式邏輯》(高等學校文科教材)

  人民出版社　1979年

  注：主編

《知識論》

  商務印書館　1983年

  注：此書完稿於1948年

《羅素哲學》

上海人民出版社 1988年

二、論文

"The Financial powers the Governors of the Different
States"

（美）哥倫比亞大學 1918年

注：本文是金岳霖的碩士論文，用英文發表，題爲〈不同國
家統治者的財政權〉。

"The Political Theory of Thomas Hill Green"

（美）哥倫比亞大學 1920年

注：本文是金岳霖的博士論文，用英文發表，題爲〈T.H.格
林的政治理論〉

〈唯物哲學與科學〉

《晨報》副刊 57期 1926年6月

"Prolegomena"

《哲學評論》1卷1—2期 1927年4月、6月

注：用英文發表，題爲〈緒論〉

〈論自相矛盾〉

《哲學評論》 1卷3期 1927年8月

〈同・等與經驗〉

《哲學評論》1卷5期 1927年11月

〈休謨知識論的批評〉

《哲學評論》2卷1期 1928年8月

〈外在關係〉(External Relation)

　　　　《哲學評論》2 卷 3 期　　1928年12月

〈知覺現象〉

　　　　《哲學評論》3 卷 2 期　　1930年 3 月

"Internal and External Relations"

　　　　《清華學報》6 卷 1 期　　1930年 6 月

　　　　注: 用英文發表, 題爲「內在和外在關係」

〈A、E、I、O 的直接推論〉

　　　　《哲學評論》3 卷 3 期　　1930年 8 月

〈論事實〉

　　　　《哲學評論》4 卷 1 期　　1931年 7 月

〈思想律與自相矛盾〉

　　　　《清華學報》7 卷 1 期　　1932年 1 月

〈釋必然〉

　　　　《清華學報》8 卷 2 期　　1933年 6 月

〈彼此不相融的邏輯系統與概念實用主義〉

　　　　《大公報》「世界思潮」1933年10月 5 日

〈範圍的邏輯〉

　　　　《哲學評論》5 卷 2 期　　1933年11月

"Note on Alternative Systems of Logic"

　　　　The Monist (一元論者) 44卷　　1934年

　　　　注: 用英文發表, 題爲〈簡論不相融的邏輯系統〉。

　　　　〈不相融的邏輯系統〉

　　　　《清華學報》9 卷 2 期　　1934年 4 月

〈馮友蘭著「中國哲學史」的審查報告〉

　　　　《中國哲學史·附錄》(上海, 商務印書館) 1934年 9 月

　　注：本文寫於1930年 6 月26日

〈關於眞假的一個意見〉

　　《哲學評論》6 卷 1 期　　1935年 3 月

〈論手術論〉

　　《清華學報》11卷 1 期　　1936年 1 月

〈道，式，能〉

　　《哲學評論》7 卷 1 期　　1936年 9 月

〈手續論〉（摘要）

　　《哲學評論》7 卷 1 期　　1936年 9 月

　　注：本文爲1935年 4 月中國哲學會第一屆年會論文

〈可能底現實〉

　　《哲學評論》7 卷 2 期　　1936年12月

〈形與質〉（摘要）

　　《哲學評論》7 卷 2 期　　1936年12月

　　注：本文爲1936年 4 月中國哲學會第二屆年會論文。

〈現實底個體化〉（部分）

　　《哲學評論》7 卷 3 期　　1937年 3 月

〈現實底個體化〉（摘要）

　　《哲學評論》7 卷 3 期　　1937年 3 月

　　注：本文爲1937年 1 月中國哲學會第三屆年會論文

"Truth in True Novel"

　　Tien Hsia Monthly（天下月刊）4 卷 4 期　　1937年

　　注：用英文發表，題爲〈眞實小說中的眞〉

"On Political Thought"

　　T'ien Hsia Monthly（天下月刊）9 卷 3 期　　1939年

注：用英文發表，題爲〈論政治思想〉。1986年被譯成中文

"The Principles of Induction and Apriori"

The Journal of Philosophy（《哲學雜誌》）　37卷7期

1940年

注：用英文發表，題爲〈歸納原則與先驗性〉

〈論不同的邏輯〉

《清華學報》13卷1期　1941年4月

〈勢至原則〉

《哲學評論》8卷1期　1943年5月

注：本文爲1940年8月中國哲學會第四屆年會論文

〈歸納總則與將來〉

《哲學評論》8卷2期　1943年7月

〈自然〉

《哲學評論》8卷4期　1943年11月

〈思想〉

《哲學評論》9卷1—2期　1944年5月、7月

〈從墮落到反動的美國思想〉

《從墮落到反動的美國文化》（上海，平明出版社）1951年

注：與任華合寫

〈我熱愛祖國〉

《新清華》1951年5月1日

〈瞭解「實踐論」的條件——自我批評之一〉

《新建設》4卷5期　1951年8月

〈我對蘇聯的看法底轉變〉

《中蘇友好》1952年3期

〈介紹威爾斯的「實用主義，帝國主義底哲學」〉

　　《新建設》1954年10月號

〈批判實用主義者杜威的世界觀〉

　　《哲學研究》1955年 2 期

〈實用主義所謂「經驗」和「實踐」是什麼〉

　　《人民日報》1955年 5 月29日　　3 版

　　注: 與汪子嵩等合著。

〈略評康福斯的兩本哲學著作〉

　　《人民日報》1956年 2 月 3 日　　3 版

〈我怎樣學習馬克思列寧主義? 〉

　　《北京日報》1956年 2 月29日　　2 版

〈批判唯心哲學關於邏輯與語言的思想 —— 對羅素的批判之一〉

　　《北京大學學報》(人文科學)　1956年 1 期

〈批判梁漱溟的直覺主義〉

　　《哲學研究》　1956年 2 期

〈如何貫徹和掌握「百家爭鳴」問題〉

　　《哲學研究》1956年 3 期

〈哲學家的社會責任 —— 1957年 7 月在國際哲學研究所召開的華
　沙會議上的發言〉

　　見馮友蘭著《關於一個國際哲學會議 —— 華沙會議 》

　　《新建設》1957年11月號

〈反對恢復資產階級的社會科學〉

　　《人民日報》1957年 9 月 9 日　　7 版

〈費孝通要「解決」此什麼「問題」呢? 〉

　　《爭鳴》 9 期　1957年10月

〈關於「成品」—— 小題大做嗎？（駁章伯鈞）〉

　　《爭鳴》11期　1957年11月

〈在學術思想戰線上加強東風〉

　　《哲學研究》1958年7期

〈論眞實性與正確性底統一〉

　　《哲學研究》1959年3期

〈對舊著「邏輯」一書的自我批判〉

　　《哲學研究》1959年5期

　　注：此文後附於《邏輯》（三聯書店 1961年）一書，作爲序
　　言

〈論「所以」〉

　　《哲學研究》1960年1期

〈關於修改形式邏輯和建立統一的邏輯體系問題〉

　　《新建設》1961年1月號

　　注：本文爲在中國科學院哲學社會科學部學部委員會第三次
　　擴大會議上的發言

〈讀王忍之文章之後 —— 在京津地區第三次邏輯討論會上的發言〉

　　《光明日報》1961年7月8日　2版

〈客觀事物的確實性和形式邏輯的頭三條基本思維規律〉

　　《哲學研究》1962年3期

〈論推論形式的階級性和必然性〉

　　《哲學研究》1962年5期

〈在1978年全國邏輯討論會開幕式上的發言〉

　　《邏輯學文集》（吉林人民出版社）1979年8月

"Chinese Philosophy"

Social Science in China (《中國社會科學》) 1980 年
1 期

注: 本文寫於 1943 年, 用英文發表, 題爲〈中國哲學〉。
1985年被譯成中文

　　　　　　　(此目錄由劉培育等整理, 略有變動。)

參 考 書 目

一、中文參考書目：

1. 馮友蘭：《新理學》，載《三松堂全集》，河南人民出版社，1986年。

2. 羅素：《哲學問題》，中譯本，商務印書館，北京，1959年。

3. 羅素：《人類的知識》，中譯本，商務印書館，北京，1983年。

4. 羅素：《西方哲學史》，中譯本，商務印書館，北京，1981年。

5. 羅素：《我的哲學的發展》，中譯本，商務印書館,北京，1982年。

6. 羅素：《數理哲學導論》，中譯本，商務印書館，北京，1982年。

7. 梯利：《哲學史》，中譯本，商務印書館，北京，1975年。

8. 李澤厚：《批判哲學的批判》，人民出版社，北京，1979年。

9. 康德：《純粹理性批判》，中譯本，商務印書館，北京，1982年。

10. 康德：《未來形而上學導論》，中譯本，商務印書館，

北京，1982年。

11. 洛克：《人類理解論》，中譯本，商務印書館，北京，1982年。

12. 貝克萊：《人類知識原理》，中譯本，商務印書館，北京，1958年。

13. 休謨：《人性論》，中譯本，商務印書館，北京，1981年。

14. 休謨：《人類理解研究》，中譯本，商務印書館，北京，1981年。

15. 亞理士多德：《形而上學》，中譯本，商務印書館，北京，1983年。

16. 亞理士多德：《範疇篇》，中譯本，商務印書館，北京，1959年。

17. 塞克斯都‧恩披里可：《皮浪主義文集》，中譯本，三聯書店上海分店，1989年。

18. 笛卡爾：《第一哲學沉思集》，中譯本，商務印書館，北京，1986年。

19. 萊布尼茨：《人類理解新論》，中譯本，商務印書館，北京，1982年。

20. 牛頓：《牛頓自然哲學著作選》，中譯本，上海人民出版社，1974年。

21. 黑格爾：《哲學史講演錄》，中譯本，商務印書館，北京，1981年。

22. 黑格爾：《小邏輯》，中譯本，商務印書館，北京，1981年。

23. 卡西歐：《人論》，中譯本，上海譯文出版社，1985年。

24. 艾耶爾：《語言、眞理與邏輯》，中譯本，上海譯文出版社，1981年。

25. 艾耶爾：《二十世紀哲學》，中譯本，上海譯文出版社，1987年。

26. 賴爾：《心的概念》，中譯本，上海譯文出版社，1988年。

27. 詹姆士：《徹底的經驗主義》，中譯本，上海人民出版社，1965年。

28. 詹姆士：《實用主義》，中譯本，商務印書館，北京，1979年。

29. 皮亞傑：《兒童心理學》，中譯本，商務印書館，北京，1986年。

30. 皮亞傑：《發生認識論原理》，中譯本，商務印書館，北京，1985年。

31. 庫恩：《科學革命的結構》，中譯本，上海科學技術出版社，1980年。

32. 波普爾：《客觀的知識》，中譯本，上海譯文出版社，1987年。

33. 丹皮爾：《科學史》，中譯本，商務印書館，北京，1987年。

34. 齊碩姆：《知識論》，中譯本，三聯書店，北京，1988年。

35. 霍爾特等：《新實在論》，中譯本，商務印書館，北京，1980年。

36. 瓦托夫斯基：《科學哲學導論》，中譯本，求實出版社，北京，1982年。

37. 施太格繆勒：《當代哲學主流》上卷，中譯本，商務印書

館，北京，1986年。

38. 維特根斯坦：《邏輯哲學論》，中譯本，商務印書館，北京，1985年。

39. 懷特：《分析的時代》，中譯本，商務印書館，北京，1986年。

40. 洪謙：《維也納學派哲學》，商務印書館，北京，1989年。

41. 洪謙編：《邏輯經驗主義》，中譯本，商務印書館，北京，1982年。

42. 涂紀亮：《英美語言哲學概論》，人民出版社，北京，1988年。

43. 威廉·涅爾等：《邏輯學的發展》，中譯本,商務印書館，北京，1985年。

44. 楊百順：《西方邏輯史》，四川人民出版社，成都，1987年。

45. 汪奠基：《中國邏輯思想史》，上海人民出版社，1979年。

46. 《邏輯與語言研究》(3)，中國社會科學出版社，北京，1983年。

47. 朱水林：《形式化：現代邏輯的發展》，人民出版社，北京，1987年。

二、西文參考書目：

1. Bertrand Russell (1966), *Philosophical Essays*, New York, George Allen de Unwin, Ltd.

2. Bertrand Russell (1914), *Our Knowledge of The External World*, London, The Open Court

Publishing Company.

3. Bertrand Russell (1927), *The Analysis of Matter*, New York, Harcourt, Brace & Company, Inc.

4. Bertrand Russell (1983), *The Problems of Philosophy*, Oxford: Oxford University Press.

5. C. I. Lewis (1929), *Mind and The World-Order*, New York, Charles Scribner's Sons.

6. C. I. Lewis (1946), *An Analysis of Knowledge and Valuation*, Illinois, The Open Court Publishing Company.

7. Alfred Ayer (1956), *The Problem of Knowledge*, The Chaucer Press.

8. Alfred Ayer (1940), *The Foundations of Empirical Knowledge*, London, The Macmillan Press Ltd.

9. Thomas E. Hill (1961), *Contemporary Theories of Knowledge*, New York, The Ronald Press Company.

10. G. E. Moore (1922), *Philosophical Studies*, London, Routledge & Kegan Paul LTD.

索　引

一　　劃

二　　劃

三　　劃

四　　劃

五　　劃

六　劃

十 二 劃

十 三 劃

十 六 劃

盧卡西維茨 *316*

霍布斯 *114*

融洽說 *247,258,273*

穆勒 *69,176,192,198*

謂詞演算 *313,314*

錯覺 *79,87,95,96,98,99*

十 七 劃

關係 *3,27,40,62*

十 八 劃

歸納 *21,25,63,82,173,176,179,183,188,189,192,*
198,199,200,202,211,221

歸納原則 *152,173,175,185,186,187,188,189,190,191,*
192, 193, 194, 195, 196, 198, 199, 200, 201,
202,203,204,205,206,207,209,210,211,
212,213,215,216,217,218,220,227

類演算 *313*

十 九 劃

羅素 *23,26,27,37,40,42,43,44,45,62,67,68,69,*
72,73,87,91,92,103,106,108,109,110,116,117,
118,119,121,122,134,139,140,143,149,176,189,
190,191,192,193,200,203,204,209,210,216,

後 記

這本書的第一部分、第二部分是由我的碩士學位論文和博士學位論文組成的。這兩篇學位論文從選題到撰寫、定稿都是在我導師湯一介先生的悉心指導下進行的。先生嚴謹的治學方法、寬容的學術民主態度，給我的影響甚深。此書之能完成出版，得益於先生者良多，感激之情非言語所能表達，謹向先生表示誠摯的謝意。

本書第三部分由楊書瀾女士執筆，弓肇祥先生審閱了這一部分，並提出了許多寶貴意見，謹致謝意。

蒙韋政通先生、傅偉勳先生的雅意，將此書納入「世界哲學家叢書」出版，謹向兩位先生深表謝意。

胡 軍

1992年10月

世界哲學家叢書 (七)

書　　　　　名	作　　者	出版狀況
柯　靈　烏	陳　明　福	撰　稿　中
穆　　　爾	楊　樹　同	撰　稿　中
弗　雷　格	趙　汀　陽	撰　稿　中
維　根　斯　坦	范　光　棣	撰　稿　中
奧　斯　丁	劉　福　增	已　出　版
史　陶　生	謝　仲　明	撰　稿　中
赫　　　爾	馮　耀　明	撰　稿　中
帕　爾　費　特	戴　　　華	撰　稿　中
魯　一　士	黃　秀　璣	排　印　中
珀　爾　斯	朱　建　民	撰　稿　中
詹　姆　斯	朱　建　民	撰　稿　中
杜　　　威	李　常　井	撰　稿　中
史　賓　格　勒	商　戈　令	已　出　版
奎　　　英	成　中　英	撰　稿　中
洛　爾　斯	石　元　康	已　出　版
諾　　錫　克	石　元　康	撰　稿　中
馬　克　弗　森	許　國　賢	排　印　中
希　　　克	劉　若　韶	撰　稿　中
尼　布　爾	卓　新　平	已　出　版
馬　丁・布　伯	張　賢　勇	撰　稿　中
蒂　里　希	何　光　滬	撰　稿　中
德　日　進	陳　澤　民	撰　稿　中
朋　諤　斐　爾	卓　新　平	撰　稿　中

世界哲學家叢書(六)

書　　　　名	作　　者	出版狀況
卡　西　勒	江　日　新	撰　稿　中
雅　斯　培	黃　　　藿	已　出　版
胡　塞　爾	蔡　美　麗	已　出　版
馬克斯・謝勒	江　日　新	已　出　版
海　德　格	項　退　結	已　出　版
高　達　美	張　思　明	撰　稿　中
漢　娜　鄂　蘭	蔡　英　文	撰　稿　中
盧　卡　契	謝　勝　義	撰　稿　中
阿　多　爾　諾	章　國　鋒	撰　稿　中
馬　爾　庫　斯	鄭　　　湧	撰　稿　中
弗　洛　姆	姚　介　厚	撰　稿　中
哈　伯　馬　斯	李　英　明	已　出　版
柏　格　森	尚　新　建	撰　稿　中
皮　亞　杰	杜　麗　燕	撰　稿　中
馬　利　丹	楊　世　雄	撰　稿　中
馬　賽　爾	陸　達　誠	已　出　版
梅露・彭迪	岑　溢　成	撰　稿　中
列　維　納	葉　秀　山	撰　稿　中
德　希　達	張　正　平	撰　稿　中
呂　格　爾	沈　清　松	撰　稿　中
克　羅　齊	劉　綱　紀	撰　稿　中
懷　德　黑	陳　奎　德	撰　稿　中
玻　　　爾	戈　　　革	已　出　版
卡　納　普	林　正　弘	撰　稿　中
卡　爾　巴　柏	莊　文　瑞	撰　稿　中

書　　　　　名	作　　者	出　版　狀　況
蒙　　　　　田	郭　宏　安	撰　稿　中
斯　賓　諾　莎	洪　漢　鼎	已　出　版
萊　布　尼　茲	陳　修　齋	撰　稿　中
培　　　　　根	余　麗　嫦	撰　稿　中
霍　　布　　斯	余　麗　嫦	撰　稿　中
洛　　　　　克	謝　啟　武	撰　稿　中
巴　　克　　萊	蔡　信　安	已　出　版
休　　　　　謨	李　瑞　全	排　印　中
托　馬　斯・銳　德	倪　培　林	撰　稿　中
孟　德　斯　鳩	侯　鴻　勳	排　印　中
盧　　　　　梭	江　金　太	撰　稿　中
帕　　　斯　　卡	吳　國　盛	撰　稿　中
康　　　　　德	關　子　尹	撰　稿　中
費　　希　　特	洪　漢　鼎	撰　稿　中
黑　　格　　爾	徐　文　瑞	撰　稿　中
叔　　本　　華	劉　　　東	撰　稿　中
尼　　　　　采	胡　其　鼎	撰　稿　中
祁　　克　　果	陳　俊　輝	已　出　版
彭　　加　　勒	李　醒　民	撰　稿　中
費　爾　巴　哈	周　文　彬	撰　稿　中
恩　　格　　斯	金　隆　德	撰　稿　中
約　翰　彌　爾	張　明　貴	已　出　版
狄　　爾　　泰	張　旺　山	已　出　版
布　倫　坦　諾	李　　　河	撰　稿　中
韋　　　　　伯	陳　忠　信	撰　稿　中

世界哲學家叢書(四)

書　　　　　名	作　　者	出　版　狀　況
伊　藤　仁　齋	田　原　剛	撰　稿　中
山　鹿　素　行	劉　梅　琴	已　出　版
山　崎　闇　齋	岡　田　武　彥	已　出　版
三　宅　尚　齋	海老田輝巳	排　印　中
中　江　藤　樹	木　村　光　德	撰　稿　中
貝　原　益　軒	岡　田　武　彥	已　出　版
狄　生　徂　徠	劉　梅　琴	撰　稿　中
安　藤　昌　益	王　守　華	撰　稿　中
富　永　仲　基	陶　德　民	撰　稿　中
石　田　梅　岩	李　甦　平	撰　稿　中
楠　本　端　山	岡　田　武　彥	已　出　版
吉　田　松　陰	山　口　宗　之	已　出　版
福　澤　諭　吉	卞　崇　道	撰　稿　中
岡　倉　天　心	魏　常　海	撰　稿　中
中　江　兆　民	畢　小　輝	撰　稿　中
西　田　幾　多　郎	廖　仁　義	撰　稿　中
和　辻　哲　郎	王　中　田	撰　稿　中
三　　木　　清	卞　崇　道	撰　稿　中
柳　田　謙　十　郎	趙　乃　章	撰　稿　中
柏　　拉　　圖	傅　佩　榮	撰　稿　中
亞　里　斯　多　德	曾　仰　如	已　出　版
聖　奧　古　斯　丁	黃　維　潤	撰　稿　中
伊　本・赫　勒　敦	馬　小　鶴	排　印　中
聖　多　瑪　斯	黃　美　貞	撰　稿　中
笛　　卡　　兒	孫　振　青	已　出　版

世界哲學家叢書 (三)

書　　　　名	作　　者	出版狀況
智　　　　旭	熊　　琬	撰　稿　中
章　太　炎	姜　義　華	已　出　版
熊　十　力	景　海　峰	已　出　版
梁　漱　溟	王　宗　昱	已　出　版
金　岳　霖	胡　　軍	已　出　版
張　東　蓀	胡　偉　希	撰　稿　中
馮　友　蘭	殷　　鼎	已　出　版
唐　君　毅	劉　國　強	撰　稿　中
賀　　　　麟	張　學　智	已　出　版
龍　　　　樹	萬　金　川	撰　稿　中
無　　　　著	林　鎮　國	撰　稿　中
世　　　　親	釋　依　昱	撰　稿　中
商　羯　羅	黃　心　川	撰　稿　中
維　韋　卡　南　達	馬　小　鶴	撰　稿　中
泰　戈　爾	宮　　靜	已　出　版
奧羅賓多·高士	朱　明　忠	撰　稿　中
甘　　　　地	馬　小　鶴	排　印　中
拉　達　克　里　希　南	宮　　靜	撰　稿　中
元　　　　曉	李　箕　永	撰　稿　中
休　　　　靜	金　煐　泰	撰　稿　中
知　　　　訥	韓　基　斗	撰　稿　中
李　栗　谷	宋　錫　球	排　印　中
李　退　溪	尹　絲　淳	撰　稿　中
空　　　　海	魏　常　海	撰　稿　中
道　　　　元	傅　偉　勳	撰　稿　中

世界哲學家叢書 (二)

書　　　　　名	作　　者	出　版　狀　況
朱　　舜　　水	李　甦　平	排　印　中
王　　船　　山	張　立　文	撰　稿　中
眞　　德　　秀	朱　榮　貴	撰　稿　中
劉　　蕺　　山	張　永　儁	撰　稿　中
黃　　宗　　羲	盧　建　榮	撰　稿　中
顧　　炎　　武	葛　榮　晉	撰　稿　中
顏　　　　　元	楊　慧　傑	撰　稿　中
戴　　　　　震	張　立　文	已　出　版
竺　　道　　生	陳　沛　然	已　出　版
眞　　　　　諦	孫　富　支	撰　稿　中
慧　　　　　遠	區　結　成	已　出　版
僧　　　　　肇	李　潤　生	已　出　版
智　　　　　顗	霍　韜　晦	撰　稿　中
吉　　　　　藏	楊　惠　南	已　出　版
玄　　　　　奘	馬　少　雄	撰　稿　中
法　　　　　藏	方　立　天	已　出　版
惠　　　　　能	楊　惠　南	排　印　中
澄　　　　　觀	方　立　天	撰　稿　中
宗　　　　　密	冉　雲　華	已　出　版
永　　明　延　壽	冉　雲　華	撰　稿　中
湛　　　　　然	賴　永　海	排　印　中
知　　　　　禮	釋　慧　嶽	排　印　中
大　慧　宗　杲	林　義　正	撰　稿　中
袾　　　　　宏	于　君　方	撰　稿　中
憨　山　德　清	江　燦　騰	撰　稿　中

世界哲學家叢書 (一)

書　　　　　名	作　　　者	出　版　狀　況
孟　　　　　子	黃　俊　傑	排　印　中
老　　　　　子	劉　笑　敢	撰　稿　中
莊　　　　　子	吳　光　明	已　出　版
墨　　　　　子	王　讚　源	撰　稿　中
淮　　南　　子	李　　增	已　出　版
賈　　　　　誼	沈　秋　雄	撰　稿　中
董　　仲　　舒	韋　政　通	已　出　版
揚　　　　　雄	陳　福　濱	排　印　中
王　　　　　充	林　麗　雪	已　出　版
王　　　　　弼	林　麗　眞	已　出　版
嵇　　　　　康	莊　萬　壽	撰　稿　中
劉　　　　　勰	劉　綱　紀	已　出　版
周　　敦　　頤	陳　郁　夫	已　出　版
邵　　　　　雍	趙　玲　玲	撰　稿　中
張　　　　　載	黃　秀　璣	已　出　版
李　　　　　覯	謝　善　元	已　出　版
王　　安　　石	王　明　蓀	撰　稿　中
程顥、程頤	李　日　章	已　出　版
朱　　　　　熹	陳　榮　捷	已　出　版
陸　　象　　山	曾　春　海	已　出　版
陳　　白　　沙	姜　允　明	撰　稿　中
王　　廷　　相	葛　榮　晉	已　出　版
王　　陽　　明	秦　家　懿	已　出　版
李　　卓　　吾	劉　季　倫	撰　稿　中
方　　以　　智	劉　君　燦	已　出　版